职业教育旅游类专业升级与数字化改造系列教材

出境旅游领队实务

全国花 主 编

刘 芬 王 琦 陈 超 赵 艳 傅琴琴 张少杰 曾招喜 副主编

U0367166

清华大学出版社

北京

内 容 简 介

本书根据旅游行业国际化发展的需要以及出境旅游领队岗位职业发展需求，以就业为导向，以培养领队技能为主线，聚焦典型工作任务，全面、系统地介绍了领队的概念特征、业务流程、带团技巧、应急处置等内容。本书由校企合作开发，并配套了数字化资源库，扫描书中二维码即可观看学习。

本书既可以作为旅游管理、旅行社经营管理、导游等旅游类专业的教学用书，也可以作为旅行社出境领队上岗培训的参考用书。

图书在版编目（CIP）数据

出境旅游领队实务 / 全国花主编 . —北京：清华大学出版社，2023.8（2025.1 重印）
职业教育旅游类专业升级与数字化改造系列教材
ISBN 978-7-302-63681-6

Ⅰ．①出…　Ⅱ．①全…　Ⅲ．①国际旅游—旅游服务—高等职业教育—教材　Ⅳ．① F590.63

中国国家版本馆 CIP 数据核字（2023）第 100411 号

责任编辑：聂军来
封面设计：刘　键
责任校对：袁　芳
责任印制：宋　林

出版发行：清华大学出版社
　　　　　网　　　址：https://www.tup.com.cn，https://www.wqxuetang.com
　　　　　地　　　址：北京清华大学学研大厦 A 座　　　邮　　编：100084
　　　　　社 总 机：010-83470000　　　　　　　　　　邮　　购：010-62786544
　　　　　投稿与读者服务：010-62776969, c-service@tup.tsinghua.edu.cn
　　　　　质量反馈：010-62772015, zhiliang@tup.tsinghua.edu.cn
　　　　　课件下载：https://www.tup.com.cn, 010-83470410
印 装 者：三河市龙大印装有限公司
经　　销：全国新华书店
开　　本：185mm×260mm　　印　　张：14　　字　　数：332 千字
版　　次：2023 年 8 月第 1 版　　　　　　印　　次：2025 年 1 月第 3 次印刷
定　　价：49.00 元

产品编号：095539-02

序 言

习近平总书记在主持中央政治局第三十四次集体学习时强调，发展数字经济是把握新一轮科技革命和产业变革新机遇的战略选择。《中华人民共和国国民经济和社会发展第十四个五年规划和 2035 年远景目标纲要》提出，迎接数字时代，激活数据要素潜能，推进网络强国建设，加快建设数字经济、数字社会、数字政府，以数字化转型整体驱动生产方式、生活方式和治理方式变革。党的二十大报告指出，推进教育数字化，建设全民终身学习的学习型社会、学习型大国。这些都表明，数字化转型是世界范围内教育转型的重要载体和方向，以数字化转型推动职业教育的创新发展是新时代赋予职业院校的历史使命，也是职业教育主动贯彻国家战略，服务经济社会数字化转型的必然选择。

2021 年，教育部印发的《职业教育专业目录（2021 年）》从专业名称到内涵全面进行数字化改造。2022 年，教育部发布的《职业教育专业简介》突出了职业岗位能力培养，更新了课程体系，升级了专业内涵。在《职业教育专业目录（2021 年）》中，旅游大类下分别设置了旅游类和餐饮类两个小类，其中旅游类又设置了旅游管理等 13 个专业。在新时代、新产业、新目录、新简介、新标准下，如何实现旅游类专业升级和数字化改造成为旅游职业教育高质量发展的重大课题。

青岛酒店管理职业技术学院作为参与《职业教育专业目录（2021 年）》和《职业教育专业简介》（2022 版）研制的单位之一，依托"双高计划"建设的有利契机，积极探索专业升级和数字化改造的路径与方法，将纸质教材的数字化改造作为推进专业升级和数字化改造的重要内容。学校坚持践行立德树人根本任务，适应新时代技术技能人才培养的新要求，服务经济社会发展、产业转型升级、技术技能积累和文化传承创新，牵头打造了职业教育旅游类专业升级与数字化改造系列教材。本系列教材具有以下特点。

一是强化课程思政，习近平新时代中国特色社会主义思想为指导，在教材编写过程中充分融入中华优秀传统文化，引导学生树立正确的世界观、人生观和价值观。

二是突出校企双元开发，兼顾理论，强调实践，满足不同学习方式需求，注重以典型工作任务、案例等为载体组织教学单元，融入相关"1+X"职业技能等级证书标准。

三是注重数字化资源融入，面向教师"教"、学生"学"和教学做一体化，教材中以二维码的形式，大量融入微课、动画、案例、表格、电子活页等，同时还有大量面向新技术、新产业、新业态、新模式的原创性数字化素材。

四是关注教师数字化素养提升，通过习题、案例、讨论、实操等方式引导教师从数字化意识、数字技术知识与技能、数字化应用、数字社会责任以及专业发展五个维度积极拥抱数字化，助力教师的教学。

感谢所有参与教材的主编和编写成员，他们都是旅游职业教育领域的佼佼者；感谢清华大学出版社的大力支持，经过多轮的研讨最终确定了这些选题确保这套教材的顺利出版。"人生万事须自为，跬步江山即寥廓"，希望通过我们的一点探索，能够为旅游职业教育的发展贡献一份绵薄之力，希望通过我们的一点努力，能够为文旅产业这个幸福产业的发展添砖加瓦。

青岛酒店管理职业技术学院文旅学院院长

石媚山

2023 年 2 月

前　言

党的二十大报告明确指出，以文塑旅、以旅彰文，推进文化和旅游深度融合发展。这充分体现了党和国家对旅游业的重视，也反映了坚定文化自信、推动社会主义文化繁荣兴盛的现实需求。在我国，出境旅游已经实现了常态化、大众化，作为"游客管家"和"文化桥梁"的出境旅游领队，在跨文化接触和消除交流困境等方面发挥着越来越重要的作用。在新时代、新业态的背景之下，总结出境游领队的实战经验，梳理前沿成果，突出职教特色，强化育人成效，乃是本书的价值所在。

本书以支撑岗位职业能力为导向，以序化岗位典型工作任务为纲目，构建了4个项目、20个任务、200多个知识点，并与"导游业务""旅行社计调实务"等课程达成有效衔接，实现专业课程体系重构和理实一体化。同时，在开发过程中坚持先进性、典型性、职业性、实践性、开放性和系统性的设计理念，培养学生的职业素养，提升学生发现、分析和解决问题的能力，增强学生创新创业的能力。2022年，以本书为依托的"出境旅游领队实务"课程入选国家高等教育智慧教育平台，同时被评为山东省职业教育在线精品课程。

与同类教材相比较，本书具有以下几个特点。

一是德技并修。本书注重专业知识与思政元素的结合，落实职业教育立德树人的根本任务，突出职教特色，注重劳动精神、职业精神、工匠精神和劳模精神的培养和融入，树立文化自信，培养创新意识，厚植爱国情怀。

二是精准定位。本书侧重体系建构和流程设计，与纸介质教材相匹配的数字化资源侧重情景创设和实践应用。在教材内容编排上，采取了"理实一体，偏重实战"的原则，最大限度地体现实践性、提升技能性。

三是前沿跟进。本书由校企双元合作开发，及时跟进出境旅游新业态，利用资源、信息和专业优势，梳理出境旅游市场动态，提供行业最新工作案例，实现持续发展。

在本书的编写任务分配上，具体分工如下：青岛酒店管理职业技术学院陈超和济南职业学院曾招喜负责"项目一　做好出境准备"；青岛酒店管理职业技术学院刘芬负责"项目二　做好出入境服务"；青岛酒店管理职业技术学院全国花和义乌工商职业学院傅琴琴负责"项目三　做好境外全陪服务"；青岛酒店管理职业技术学院王琦负责"项目四　做好返程服务"；中海国际旅行社赵艳和山东商业职业技术学院张少杰负责提供实训任务和实训资料，以及附录的编写。全国花完成最终的统稿工作。

由于编者水平有限，教材中难免存在疏漏之处，敬请读者批评、指正。

编　者
2023 年 2 月

目 录

二维码目录

项目一

做好出境准备

项目概述

　　做好出境准备工作是保障出境旅游领队顺利带团出入境、做好境外全陪服务以及做好返程服务的前提条件和重要基础。本项目主要内容包括：明确接受带团任务的各项程序；认真核验出境团员的个人证件和票据，详细核实出境行程表和团队名单表中的信息；准确填写出境登记卡和入境登记卡；准备好出团所需的必备物品、辅助物品和个人物品；做好关于本次行程各方面的知识准备；安排并开好出团说明会。

学习目标

1. 知识目标

（1）掌握出境准备工作的流程和注意要点；

（2）掌握接受带团任务的步骤和程序；

（3）掌握出行前知识准备的内容、方法及召开出团说明会的技巧；

（4）熟悉与游客出入境相关的证件、表格的内容及其填报、核对方法；

（5）熟悉出团前要准备的各类物品；

（6）了解各国出入境登记卡的样式、内容及填写的注意事项。

接受带团任务
- 接受带团通知
- 联系出境计调
- 了解团队情况
- 交接团队资料

核对出境证件及相关事宜
- 核对团员证件、签证
- 核对机票
- 核对团队名单表
- 核实其他事项

填写出入境登记卡
- 填写部分国家（地区）的入境登记卡
- 填写部分国家（地区）的出境登记卡

做好出境准备

准备好出团物品
- 准备出团必备物品
- 准备工作辅助物品
- 准备个人生活物品

出团前的知识准备
- 学习目的地国家（地区）的相关知识
- 了解目的地国家（地区）的海关规定及注意事项
- 明确旅行社责任险及保险相关知识
- 掌握急救知识和技能

开好出团说明会
- 致欢迎辞并做自我介绍
- 行程说明
- 讲明旅游目的地注意事项
- 告知外币兑换与手续
- 提醒团员带好有关物品
- 强调人身和财产安全
- 公布分房名单
- 对团员提出出行要求
- 不可抗力说明

2. 技能目标

（1）能够完成带团各项资料的交接，并核查资料的完整性；

（2）能够对护照（通行证）、签证（签注）以及交通票据中信息的正确性作出判断；

（3）能够为游客准确填写各国出入境登记卡；

（4）能够准备好出团所需工作和个人物品；

（5）能够进行旅游目的地相关知识的查阅和储备；

（6）能够独立开好出团说明会并有效解答游客的疑问。

3. 素质目标

（1）在课堂教学中，融入《中华人民共和国旅游法》《中国公民出境旅游文明行为指南》及《导游领队引导游客文明旅游操作指南》的内容，指导学生做文明出境领队，并能引导他们提醒游客文明出行；

（2）在实践教学中，深化出境旅游领队的角色教育，培养学生热爱祖国、爱岗敬业、诚信友善的职业素养；

（3）在教学的全过程，要教育学生形成遵纪守法的行为习惯，并能够影响和引导游客遵守、尊重旅游目的地国家（地区）的相关规定和风俗习惯。

任务一　接受带团任务

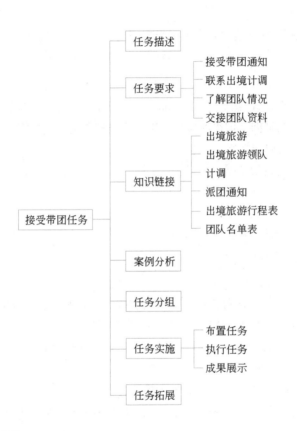

一、任务描述

接受出团任务是带团出境的第一步工作，在本环节，出境旅游领队应及时接受导领部分配的带团任务，并与出境计调做好团队基本情况和相关资料的交接，查看出境旅游行程表和团队名单表，就疑问之处向出境计调当面询问。

微课：接受带团任务

二、任务要求

出境旅游领队带团出境之前，要做大量的准备工作。虽然他们每次做的准备工作都是类似的，却容不得半点厌烦和投机取巧。工作认真的出境旅游领队，应当为每一个旅游团特别建立一个工作档案，以便做到工作井井有条，有据可查。出团前的准备工作十分必要，因而要求出境旅游领队认真对待。如果在准备阶段马虎，在带团出境之后，就有可能遇到麻烦。

1. 接受带团通知

出境旅游领队的前期准备工作要从接受带团任务开始。首先由计调部向导领部提出派遣出境旅游领队的书面申请。导领部经理根据申请以及团队实际情况挑选出境旅游领队，向出境旅游领队下达带团通知，通知通常以书面形式下达。为了提高工作效率，不少旅行社也会采用电话、短信、微信、邮件等方式通知，或者是多种方式并用，以便能尽快通知到出境旅游领队。

2. 联系出境计调

出境旅游领队接到带团通知并表示接受带团任务后，就要按照通知的要求与出境计调取得联系，约定时间和地点，当面进行团队情况了解和团队资料交接。

3. 了解团队情况

出境旅游领队在听取出境计调介绍的同时，需要认真听、仔细记，若有不清楚的问题要马上进行有针对性的提问，取得明确的答案，避免把不清楚的问题带到接下来的工作中，需要了解的团队情况主要包括以下几个方面。

（1）出境旅游团的构成情况。

（2）团内重点团员情况。

（3）出境旅游团的完整行程。

（4）出境旅游团的特殊安排和特别要求。

（5）出团说明会的安排。

4. 交接团队资料

出境旅游领队与出境计调进行该团资料的交接，是双方见面最重要的工作，双方必须当面核对资料的数量、种类及内容等，确认无误后才算交接完毕，交接的资料应当包括：出境旅游行程表、团队名单表、出入境登记卡、海关申报单、旅游证件、旅游签证/签注、交通票据、接待计划书、联络通讯录。

出入境登记卡、海关申报单等一般为未填写游客信息的资料，可以由出境计调交给出境旅游领队，如果时间允许，也可以由出境旅游领队直接到边检、海关柜台索取。

三、知识链接

1. 出境旅游

旅游是非定居者的旅行和暂时居留而引起的一种现象及关系的总和。"旅"是旅行、外出，是为了实现某一目的在空间上从甲地到乙地的行进过程；"游"是外出游览、观光、娱乐，是为了达到这些目的所做的旅行，二者合起来就是旅游。

微课：领队在出境游中的作用

出境旅游（outbound tour 或者 outbound travel），通常指到自己国家以外的国家或地区旅游度假。根据《中华人民共和国出境入境管理法》第八十九条的规定："本法下列用语的含义：出境，是指由中国内地前往其他国家或者地区，由中国内地前往香港特别行政区、澳门特别行政区，由中国大陆前往台湾地区。入境，是指由其他国家或地区进入中国内地，由香港特别行政区、澳门特别行政区进入中国内地，由台湾地区进入中国大陆。"所以本书将由中国内地前往香港特别行政区、澳门特别行政区旅游以及由中国大陆前往台湾地区旅游也称为出境旅游。

2. 出境旅游领队

出境旅游领队（tour leader、tour manager、tour escort）是指符合法定执业条件、接受组团社委派，全权代表组团社带领旅游团队出境旅游，监督境外接待旅行社和地陪导游等执行旅游计划，并为旅游者提供出入境等全程陪同服务的旅行社工作人员。

微课：何为领队

按照《中国公民自费出国旅游管理暂行办法》的规定，目前我国出境旅游一般采取团队形式，"团队的旅游活动须在领队带领下进行"。出境旅游领队同游客由居住地出发到旅游目的地，结束整个游程后，再与游客一同返回到居住地。出境旅游领队负责监督接待社，落实旅游合同执行情况，并协助当地导游人员的工作，共同完成旅游接待任务。在旅游过程中，出境旅游领队起着沟通派出方旅行社和境外接待方旅行社、游客和旅游目的地国家（地区）导游员之间桥梁的作用。

3. 计调

计调（operator，OP）就是计划与调度的综合称谓，是旅行社内部专职为旅行团、散客的运行走向安排接待计划，统计与之相关的信息，并承担与接待相关的旅游服务采购和有关业务调度工作的一种职位类别。计调又分为国内计调、入境计调和出境计调。出境计调专门负责出境旅游业务，在业务上与出境旅游领队关系密切。

微课：出境领队素质

4. 派团通知

导领部向出境旅游领队发出派团通知时，一般要包含以下主要信息，以向出境旅游领队说明团队基本信息、交接时间、计调人员信息及其他需要说明的情况，参考格式如表 1-1 所示。

表 1-1　派团通知

（出境旅游领队姓名）：
我社（团队名称、团号）将于 20×× 年 ×× 月 ×× 日发团，本部决定派遣你为该团领队。请你于 20×× 年 ×× 月 ×× 日前到计调部，与该部门（出境计调姓名）联系，联系电话（电话号码）。
办妥团队交接手续后的当天或者第二天，请向本部经理（导领部经理姓名）汇报团队资料交接情况，并复印团队资料交接表交本部存档。出团前一天，按规定向本部借领带团物品。
特此通知。
×××旅行社 导领部 20×× 年 ×× 月 ×× 日

5. 出境旅游行程表

出境旅游行程表的编制以方便游客为原则，内容要清楚明了。出境旅游行程表应当列明以下内容。

（1）旅游线路、时间、景点。

（2）交通安排、途中时长及时间差。

（3）食宿标准或档次。

（4）购物、娱乐安排及自费项目。

（5）组团社和接团社的联系人和联络方式。

（6）遇到紧急情况的应急联络方式。

某团队北部湾之星 7 天 6 晚旅游行程表如表 1-2 所示。

表 1-2　某团队北部湾之星 7 天 6 晚旅游行程表

日期	行　　　程	食	住宿
D1	邮轮启程北海（古代海上丝绸之路的重要始发港） 在指定地点集合，前往海上丝路始发港——北海邮轮码头，过海关边防出境后登船；11：00 左右启航，起航后进行 1 小时左右的海上安全培训；中餐后自由探索星轮奥秘，享受丰富的船上娱乐设施；晚餐后船长欢迎会，参加免费抽奖活动等	中 晚	船上
D2	越南岘港（源于越南古代占城王国外港的一个小渔村，是古代海上丝绸之路的重要中转站，郑和舰队多次到访此地） 星轮预计 07：30 抵达岘港仙沙港，上岸后乘车前往会安古镇；11：30 集中享用午餐；午餐后预计 13：30 前往山茶半岛，随后前往美溪海滩；16：00 抵达港口，办理离港手续；16：30 北部湾之星邮轮离开岘港	早 中 晚	船上
D3	芽庄（越南古代占城王国的重要城镇之一，也是古代海上丝绸之路的必经之地） 星轮预计 10：30 抵达，登岸后乘船到珊瑚湾（如果天气不好改去一岛看珊瑚），赠送井底船观看珊瑚客人还可以选择浮潜（自费）、游泳；12：30 在木岛享用午饭（这里可以听听音乐），如果客人只想享受阳光，可逛逛走走沙滩；13：30 乘船前往银岛，途中经过木台（这里会有一些当地群众组织的表演，可以自由选择体验（自费）摩托艇）；16：00 集中返回芽庄码头；16：30 至 17：30 乘车前往占婆庙吃晚餐，餐前往当地广场自由活动；20：00 返回芽庄邮轮码头登轮；20：30 星轮继续前往马来西亚	早 中 晚	船上
D4	海上巡航（越南／马来西亚主题日） 星轮在碧海中巡航，星服为客人准备了以越南、马来西亚为主题的文化特色活动；在这一天，客人可以尽情享用具有越南和马来西亚特色的美食，欣赏特色舞蹈、音乐、服饰等，充分感受越南和大马的历史文化	早 中 晚	船上
D5	马来西亚热浪岛（马来西亚公认最美岛屿） 星轮预计 07：00 抵达热浪岛，游客在船上用早餐后登岸，登岸后在美丽的热浪岛畅玩，赠送一次出海浮潜（含出海用具，出海用具需交 100 马币押金，出海用具无损坏押金全额退还）；中午集中用餐后自由活动；下午 18：00 集合登轮享用晚餐；星轮于 19：30 继续前往马来西亚关丹	早 中 晚	船上
D6	关丹、吉隆坡游览日 早上 08：00 登岸，游览红树林，如果时间允许，将增加 30 分钟游览万佛殿；途中享用午餐并继续前往吉隆坡黑风洞、土特产中心、苏丹王宫（外观），之后游览英雄纪念碑—独立广场、吉隆坡城市规划展览馆；晚餐后游览夜幕下的双峰塔（外观拍照）；18：00 前往百威年商场自由购物；21：00 返回酒店	早 中 晚	吉隆坡
D7	抵达国内机场，结束愉快的旅程 早上 08：00 集合，游览太子城、水上清真寺、首相署；11：00 前往吉隆坡机场，送机，结束愉快旅程回到温馨的家	早	温馨的家

续表

费用包含
（1）交通：邮轮船票（含邮轮住宿、陆地住宿、指定邮轮餐厅免费膳食、指定的邮轮上设施、邮轮上娱乐节目及活动）。
（2）越南、马来西亚当地旅游空调车。
（3）酒店：全程酒店一个床位费用（若出现单男单女，请理解并请服从领队调配或请支付单房差费用）。
（4）餐食：邮轮上提供的一日三餐，岸上行程餐安排（具体参看行程表）。
（5）门票：行程所列景点首道门票。
（6）导游：专业领队和旅游地司机导游服务的服务费。
（7）保险：旅行社责任险

费用不含
（1）办理个人护照费用。
（2）往返始发港交通费用（请妥善安排好客人的行程，若客人需要预订机票、酒店或其他服务，可电话本公司，我司将有专业人员为客人预订；若乘客因个人原因误船，请自行承担相应责任）。
（3）签证费：越南落地签 200 元 / 人，越南签证一月多次 500 元 / 人；马来西亚签证 140 元 / 人。
（4）个人消费，如卫星电话、洗衣服务、客房小费、烟酒饮品等。
（5）由不可抗力产生的费用（包括但不限于因罢工、动乱、战争、自然灾害、紧急状态以及交通延误等原因产生的额外费用）。
（6）个人出境旅游意外险

其他
境内组团社联系电话：（电话号码）
境外接待社联系电话：（电话号码）
中国驻越南使馆电话：0084-2439331000
中国驻马来西亚使馆电话：0086-1012308

6. 团队名单表

团队名单表根据出境旅游目的地的不同分为《中国公民出国旅游团队名单表》《内地居民赴香港特别行政区、澳门特别行政区旅游团队名单表》以及《大陆居民赴台湾地区旅游团队名单表》三种。

按照《中国公民出国旅游管理办法》的规定，《中国公民出国旅游团队名单表》是由国务院旅游行政管理部门统一印制，在下达本年度出国旅游人数安排时编号发放给省、自治区、直辖市旅游行政管理部门，再由省、自治区、直辖市旅游行政管理部门核发给组团社。组团社按照核定的出国人数安排组织出国旅游团均应当填写《中国公民出国旅游团队名单表》（表 1-3）。游客及出境旅游领队首次出境或者再次出境，均应当填写在《中国公民出国旅游团队名单表》中。按照规定，经审核后的《中国公民出国旅游团队名单表》不得增添人员。

《中国公民出国旅游团队名单表》一式四联，分为出境边防检查专用联、入境边防检查专用联、旅游行政管理部门审验专用联、组团社自留专用联。《内地居民赴香港特别行政区、澳门特别行政区旅游团队名单表》和《中国公民出国旅游团队名单表》类似，也是一式四联，而《大陆居民赴台湾地区旅游团队名单表》为一式五联，增加省级台湾事务办公室留存专用联。如今，团队名单表只针对团队签证游客，个人签证或自由行游客都不需要团队名单表。

表1-3　中国公民出国旅游团队名单表

组团社序号：　　　　　　　团队编号：　　　　　　　年份：

领队姓名：　　　　　　　　领队证号：　　　　　　　编号：

序号	姓　名		性别	出生日期	出生地	护照号码	发证机关及日期
	中文	汉语拼音					
领队							
1							
2							
3							
⋮							
20							

	年　月　日由　　口岸出境		总人数：（男　人，女　人）		
	年　月　日由　　口岸入境				
授权人签字		旅游行政管理部门	边防检查站		
组团社盖章		审验章	加注（实际出境　人）　出境验讫章		
旅游线路：					
组团社名称：			联络员姓名及电话：		
接待社名称：			联络员姓名及电话：		
中华人民共和国国家旅游局印制					

四、案例分析

导游办假证带团出境　触犯法律获刑

"我看到别的领队都有领队证或者导游证等相关证件，于是我就想自己也弄个证，这样接生意的时候看上去比较正规。"导游王某在看守所内向检察官供述。平时，王某靠招揽散客带队出境旅游来做生意，而她所谓的"弄个证"，就是找人为自己办一张假的领队证。

据了解，2016年11月，根据修改后的《中华人民共和国旅游法》，我国实施了近十年的领队证审批正式被取消。但带领出境旅游团仍需要进行领队备案。符合备案资质的导游只需通过自己所就职的出境社、边境社申请，就可进行领队备案。王某是初中毕业，而申请领队证的最低学历要求是大专。无法从正规途径申领到领队证，她便通过路边张贴的小广告联系上了一名办假证的人，制作了一张印有自己姓名和照片的假领队证。

2018年上半年，她去拜访自己的老友、一家旅行社的老板俞某。在交谈中，王某得知，俞某的领队证同样是假的，办这张假证一共花了600元。王某便向其透露出自己可以以更低廉的价格办到同样的证件。

俞某同王某一样，也只具有初中学历，根本不具备领队资质。而他上次办理假领队证时，将证件的有效期印到了2019年3月，马上就要过期了，他正需要一张新的假领队证。

2018年10月起，王某先后从办证人处以250元购得7张假领队证，除了一张留作自用外，剩余6张以300元一张的价格卖给了俞某。俞某留下一张自用外，将剩余5张一部分加价出售，另一部分转赠给他人。

购买一张假证只需要两三百元，但其带来的隐患却是无穷的。近年来，各地出境游强迫游客购买自费项目、无资质领队带队结果引发安全事故等时有报道，最终受害的是普通游客。检察官提醒，买卖国家机关证件，无论是真的还是伪造的证件，均属于违法行为，一般情况下达到 3 张以上，无论是否造成危害后果，都构成犯罪。近日，虹口区检察院以买卖国家机关证件罪对王某、俞某提起了公诉。法院审理后，以买卖国家证件罪判处王某、俞某有期徒刑十个月，并处罚金 2000 元。

（资料来源：殷立勤，陈岚 . 导游办假证带团出境，触犯法律获刑 [EB/OL]. http://www.sh.chinanews.com.cn/fzzx/2019-11-12/66467.shtml（2019-11-12）[2022-08-16]. ）

简析： 作为一名出境旅游领队，首先应具备良好的道德修养与法律意识，在工作业务上，要诚实守信、尽职尽责，坚决不能逾越法律法规的红线。

五、任务分组

角色分配与编组：本任务有出境旅游领队、出境计调以及导领部经理三个角色，另可增设 1 位实训助理，建议 3~4 名学生为一组完成"接受带团任务"的学习，每名学生轮流担任不同角色。

六、任务实施

1. 布置任务

C 旅行社组织了一个欧洲七国十六日的旅游团，导领部刘经理根据导领部派团状况，决定让陈导任该旅游团出境领队。他打电话通知陈导，陈导确认能够按时出团后，他把派团通知发到了陈导的邮箱、微信及短信，让他确认，并按通知规定的时间与出境计调小王进行工作交接。

为了能让实训任务顺利完成，任课教师为每组学生准备好需要移交的欧洲七国十六日游团队资料、派团通知以及团队资料交接表（表 1-4）等材料。

表 1-4 团队资料交接表

团队名称：　　　　　　　　　　　团号：

领队姓名：　　　　　　　　　　　计调姓名：

序　号	团队资料名称	是否交接	是否收回	补 充 说 明

出境计调签名：　　　　出境旅游领队签名：　　　　交接日期：　　年　月　日

任务知识　欧洲七国游一般指哪七国？

欧洲七国一般指德国、意大利、荷兰、法国、瑞典、比利时、捷克。

1. 德国

德国位于中欧，首都柏林。东邻波兰、捷克，南毗奥地利、瑞士，西界荷兰、比利时、卢森堡、法国，北接丹麦，濒临北海和波罗的海。全国划分为 16 个州，13175 个市镇。

2. 意大利

意大利位于欧洲南部，首都罗马。北与法国、瑞士、奥地利、斯洛文尼亚接壤，东、南、西三面分别临地中海的属海亚得里亚海、伊奥尼亚海和第勒尼安海。全国划分为 20 个行政区（含 5 个特别自治行政区），101 个省。

3. 荷兰

荷兰位于欧洲西北部，是世界有名的低地国家，首都阿姆斯特丹。东邻德国，南接比利时，西、北濒北海。全国由本土 12 个省和 6 个海外领地组成。

4. 法国

法国位于欧洲西部，首都巴黎。北邻比利时、卢森堡，东接德国、瑞士、意大利、摩纳哥，南连西班牙、安道尔，西北隔英吉利海峡与英国相望。全国划分为 13 个大区、96 个省。

5. 比利时

比利时位于西欧，首都布鲁塞尔。北连荷兰，东邻德国，东南与卢森堡接壤，南和西南与法国交界，西北隔多佛尔海峡与英国相望。全国划分为 10 个省和 581 个市镇。

6. 瑞典

瑞典位于斯堪的纳维亚半岛，北欧五国之一，首都斯德哥尔摩。西邻挪威，东北与芬兰接壤，西南濒临斯卡格拉克海峡和卡特加特海峡，东边为波罗的海与波的尼亚湾。与丹麦、德国、波兰、俄罗斯、立陶宛、拉脱维亚和爱沙尼亚隔海相望。全国划分为 21 个省和 290 个市。

7. 捷克

捷克地处欧洲中部，首都布拉格。东靠斯洛伐克，南邻奥地利，西接德国，北毗波兰。全国划分为 13 个州和 1 个直辖市，各州下设市、镇。

任务知识　接受带团任务的流程

根据"任务一　接受带团任务"的知识，将接受带团任务的流程归纳总结如图 1-1 所示，可参照进行任务实施。

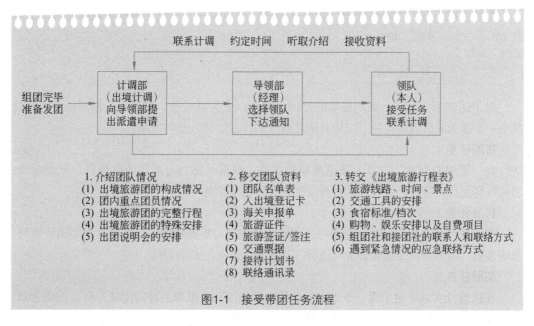

图1-1 接受带团任务流程

2. 执行任务

1）实训条件

模拟旅行社实训室，布置 15 个以上机位，装有旅行社管理实训平台，能上网、发布和提交作业，能完成实训成果展示。如果暂时不具备以上条件，也可以在能上网的计算机房进行。

学生 4 人一组，分别担任计调部出境计调、出境旅游领队、导领部经理以及实训助理。如果时间允许，每组成员可轮流扮演不同角色，重复实训内容，巩固实训效果。

2）实训步骤

第一步，导领部向"出境旅游领队"下达带团通知。

第二步，"出境旅游领队"联系计调部"出境计调"，并交接工作。

第三步，"出境旅游领队"向导领部汇报交接情况。

第四步，"出境旅游领队"把团队资料交接表复印件交导领部存档。

提升训练

1. 如果派团通知下达后，出境旅游领队还在境外带团，无法按时赶回进行团队资料的交接，怎么办？

2. 出境旅游领队在与出境计调完成资料交接后，又发现材料缺失或存在错误信息，应当如何处理？

3. 成果展示

实训任务完成后，每个小组用 PPT 展示派团通知、团队资料交接表以及实训过程（可插入实训助理录制的视频）。陈述时，小组中每位学生都要发言，发言主要阐述自己在实训中所承担的角色以及所完成的内容。每小组的展示及陈述，既要体现小组个人的作用，又要体现团体任务的完整性。

本任务成果实行过程性评价，分个人自评、小组自评、小组互评以及教师评价，分别占 10%、20%、30%、40%。

七、任务拓展

为了达到举一反三、巩固提高的目的，配合以上实训任务，给出 3 个拓展任务，任选其中一个作为课后训练任务。完成并成功提交的作品，计入平时成绩。

拓展任务 1

找一家旅游网站，选择一条港澳旅游线路，根据线路自行准备团队资料、派团通知、团队资料交接表等，分组进行"接受带团任务"拓展训练。

拓展任务 2

找一家校企合作旅行社，选择一条东欧旅游线路，根据线路向合作企业索要团队资料、派团通知、团队资料交接表，分组进行"接受带团任务"拓展训练。

拓展任务 3

在旅行社实训平台上找一条东南亚旅游实训线路，根据准备好的团队资料、派团通知、团队资料交接表等，分组进行"接受带团任务"拓展训练。

任务二　核对出境证件及相关事宜

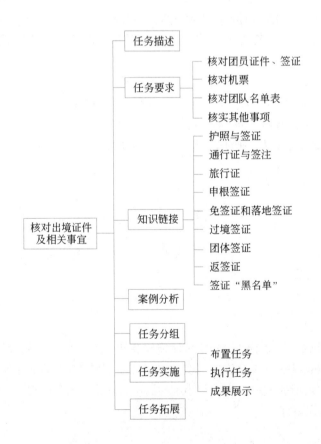

一、任务描述

完成团队资料交接后，出境旅游领队应与导领部和出境计调人员共同核对团员的出境相关证件，三者应对各类证件逐一认真核对，发现问题及时复核并进行解决，保证所有团员的出境相关证件和票据有效无误。

二、任务要求

1. 核对团员证件、签证

出境旅游领队接受带团任务后，出团前进行准备的重要一项内容，就是要检查全体团员的护照、签证等旅游证件，防止这些与旅行息息相关的证件出现错误。

护照的检查重点是姓名、护照号码、签发地、签发日期、有效期、是否有本人签名几项内容；签证的检查重点是签发日期、截止日期、签证号码几项内容。

2. 核对机票

机票核对重点是乘机人姓名、乘机日期、航班号几项内容。然后把机票信息和旅游行程进行对照，重点核对航班号、日期和起飞时间。

3. 核对团队名单表

出境旅游团队名单表根据不同的出境旅游目的地分为《中国公民出国旅游团队名单表》《内地居民赴香港特别行政区、澳门特别行政区旅游团队名单表》以及《大陆居民赴台湾地区旅游团队名单表》三种，不同旅游团用不同的名单表，不能填错。团队名单表的检查主要看其信息是否和证件（护照或通行证）以及证件内的签证（签注）信息一致。

4. 核实其他事项

（1）检查全团的预防注射情况。

（2）查验境外住店分配名单中的住房分配情况。

（3）了解旅行社责任保险和团员旅游意外伤害保险的情况。

（4）商定出团说明会相关事宜。

在核对游客证件时，出境旅游领队还要与出境计调人员商定召开出团说明会的准确时间、地点以及具体内容。

三、知识链接

1. 护照与签证

1）护照

护照是一国主管机关发给本国公民出国或在国外居留的证件，证明其国籍和身份。中国护照分为外交护照、公务护照、普通护照和特区护照。公务护照又分为公务护照和公务普通护照。特区护照分为香港特别行政区护照和澳门特别行政区护照。外交护照、公务护照和公务普通护照统称为"因公护照"，普通护照俗称"因私护照"。有的国家为团体出国人员（旅游团、体育队、文艺团体）发给团体护照。

2019年3月起，中国护照签发机关由公安部出入境管理局变更为中华人民共和国国家

图1-2 中华人民共和国外交护照

移民管理局。2019年4月起，中国普通护照实行"全国通办"。2020年2月起，中国驻外使领馆实现护照"全球通办"和取消对海外中国公民护照遗失、被盗或损毁后申请补发护照的限制条件。

外交护照（图1-2）由外交部签发。外交官员、领事官员及其随行配偶、未成年子女和外交信使持用外交护照。

公务护照（图1-3）由外交部、中华人民共和国驻外使馆、领事馆或者外交部委托的其他驻外机构以及外交部委托的省、自治区、直辖市和设区的市人民政府外事部门签发。在中华人民共和国驻外事使馆、领事馆或联合国、联合国专门机构以及其他政府间国际组织中工作的中国政府派出的职员及其随行配偶、未成年子女持用公务护照。

公务普通护照（图1-3）由外交部、中华人民共和国驻外使馆、领事馆或者外交部委托的其他驻外机构以及外交部委托的省、自治区、直辖市和设区的市人民政府外事部门签发给中国各级政府部门副县、处级以下公务员和国有企事业单位因公出国人员等。

图1-3 中华人民共和国公务护照和公务普通护照

普通护照（图1-4）由公安部出入境管理机构或者公安部委托的县及以上地方人民政府公安机关出入境管理机构以及中华人民共和国驻外使馆、领事馆和外交部委托的其他驻外机构签发给前往外国定居、探亲、学习、就业、旅行、从事商务活动等非公务原因出国的中国公民。

图1-4 中华人民共和国普通护照

香港特别行政区护照（图1-5），全称是中华人民共和国香港特别行政区护照，是中华人民共和国护照的一种。它是中华人民共和国中央人民政府按照《中华人民共和国香港特别行政区基本法》第154条，授权香港特别行政区政府依法给持有香港特别行政区永久性居民身份证的中国公司签发中华人民共和国香港特别行政区护照，由香港入境事务处签发。中华人民共和国驻外馆处则为旅外公民代为办理香港特别行政区护照。

澳门特别行政区护照（图1-5），全称是中华人民共和国澳门特别行政区护照，是中华人民共和国护照的一种。中央人民政府根据《中华人民共和国澳门特别行政区基本法》第139条规定，授权澳门特别行政区政府依法给持有澳门特别行政区的永久性居民身份证的中国公民签发中华人民共和国澳门特别行政区护照（图1-5）。现由中华人民共和国澳门特别行政区身份证明局负责签发。

图1-5　中华人民共和国香港特别行政区护照和澳门特别行政区护照

中华人民共和国普通护照有效期一般为10年，签发给16周岁以下儿童的护照为5年，取消护照延期的规定。外交护照、公务护照和公务普通护照有效期最长不超过5年。香港特别行政区护照的有效期一般为10年，签发给16周岁以下儿童的护照有效期为5年。澳门特别行政区护照的有效期一般为10年，签发给18周岁以下儿童的护照有效期为5年。

2）签证

签证（visa）是一国政府机关依照本国法律规定为申请出入或通过本国的外国人颁发的一种许可证明。根据国际法原则，任何一个主权国家，有权自主决定是否允许外国人出入其国家，有权依照本国法律颁发签证、拒发签证或者对已经签发的签证宣布吊销。签证通常是附载于申请人所持的护照或其他国际旅行证件上（部分国家签证见图1-6至图1-15）。在特殊情况下，凭有效护照或其他国际旅行证件可做在另纸上。随着科技的进步，有些国家已经开始签发电子签证和生物签证，大大增强了签证的防伪功能。签证在一国查控出入境人员、保护国土安全、防止非法移民和犯罪分子等方面发挥了重要作用。华侨回国探亲、旅游无须办理签证。

世界各国的签证一般分为入境签证和过境签证两类，不过，有的国家还会有出境签证。中国的签证分为入境签证和过境签证两类。

据持照人身份、所持护照种类和访问事由不同，一般将签证分为外交签证、礼遇签证、公务（官员）签证和普通签证四种。有的国家根据来访者的事由将签证分为旅游、访问、工作、学习、定居等类别。旅游签证属于普通签证，在中国为 L 字签证（发给来中国旅游、探亲或因其他私人事务入境的人员）。签证上规定持证者在中国停留的起止日期。

签证在其发展过程中有不同的形式和称谓，如签注式签证、印章式签证、贴纸式签证、另纸式签证，还有机读签证、电子签证、个人签证、团体签证等。

图1-6　中国签证

图1-7　美国签证

图1-8　加拿大签证

图1-9　澳大利亚签证

图1-10　新西兰签证

图1-11　南非签证

图1-12　新加坡签证

图1-13　泰国签证

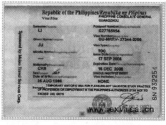

图1-14　菲律宾签证

图1-15　俄罗斯签证

一般情况下，9 人以上的旅游团可发中国团体签证。团体签证一式三份，签发机关留一份，来华旅游团两份，一份用于入境，一份用于出境。签证的有效期限不等，获签证者必须在有效期内进入中国境内，超过期限签证则不再有效。

进入中国境内的外国人须持有效护照（必要时提供有关证明，例如，来华游客申请签证须出示中国旅游部门的接待证明）向中国的外交代表机关、领事机关或者外交部授权的其他驻外机关申请办理签证。但在特定情况下，例如事由紧急，确实来不及在上述机关办理签证手续者，可向中国公安部授权的口岸签证机关申请办理签证。

中国公安部授权的口岸签证机关设立在下列口岸：北京、上海、天津、重庆、大连、福州、厦门、西安、桂林、杭州、昆明、广州（白云机场）、深圳（罗湖和蛇口）、珠海（拱北）、海口、三亚、济南、青岛、烟台、威海、成都、南京。

持联程客票搭乘国际航班直接过境，在中国停留不超过 24 小时、不出机场的外国人，免办签证。要求临时离开机场的，须经边防检查机关批准。

随着国际关系和旅游事业的发展，许多国家间签订了互免签证协议。

2. 通行证与签注

通行证全称为中华人民共和国出入境通行证，是中国公民从事边境贸易、边境旅游服务或者参加边境旅游等情形下可申请的出入境通行证件。常见的出入境通行证主要有港澳通行证、大陆居民往来台湾通行证、港澳居民来往内地通行证、台湾居民来往大陆通行证。

签注是地区间往来的许可证件，一般贴在地区间旅行证件上，如台胞证、港澳（台湾）通行证等。通行证签注种类主要包括：个人旅游签注（G）、探亲签注（T）、其他类签注（Q）、商务签注（S）和团队旅游签注（L）。

1）港澳通行证及签注

港澳通行证全称为中华人民共和国往来港澳通行证，是由中国出入境管理局签发给中国内地居民因私往来中国香港特别行政区或澳门特别行政区旅游、探亲、从事商务、培训、就业、求学等非公务活动的旅行证件（图 1-16）。港澳通行证实行"全国通办"，即内地居民可在全国任一出入境管理窗口申请办理出入境证件，申办手续与户籍地一致。全国已启用电子往来港澳通行证，电子版港澳通行证正面打印有持证人照片及姓名、出生日期、签发机关、签发地等签发管理信息，背面则打印往来港澳签注信息。签注信息可由出入境管理部门重复擦写，不再附发贴纸式签注，减少了因签注页满换证的情况，降低了使用成本。港澳通行证分为个人旅游、团队旅游、探亲、商务、其他、逗留等种类。往来港澳通行证的有效期分为 5 年和 10 年两种：有效期为 5 年的往来港澳通行证发给申请时未满 16 周岁的申请人；有效期为 10 年的往来港澳通行证发给申请时 16 周岁（含）以上的申请人。

（1）团队旅游签注（L）。申请赴香港特别行政区，可以签发 3 个月一次签注、3 个月二次签注、1 年一次签注、1 年二次签注，每次逗留不超过 7 天；属于中华人民共和国出入境管理局规定的特别情形的，可签发 3 个月一次签注，每次逗留不超过 3 天。申请赴澳门特别行政区，可以签发 3 个月一次签注、1 年一次签注，每次逗留不超过 7 天。

（2）个人旅游签注（G）。申请赴香港特别行政区，可以签发 3 个月一次签注、3 个月二次签注、1 年一次签注、1 年二次签注，每次逗留不超过 7 天；对经批准实施多次"个人游"试点政策的城市居民，符合中华人民共和国出入境管理局规定条件的，可按照有关规定签发 1 年多次签注，每次逗留不超过 7 天。申请赴澳门特别行政区，可以签发 3 个月一次签注、1 年一次签注，每次逗留不超过 7 天。

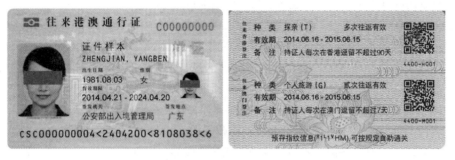

图1-16　电子卡式往来港澳通行证

2）大陆居民往来台湾通行证

大陆居民往来台湾通行证（图 1-17）是中国大陆地区居民往来中国台湾地区所持有的证件，大陆居民前往台湾旅游、探亲、定居、学习、访友、处理财产和婚丧事宜，或者参加经济、科技、文化、体育、学术等活动的，可以向公安机关出入境管理机构申请往来台湾通行证件和前往台湾签注。通行证有效期为 10 年。

现已启用电子往来台湾通行证，并实行"全国通办"。

图1-17　电子卡式往来台湾通行证

3）港澳居民来往内地通行证

港澳居民来往内地通行证（图 1-18），俗称回乡证，由中华人民共和国出入境管理局签发，是具有中华人民共和国国籍的香港特别行政区及澳门特别行政区居民来往中国内地所用的证件。年满 18 周岁人员的证件为 10 年有效，未满 18 周岁人员的证件为 5 年有效。

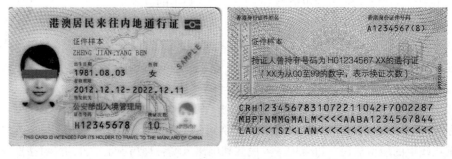

图1-18　第二代电子卡式港澳居民来往内地通行证

港澳居民可在内地申请换发补发港澳居民来往内地通行证，即港澳居民可向全国任一县级以上公安机关出入境管理部门申请换发补发港澳居民来往内地通行证，申办手续与在港澳地区一致。

4）台湾居民来往大陆通行证

台湾居民来往大陆通行证简称"台胞证"，是我国台湾居民往来大陆的身份证件（图1-19）。我国台湾居民可持台胞证在大陆就业、求学、考试、就医、置产、开户、投融资、结婚、旅游等。台湾居民来往大陆通行证分为五年多次出入境有效和三个月一次出入境有效两种。

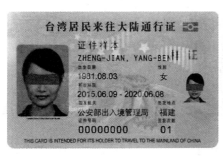

图1-19 电子卡式台湾居民来往大陆通行证

我国台湾居民从台湾来大陆，可通过在台代办旅行社、香港中国旅行社、澳门中国旅行社及中华人民共和国外交部驻香港特别行政区特派员公署、中华人民共和国外交部驻澳门特别行政区特派员公署领事部申请。台湾同胞从外国来大陆的，可以向中国驻外国的外交代表机关、领事机关或外交部授权的其他驻外机关提出申请。

我国台湾居民事先未在境外办妥有效证件及签注而来大陆的，可以向授权的北京、上海、福州、厦门、海口、三亚、沈阳、大连、成都、广州、青岛、武汉、南京、重庆、杭州、桂林、深圳、长沙、西安、昆明、天津、宁波、济南、哈尔滨、徐州、烟台等26个口岸公安机关出入境管理部门申请。

3. 旅行证

1）中华人民共和国旅行证

中华人民共和国旅行证是代替护照使用的国际旅行证件（图1-20），由中国驻外国的外交代表机关、领事机关及其他外交部授权的驻外机关颁发给以下人员。

（1）临时出国护照遗失、被盗抢、损毁、过期，而急于回国的中国公民。

（2）紧急情况下来不及申办护照的中国公民。

（3）未持有"港澳居民来往内地通行证"，而需赴内地的中国籍港澳居民。

（4）未持有"台湾居民来往大陆通行证"，而需赴大陆的中国籍台湾居民。

（5）部分情况特殊的中国籍未成年人。

图1-20 中华人民共和国旅行证

2）中华人民共和国香港特别行政区签证身份书

中华人民共和国香港特别行政区签证身份书（图1-21）由香港特别行政区政府入境事务处颁发给以下人员。

（1）已获准在香港特别行政区有逗留期限居留，但无法取得任何国家的护照或其他地区的旅行证件的人士。

（2）已获准在香港特别行政区不受条件限制居留，但不拥有香港特别行政区居留权，且无法取得任何国家的护照或其他地区的旅行证件的人士。

（3）已取得香港特别行政区居留权及持有香港特别行政区永久居民身份证，但无法取得任何国家的护照或其他地区的旅行证件的非中国籍人士。

3）中华人民共和国香港特别行政区入境身份陈述书

中华人民共和国香港特别行政区入境身份陈述书由使领馆颁发给丢失或损毁香港特别行政区护照或特区其他旅行证件且急需返港的香港居民。

4）中华人民共和国澳门特别行政区旅行证

中华人民共和国澳门特别行政区旅行证（图1-22）由澳门特别行政区政府身份证明局颁发给以下人员。

（1）澳门特别行政区的非永久性居民中的中国公民。

（2）持有澳门特别行政区非永久性居民身份证者。

（3）无权取得澳门特别行政区其他旅行证件者。

图1-21　中华人民共和国香港特别行政区签证　　图1-22　中华人民共和国澳门特别行政区旅行证
　　　　　身份书

5）回国证明

由使馆、领事馆颁发给被驻在国遣返的中国公民，仅供其返回中国时证明其国籍和身份，有效期为3个月。

4. 申根签证

申根签证（Schengen Visa）一般指欧洲申根签证，是根据申根协议而签发的签证（图1-23）。这项协议由于在卢森堡的申根签署而得名，协议规定了成员国的单一签证政策。据此协议，任何一个申根成员国签发

图1-23　欧洲申根签证

的签证，在所有其他成员国也被视作有效，而无须另外申请签证。而实施这项协议的国家便是通常所说的"申根国家"。

目前，申根国家共有 27 个成员国，包括法国、德国、奥地利、瑞士、意大利、荷兰、比利时、卢森堡、丹麦、挪威、瑞典、芬兰、冰岛、西班牙、葡萄牙、希腊、立陶宛、拉脱维亚、爱沙尼亚、波兰、匈牙利、捷克、斯洛伐克、斯洛文尼亚、马耳他、列支敦士登和克罗地亚。另外，安道尔、梵蒂冈、圣马力诺、摩纳哥四个国家由于与申根邻国没有实际上的边境检查，也可以进入。

申根国家和欧盟国家是两个完全不同的概念，虽然有不少国家同属这两个概念的范围，但是也有例外，例如，属于申根国家的挪威和冰岛不属欧盟，属于欧盟的爱尔兰不实施申根协议规定。而欧盟的 27 个会员国，要么实施申根协议规定的签证政策，要么实施本国独立的签证政策，并没有一种统一的、所有欧盟国家都接受的签证。

5. 免签证和落地签证

免签有互免签证和单方面免签两种方式，详情请查看中国领事服务网中外互免签证协议一览表和有关国家和地区单方面有条件地允许中国公民免签入境和办理落地签情况一览表。因单方面免签和办理落地签证政策变化较快，为避免入境受阻，行前应当再向相关国家驻华使领馆核实确认。

落地签证是指一国签证机关依法在本国入境口岸向入境的外国人颁发的签证，相关国家往往要求申请人满足一定条件。详情请查看中国领事服务网有关国家和地区单方面有条件地允许中国公民免签入境和办理落地签情况一览表。因单方面免签和办理落地签证政策变化较快，为避免入境受阻，行前应当再向相关国家驻华使领馆核实确认。

各个国家的签证政策会根据实际情况作出实时调整，免签证和落地签证都有入境停留时长限制，短则两周，长则三个月。

1）与中国互免普通护照签证的国家或地区

截至 2022 年 5 月，与中国互免普通护照签证的国家和地区有：阿联酋、巴巴多斯、巴哈马、波黑、厄瓜多尔、斐济、格林纳达、毛里求斯、圣马力诺、塞舌尔、塞尔维亚、汤加、白俄罗斯、卡塔尔、亚美尼亚。

2）单方面允许中国公民免签入境的国家或地区

截至 2022 年 5 月，单方面允许中国公民免签入境的国家和地区有：韩国（济州岛等地）、摩洛哥、印度尼西亚、法属留尼汪、美属北马里亚纳群岛、突尼斯、海地、安提瓜和巴布达、萨摩亚、牙买加、法属波利尼西亚、多米尼克、圣基茨和尼维斯、南乔治亚岛和南桑威奇群岛、特克斯和凯科斯群岛。

3）单方面允许中国公民办理落地签证的国家或地区

截至 2022 年 5 月，单方面允许中国公民办理落地签证的国家和地区有：阿塞拜疆、巴林、东帝汶、印度尼西亚、老挝、黎巴嫩、马尔代夫、缅甸、尼泊尔、斯里兰卡、泰国、土库曼斯坦、文莱、伊朗、约旦、越南、柬埔寨、孟加拉国、马来西亚、埃及、多哥、佛得角、加蓬、科摩罗、科特迪瓦、卢旺达、马达加斯加、马拉维、毛里塔尼亚、圣多美和普林西比、坦桑尼亚、乌干达、贝宁、津巴布韦、圭亚那、圣赫勒拿岛、帕劳、图瓦卢、瓦努阿图和巴布亚新几内亚。部分国家对中国公民办理的落地签证如图 1-24 和图 1-25 所示。

图1-24　泰国落地签证申请表　　　图1-25　越南对中国公民的落地签证

6. 过境签证

过境签证是准予持证人在规定的期限内，由某国对外开放或指定的口岸前往第三国的签证。要取得过境签证，须事先获取目的地国家的有效入境签证或许可证明（免签国家除外）。申请过境签证的具体要求请查询相关国家驻华使领馆网站。

7. 团体签证

团体签证是团组成员因相同的入境目的共同申请签证。实践中可能是多人共用一张签证，也可能是团组各人分别持有签证。持有按团体受理并办妥的团体签证，要求团组成员共同出入境，团组成员发生变化时，应重新申请签证。具体申办签证要求请咨询相关国家驻华使领馆。

8. 返签证

"返签证"也称作"反签证"或"倒签证"，是指由邀请人为出访人员在前往国国内的出入境管理部门办好签证批准证明，然后连同申请人的护照及填写的申请表格、照片等材料一起呈送前往国驻华使领馆。驻华使领馆只凭批准材料，在申请人的护照上签证，不须再向其国内移民部门申请。返签证的规格形式虽然各国各有不同，但一般只要获得了返签证就意味着入境获得批准，护照送交前往国驻华使馆后，也不需要太长的签证时间。有的持返签证，就可前往该国入境。实行返签证的国家大多在亚洲，如日本、韩国、印度尼西亚、新加坡、马来西亚等。这是仅次于免签证的优惠待遇。

9. 签证"黑名单"

签证"黑名单"是指因某种原因而不受某国欢迎，被拒绝在某一时间内或永久禁止入境的外国人名录。这些人申请该国签证往往会被拒签，甚至被永久拒签。

四、案例分析

首都机场连续来了俩"老帽"，伪造证件想出国

2022年1月1日凌晨1点多，在首都机场二号航站楼的边检通道，男旅客张某正在办理出境手续。边检民警查验护照时发现，张某护照内既往的出入境验讫章不太对劲，有伪造嫌疑。在民警的一再追问下，张某又出示了一张加拿大的居留卡，想要证明"清白"。凭借多年经验，民警判断，张某的证件肯定有问题。最终经鉴定，其居留卡和验讫章都是假的。

据张某讲，他之所以伪造验讫章，其实是为了办理加拿大居留卡，但一直没有办下来，这次为了出境就伪造了一张居留卡。这是2022年北京边检总站查处的首起使用伪造出入境证件的案件。

就在张某刚被查处不久，一名20多岁的年轻旅客李某也因持用伪验讫章被民警当场识破。据李某讲，父母原本送他出国留学，他未按期出国，为应付父母便在护照内伪造了一对假的出入境验讫章，骗父母说自己出国又回来了。没想到，这次出境被边检民警一眼识假，当场就被拦了下来。

鉴于李某和张某使用伪造、变造的出入境证件，北京边检警方依据《中华人民共和国出境入境管理法》对二人做出不准出境处理，并处以罚款3000元并收缴伪造证件。

（资料来源：江帆. 首都机场连续来了俩"老帽"，伪造证件想出国 [EB/OL]. https://m.gmw.cn/baijia/2022-01/12/1302759230.html（2022-01-12）[2022-08-16]. ）

简析： 出境旅游领队在核对队员的出境证件时，不仅应核对证件信息的准确性，也应具备对证件真假的辨别能力，严谨且科学地完成出境证件的核对，对疑似造假的证件要及时向上级领导汇报并移交相关部门进行鉴别。

五、任务分组

角色分配与编组：本任务有出境旅游领队、出境计调以及导领部经理三个角色。建议3名学生为一组完成"核对出境证件及相关事宜"的学习，每名学生轮流担任不同角色。另外，每组可增加1名学生为实训助理。

六、任务实施

1. 布置任务

C旅行社组织了一个新马泰十天的旅游团，导领部刘经理根据导领部派团状况，决定让陈导任该旅游团出境领队。陈导与导领部刘经理、出境计调小李进行工作交接后，要对移交的证件、签证及相关事项进行仔细核对。

为了能顺利完成实训任务，任课教师为每组学生准备好需要核对的团队资料以及团队证件及相关事项核对情况表（表1-5）。

表1-5　团队证件及相关事项核对情况表

团队名称：　　　　　　　　　　　　　团号：

领队姓名：　　　　　　　　　　　　　计调姓名：

序号	核对证件及相关事项名称	核 对 内 容	核对情况说明
1	护照或其他旅行证件	□姓名　　□护照号码 □签发地　□签发日期 □有效期　□本人签名	
2	签证	□签发日期　□截止日期 □签证号码	
3	机票	□乘机人姓名　□乘机日期 □航班号　　　□起飞时间	
4	出团名单表和护照以及护照内的签证信息一致	□是　　　□否	
5	检查全团的预防注射情况	□是　　　□否	
6	查验境外住店分配名单中的住房分配情况	□是　　　□否	
7	了解旅行社责任保险和团员旅游意外伤害保险情况	□是　　　□否	
8	商定出团说明会相关事宜	□是　　　□否	

出境计调签名：　　　　　　出境领队签名：　　　　　　核对日期：　　年　月　日

任务知识　"新马泰"你了解吗？

"新马泰"是旅游专用词汇，是新加坡、马来西亚、泰国的总称。因为这三个国家地理位置相近，所以人们在提到这几个旅游地点时，会合称为"新马泰"。"新马泰"无疑是最经典的出境游线路之一，这条旅游线备受中国游客青睐。

新加坡共和国简称新加坡，旧称星洲或星岛，别称为狮城，是东南亚的一个岛国。新加坡被誉为"亚洲四小龙"之一，同时凭借着地理优势，成为亚洲重要的金融、服务和航运中心之一。新加坡位于马来半岛南端、马六甲海峡出入口，由新加坡岛及附近63个小岛组成，其中新加坡岛占全国面积的88.5%，国土面积735.2平方千米，约为中国香港特别行政区面积的三分之二。截至2022年，新加坡总人口594.3万，为中国香港特别行政区人口的近五分之四。

马来西亚简称大马，是君主立宪联邦制国家，首都吉隆坡，联邦政府行政中心布城。全国划分为13个州和3个联邦直辖区，全国面积约33万平方千米，人口3300万，其中马来人约占70%，华人超过22%。马来西亚位于东南亚，国土被南海分隔成东、西两部分，即马来半岛（西马）和加里曼丹岛北部（东马）。马来西亚对中国大陆公民实行电子签证与免签政策，最快 24 小时出证。

泰王国简称泰国，是一个位于东南亚的君主立宪制国家，首都曼谷。泰国位于中南半岛中部，西部及西北部与缅甸交界，东北部与老挝毗邻，东连柬埔寨，南边狭长的半岛与马来西亚相连。泰国有 700 多年的历史和文化，是东南亚国家联盟成员国和创始国，同时也是亚太经济合作组织和世界贸易组织成员，是全球最幸福经济体之一。泰国旅游资源丰富，有 500 多个景点，主要旅游地点有曼谷、普吉、帕塔亚、清迈、清莱、华欣、苏梅岛。旅游业是泰国服务业的支柱产业。

2. 执行任务

1）实训条件

模拟旅行社实训室，布置 15 个以上的机位，装有旅行社管理实训平台，能上网，发布和提交作业，能完成实训成果展示。如果暂时不具备以上条件，也可以在能上网的计算机房进行。

学生 4 人一组，分别担任计调部出境计调、导领部领队、经理和实训助理。如果时间允许，每组成员可轮流扮演不同角色，重复实训内容，巩固实训效果。

2）实训步骤

第一步，"出境领队陈导"邀请"导领部刘经理"及"出境计调小李"共同核对证件、签证及相关事项。

第二步，按照提供的团队证件及相关事项核对情况表中提供的项目名称和内容逐项核对。

第三步，如出现不一致的地方或错误，在核对说明中做说明。

第四步，核对完毕，"出境旅游领队陈导"和"出境计调小李"分别签字留档。

提升训练

1. 如果在核对证件和签证的过程中，出境旅游领队发现团队中某游客护照的有效期即将到期，应如何处理？

2. 在境外旅游过程中，临近返程时游客的护照意外丢失，出境旅游领队应当如何协助处理？

3. 成果展示

实训任务完成后，每个小组用 PPT 展示团队证件及相关事项核对情况表以及实训过程（可插入实训助理录制的视频）。陈述时，小组中每位学生都要发言，发言主要阐述自己在实训中所承担的角色以及所完成的内容。每小组的展示及陈述，既要体现小组个人的作用，又要体现团体任务的完整性。

本任务成果实行过程性评价，分个人自评、小组自评、小组互评以及教师评价，分别占 10%、20%、30%、40%。

七、任务拓展

为了达到举一反三、巩固提高的目的，配合以上实训任务，给出 3 个拓展任务，任选其中一个作为课后训练任务。完成并成功提交的作品，将计入平时成绩。

拓展任务 1

找一家旅游网站，选择一条港澳旅游线路，根据线路自行准备团队证件及相关事项核对情况表、证件、签证及相关材料，分组进行"核对出境证件及相关事宜"拓展训练。

拓展任务 2

找一家校企合作旅行社，选择一条东欧旅游线路，根据线路向合作企业索要团队证件及相关事项核对情况表、证件、签证及相关材料，分组进行"核对出境证件及相关事宜"拓展训练。

拓展任务 3

在旅行社实训平台上找一条东南亚旅游实训线路，根据准备好的团队证件及相关事项核对情况表、证件、签证及相关材料，分组进行"核对出境证件及相关事宜"拓展训练。

任务三　填写出入境登记卡

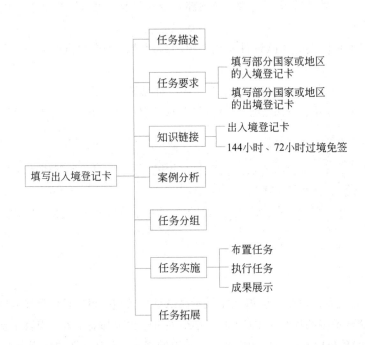

一、任务描述

出境旅游领队应熟知世界主要旅游国家或地区出入境登记卡的特点和填写要求，能够熟练填写这些国家或地区的出入境登记卡，在旅游过程中可以帮助团队游客预先填写好出入境登记卡，以保证能够迅速、便捷通关。

二、任务要求

我国的出境旅游大多以团队形式、在出境旅游领队的带领下进行。游客在过边检（移民）柜台时，除了查验护照、签证和机票外，还要查验出入境登记卡。我国的出境游客很多为第一次出境，对出入境登记卡的填写不熟悉，有些游客还可能看不懂登记卡上的外语，不方便填写。为了能够迅速、便捷通关，旅行社会提前组织出境旅游领队、计调、票务、送签人员等为游客预先填写好出入境登记卡，和机票一起夹在护照里，过关时一并呈送给边检（移民）官员查验。

三、知识链接

1. 出入境登记卡

出入境登记卡分为出境登记卡（departure card）和入境登记卡（arrival card）两部分，两张卡连在一起，也有分开的。一般来说，入境登记卡填写的信息较为详细，出境登记卡填写的信息相对简单。基本信息包括：姓（family name）、名（given names）、出生日期（date of birth）、性别（sex）、国籍（nationality）、护照号码（passport No.）、签证号码（visa No.）、签证地点（place of visa issuance）、航班号（flight No.）、来自何处（from）、下榻地址（intended address）、入境事由（your main reason for coming to ...）、签名（signature）等。不同国家（地区）的出入境登记卡的英文表示法略有不同。

填写出入境登记卡时，要依据已经核实的护照、签证、机票以及旅游行程表中的信息如实填写。如填写信息有出入，会给游客过关造成不便，从而影响整个旅游行程，也可能招致游客投诉。如今，有些国家（地区）为了方便游客通关，省略了填写出入境登记卡的环节，出境旅游领队在出发前应多做了解。

中国公民入境中国时免填边防检查入境登记卡。

2. 144 小时、72 小时过境免签

截至 2022 年 6 月，全国共有 18 个省（自治区、直辖市）23 个城市 30 个口岸对 53 个国家人员实施过境 144 小时、72 小时免办签证政策。其中，北京、天津、石家庄、秦皇岛、上海、杭州、南京、沈阳、大连、青岛、成都、厦门、昆明、武汉、广州、深圳、揭阳、重庆、西安、宁波 20 个城市 27 个口岸实施外国人过境 144 小时免办签证政策，并在京津冀、长三角等地区实现区域、口岸联动；长沙、桂林、哈尔滨 3 个城市 3 个口岸实施外国人过境 72 小时免办签证政策。

适用外国人过境 144 小时免办签证政策的国家有：奥地利、比利时、捷克、丹麦、爱沙尼亚、芬兰、法国、德国、希腊、匈牙利、冰岛、意大利、拉脱维亚、立陶宛、卢森堡、马耳他、荷兰、波兰、葡萄牙、斯洛伐克、斯洛文尼亚、西班牙、瑞典、瑞士、摩纳哥、俄罗斯、英国、爱尔兰、塞浦路斯、保加利亚、罗马尼亚、乌克兰、塞尔维亚、克罗地亚、波黑、黑山、北马其顿、阿尔巴尼亚、白俄罗斯、美国、加拿大、巴西、墨西哥、阿根廷、

智利、澳大利亚、新西兰、韩国、日本、新加坡、文莱、阿联酋、卡塔尔。

四、案例分析

填错出境卡乘客险误机

前往美国的旅客黄先生填写出入境登记卡时，中文一面不必填却填了，英文一面必填却未填，使得他险些误了登机。

旅客黄先生从开平匆匆赶到白云机场国际出发厅时，前往美国的航班已经开始登机，他连忙跑到边检大厅填写了出境卡后排队候检。旅客很多，黄先生等了足足6分钟，边检员看过黄先生的美国护照等资料后，却请黄先生重新填写。

原来，刚取得美国护照的黄先生应该填写出境卡英文的一面，但他填写了中文的那一面，不符合规定，需要重新填写。黄先生不懂英文，心急如焚，只好赶紧对照中文那面的内容填写。重新排队候检时，登机广播已在叫他，黄先生好不容易通过边检、安检刚登上飞机，舱门就开始关闭了，他暗自庆幸没有因填写出境卡而误机。

其实，出入境登记卡为正反两面，一面为英文，另一面为中文，持外国证件的旅客只需填写英文一面，持中国证件的旅客只需填写中文一面。有好多持外国证件的华人习惯填写中文一面，这不符合规定。旅客填错卡片种类的情况在出入境检查中极为普遍。

（资料来源：邓恒．填错出境卡乘客险误机 [EB/OL]. https://news.sina.com.cn/c/2006-08-12/101710704642. shtml（2006-08-12）[2022-08-20]．）

简析：在出入境前，出境旅游领队应协助或指导团队游客按照出入境国家或地区要求，准确填写出入境登记卡，避免语言、信息、格式等内容的填写错误或缺失。在出境旅游过程中要具备良好的法治思维，"事虽小，勿擅为"，要尊重和维护法律权威，按照出入境国家或地区的要求办理手续、填写资料。

五、任务分组

角色分配与编组：本任务有出境旅游领队、出境计调、送签人员和票务人员4个角色，另外可以增设1位实训助理。建议4~5名学生为一组完成"填写出入境登记卡"的学习，每名学生轮流担任不同角色。

六、任务实施

1. 布置任务

C旅行社组织了一个"走进非洲大草原9日之旅"旅游团，导领部刘经理根据导领部派团状况，决定让陈导任该旅游团领队，并要求陈导与出境计调、票务及送签人员一起，提前为该团游客填好肯尼亚和坦桑尼亚的出入境登记卡。

为了能让实训任务顺利完成，任课教师为每组学生准备好肯尼亚和坦桑尼亚出入境登记卡、该团护照和签证、电子客票以及最终确定的《非洲大草原旅游行程表》等文件。

任务知识　非洲大草原主要分布在哪些国家？

非洲是世界上热带草原面积最大的大洲，大草原分布国家主要有：尼日利亚、喀麦隆、中非共和国、苏丹、肯尼亚、坦桑尼亚、莫桑比克、津巴布韦、博茨瓦纳、南非、马达加斯加西部等。

非洲热带草原分布在非洲热带雨林的南北两侧、东部高原的赤道地区，以及马达加斯加岛的西部，呈马蹄形包围热带雨林。分布地区占全洲面积的三分之一，是世界上面积最大的热带草原区。

非洲热带草原一年中有明显的干季和湿季，年降雨量在500～1000毫米，多集中在湿季。干季的气温高于热带雨林地区，日平均气温在24～30℃。大致每年5—10月，大陆低气压北移，这时北半球热带草原上盛行从几内亚湾吹来的西南季风（又称几内亚季风），带来丰沛降水，形成湿季；11月—次年4月，大陆低气压南移，北半球热带草原盛行来自副热带高气压带的信风（哈马丹风），十分干燥，形成旱季。南半球热带草原的干、湿季节时间与北半球恰好相反。

任务知识　非洲的十大旅行目的地国家

在很多人眼里，非洲就是贫穷与落后的象征，甚至有些人还存在着非洲都是黑人的观念，但其实非洲是一个神奇而且令人向往的地方，很多地方都深受游客的喜爱，每年都会有大量游客到非洲旅游。有数据统计，2019年就有超过7240万国际游客到非洲旅游，这里统计了最受游客欢迎的十个国家，让我们一起来看一下，非洲十大最佳旅行目的地国家到底是哪里。

第一，摩洛哥。摩洛哥的旅游业十分发达，海岸风光、文化特色以及历史建筑都是其重点旅游项目，位于大西洋沿岸的阿加迪尔就是很多游客喜爱的大型海滩度假胜地，而且摩洛哥有其他6个沿海度假胜地。阿特拉斯山脉的冒险旅游也是其特色之一。

第二，埃及。埃及的胡夫金字塔大家都很熟悉。埃及的著名旅游景点有很多，开罗的博物馆和清真寺，吉萨的金字塔和狮身人面像，帝王谷附近的卢克索，以及西奈半岛的许多人迹罕至的海滨度假胜地，这些都是游客的不二选择。

第三，南非。南非的旅游景点各种各样，有风景如画的自然景观，原生态的野生动物保护区，多样的文化遗产，以及备受推崇的葡萄酒。克鲁格国家公园、西开普省的美丽海滩和开普敦等繁华城市，都深受游客喜爱。

第四，突尼斯。突尼斯能够吸引如此多游客的主要原因是其繁华的首都突尼斯市，以及古老的迦太基遗址，当然，这里还有魅力无限的沿海度假胜地。突尼斯以其金色的沙滩、晴朗的天气和负担得起的奢侈品而闻名。

第五，阿尔及利亚。阿尔及利亚是非洲面积最大的国家，其旅游景点自然不少，撒哈拉沙漠便是其主要的旅游景点之一，建筑独特的君士坦丁，以及圣奥古斯丁大教堂和特莱姆森大清真寺也是其主要景点。

第六，津巴布韦。津巴布韦的每个地区都会有几个旅游景点，维多利亚瀑布国家公园便是其最吸引游客的主要景点之一，这里风景如画，雄伟壮丽。津巴布韦独特的干式风格建筑也在非洲独树一帜。

第七，科特迪瓦。科特迪瓦的旅游业自1970年以来得到了长足的发展，但是来这里旅游的游客都需要黄热病疫苗接种证书，它的主要景点包括海滩、度假村和野生动物保护区。

第八，博茨瓦纳。来博茨瓦纳狩猎和摄影是很多游客的选择，因为这里的狩猎区允许狩猎，卡拉哈迪中央野生动物保护区和大羚羊国家公园就是其主要的旅游景点。这里的水道、岛屿和湖泊众多，自然环境十分秀丽。

第九，纳米比亚。纳米比亚以生态旅游著称，拥有着广泛的野生动植物，温得和克作为首都和全国最大城市，吸引着很多游客前来，温得和克乡村俱乐部度假村便是其著名的旅游景点。

第十，莫桑比克。莫桑比克独特的自然环境、野生动植物和文化遗产，为其海滩、文化和生态旅游提供了机会，这里也有许多名胜古迹，比如奎林巴斯国家公园和巴扎鲁托国家公园，深受国际游客的喜爱。

📖 任务知识　非洲十大著名旅游景点

纯净、美丽、神秘、草原、钻石、原生态等是人类脑海里对非洲第一印象描述最多的词语。的确，非洲是一片充满神奇魅力的大地。作为人类最早的古文明发祥地之一，这里有神秘的金字塔、地球上最壮丽的大峡谷、世界上最大的沙漠、世界上著名的维多利亚大瀑布，所有的这一切，都等着热爱人类文明、喜欢大自然原始旷野的人们的光顾。下面总结了非洲具有代表性的十个著名旅游景点，我们一起来了解一下。

1. 世界上最好的野生动物保护区——马赛马拉国家野生动物保护区（肯尼亚）

马赛马拉既是肯尼亚南部一个巨大的、保护完好的风景区，也是世界上最好的野生动物保护区之一。低矮的丘陵绵延起伏，宽广的草原一望无际，巨大的金合欢树和波巴布树散落其间，马拉河的众多支流纵横穿越，景色美轮美奂。在这里，人与自然、人与动物和谐相处，独特的原始文化，草原日出、日落仙境般的美妙，可以使久居都市的现代人忘记一切压力与烦恼，完全融入奇妙的大自然中，感受到一种回归的轻松与快乐。

2. 最古老的沙漠——纳米布沙漠（纳米比亚）

虽然纳米布沙漠大部分地方无人居住及难以到达，但在西斯里姆（Sesriem）仍然有人聚居，该地接近著名的索苏维来（Sossusvlei）及一连绵的沙丘，有些沙丘超过300米高，包含世上最高的沙丘。纳米布的沙丘形态复杂且有规律，成为地质学家的研究对象。此地区被认为是世界上最古老的沙漠，干旱和半干旱的气候已持续了最少8000万年，听起来是不是很有来探索一下的冲动？

3. 最奢靡的石头城——桑给巴尔石头城（坦桑尼亚）

桑给巴尔石头城是东非地区斯瓦希里人建造的一座海滨商业城市。桑给巴尔石头城城中曲径幽深，有喧闹的集市，有许多清真寺，还有装饰得富丽堂皇的阿拉伯式房屋。市区建筑物的高大木门上布满铜钉，华丽的图案精雕细刻，具有典型的阿拉伯风格。石头城完好保留了古代的城镇建筑物及其优美的城镇风光，城中许多精美的建筑物反映了其别具特色的文化。

4. 非洲最高的山峰——乞力马扎罗山（坦桑尼亚）

乞力马扎罗山位于坦桑尼亚东北部，靠近肯尼亚边境，是非洲最高的山峰。远在200千米以外就可以看到它高悬于蓝色天幕上的雪冠在赤道的骄阳下闪闪发光。乞力马扎罗山素有"非洲屋脊"之称，而许多地理学家则喜欢称它为"非洲之王"。乞力马扎罗山高高的山顶白雪皑皑，山腰云雾缭绕，充满着神奇莫测的气氛，尤其是黄昏的时候，山顶的云雾偶尔散去，银白晶莹的峰顶在金色的夕阳余晖照耀之下，露出绝美的容颜。

5. 唯一的尼日尔河谷的宝石——杰内古城（马里）

被世人美誉为"尼日尔河谷的宝石"的杰内古城，以独特的撒哈拉苏丹建筑风格以及摩尔式建筑和灿烂的伊斯兰文化而驰名世界。城内的古建筑约有2000座，都被完好地保存下来。为适应季节性洪水，房屋建在了小丘之上。碧绿的巴尼河缓缓流过这座历史古城的市区。市内沟渠纵横，小桥卧波，流水潺潺，各式建筑掩映在高大挺拔、郁郁葱葱的杧果树丛中，还有茁壮的棕榈树、香蕉果，鲜花繁茂，芳草如茵。王侯宅第、清真寺院、学者陵墓等各种建筑展现出一派热带水乡泽国的城市景象。

6. 世界上最大的瀑布之一——维多利亚瀑布（津巴布韦）

维多利亚瀑布是世界上最大的瀑布之一，位于非洲赞比西河中游、赞比亚与津巴布韦接壤处。大瀑布所倾注的峡谷本身就是世界上罕见的天堑。在这里，高峡曲折、苍岩如剑、巨瀑翻银、急流如奔，构成一幅格外奇丽的自然景色。维多利亚瀑布以它的形状、规模及声音而举世闻名，堪称人间奇观。瀑布奔入玄武岩海峡，水雾形成的彩虹远隔二百公里以外就能看到，每逢新月升起，水雾中映出光彩夺目的月虹，景色十分迷人。

7. 世界上最大的内陆三角洲之一——奥卡万戈三角洲（博茨瓦纳）

奥卡万戈三角洲靠近卡拉哈迪沙漠的边缘地带，这里生长着繁茂的纸莎草和凤凰棕榈，丰富的水域也为鱼鹰、翠鸟、河马、鳄鱼和虎鱼提供了一个理想的生态环境。当三角洲的周边地带开始露出水面的时候，野生动物则开始在新近的水地边缘地带集中，使这里成为卡拉哈迪大型动物的天然避难所和大水潭。这里聚集着水中悠游的鱼儿、在沙滩上晒太阳的鳄鱼、自由吃草的河马和沼泽羚羊，景色非常美妙。

8. 非洲最大峡谷——鱼河大峡谷（纳米比亚）

鱼河大峡谷位于艾艾斯/希特斯韦特跨国公园内，是世界上最大的峡谷之一，为非洲第一大峡谷。鱼河大峡谷徒步探险路线居于非洲南部徒步探险路线排名前列，背包客可以沿河道行走。道路两边由陡峭的崖壁包围，下面是深深的蜿蜒长河，整条路线从鱼河大峡谷的最北点一直通到艾艾斯温泉。许多游客选择徒步探险鱼河大峡谷，至少需要五天来完成徒步探险之旅。

9. 最神秘的墓地金字塔——孟菲斯及其墓地金字塔（埃及）

孟菲斯及其墓地金字塔坐落在古埃及王国首都的周围，包括岩石墓、石雕墓、庙宇和金字塔，被认为是古代世界七大奇迹之一。金字塔和狮身人面像的建造地点吉萨，这里的一草一木都如此神圣。虽然时间过去了几千年，但这里却依然保持原样。吉萨的金字塔外观宏伟，坐落于高原之上，与开罗旧城隔着尼罗河遥相呼应。

10. 最著名的史前文化遗址之———奥莫低谷（埃塞俄比亚）

奥莫低谷位于埃塞俄比亚南部赫姆·戈法地区的图尔卡纳湖以北，是一处举世闻名的史前文化遗址。如今，奥莫低谷仍处于原始状态，部落传统至今保持不变。那里的妇女仍身着精美华丽的兽皮服装，而男子则通过头顶上梳理有特殊颜色的发髻表示步入成年。这里可以看到穆尔西部落的妇女仍戴有巨大的唇片，男子则参加定期举行的棍棒角斗仪式。

2. 执行任务

1）实训条件

模拟旅行社实训室，布置 15 个以上机位，装有旅行社管理实训平台，能上网、发布和提交作业，能完成实训成果展示。如果暂时不具备以上条件，也可以在能上网的计算机房进行。

学生 5 人一组，分别担任出境旅游领队、出境计调、票务、送签人员和实训助理。如果时间允许，每组成员可轮流扮演不同角色，重复实训内容，巩固实训效果。

2）实训步骤

第一步，"出境领队陈导"分发团队护照和签证、电子客票、旅游行程和出入境登记卡并进行任务分工。

第二步，根据提供的护照和签证、电子客票、旅游行程等文件，填写肯尼亚和坦桑尼亚出入境登记卡。

第三步，组内填写内容必须一致，填写中遇到问题，组内讨论解决。

第四步，把每位游客的护照和签证、出入境登记卡、电子客票用橡皮筋绑在一起，按出境名单顺序罗列，放入档案袋。

提升训练

如果在填写出入境登记表的过程中，发现电子客票中的身份信息和护照中的身份不一致，请问你如何解决？

3. 成果展示

实训任务完成后，每个小组用 PPT 展示《肯尼亚出入境登记卡》《坦桑尼亚出入境登记卡》，以及实训过程（可插入实训助理录制的视频）。陈述时，小组中每位学生都要发言，发言主要阐述自己在实训中所承担的角色以及所完成的内容。每小组的展示及陈述，既要体现小组个人的作用，又要体现团体任务的完整性。

本任务成果实行过程性评价，分个人自评、小组自评、小组互评以及教师评价，分别占 10%、20%、30%、40%。

七、任务拓展

为了达到举一反三、巩固提高的目的，配合以上实训任务，给出 3 个拓展任务，任选其中一个作为课后训练任务。完成并成功提交的作品，将计入平时成绩。

拓展任务 1

找一家旅游网站，选择一条北美旅游线路，根据线路自行准备出入境登记卡、护照和签证、电子客票及其他相关材料，分组进行"填写《出入境登记卡》"拓展训练。

拓展任务 2

找一家校企合作旅行社，选择一条东欧旅游线路，根据线路向合作企业索要出入境登记卡、护照和签证、电子客票及其他相关材料，分组进行"填写《出入境登记卡》"拓展训练。

拓展任务 3

在旅行社实训平台上找一条东南亚游实训线路，根据线路中准备好的出入境登记卡、护照和签证、电子客票及其他相关材料，分组进行"填写《出入境登记卡》"拓展训练。

任务四　准备好出团物品

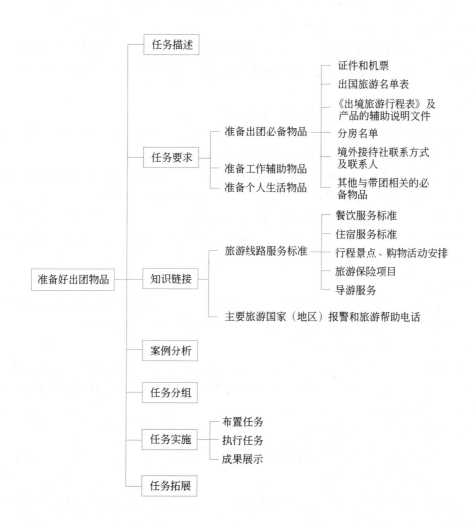

一、任务描述

出境旅游领队的出团物品，主要由出团必备物品、工作辅助用品、个人生活物品三部分组成。领队出发前，应根据带团需要，列出清单，程序化地做好出团物品的准备工作，这也是专业化领队应当具备的基本功。

二、任务要求

1. 准备出团必备物品

1）证件和机票

出境旅游领队从计调部拿到出境证件后，一定要稳妥保管，整理有序。护照、机票必须要有复印件。

2）出国旅游名单表

微课：出团前的物品准备

按规定，旅游团队出境必须持有《中国公民出国旅游团队名单表》。在目前的实际工作中，如果护照持有人所持的护照上的签证为个人有效签证，在边防检查站出境检查时，游客自行持证件出境，边检都会放行而不需《中国公民出国旅游团队名单表》。但是，当旅游团队办理的是团队旅游签证或者旅游团去的是免签证的国家或地区时，必须有《中国公民出国旅游团队名单表》。

3）《出境旅游行程表》及产品的辅助说明文件

《出境旅游行程表》是出境旅游团队的根本性文件，出境旅游领队在对工作文件的准备中，最不能忘记的就是出境旅游行程表或团队接待计划。

通常境外的接待旅行社对组团社的团队日程会有一个最后确认传真，有时也会将全体团员的名单附在后面，出境旅游领队要复印下来放到出团所需的资料中。

游客在旅行社购买某项旅游线路产品时，旅行社的销售人员一定会将产品所涉及的一些收费说明和服务标准同时提供给游客。这份对线路产品收费及对此线路产品进行详细说明的材料，在出境旅游领队的行装准备当中也不能缺少。

4）分房名单

分房名单是与《出境旅游行程表》一体的带团文件，出境旅游领队应事先将其准备好。应按照在境外下榻饭店数量将分房名单复印多份，要做好适时调整的准备。

5）境外接待社联系方式及联系人

出境旅游领队需要掌握境外旅行社的联系人及联系方式，包括负责境外接待的旅行社的名称、境外接待旅行社的经理及计调的姓名及联系方式、境外旅行社办公室联络电话以及导游员姓名和联络电话。

6）其他与带团相关的必备物品

准备好领队证、名片、领队旗、托运行李不干胶标签等。

2. 准备工作辅助物品

工作辅助物品包括资料书籍、备用通信设备、目的地国家紧急救助电话、中国驻外大使馆电话、应急小礼品等。

3. 准备个人生活物品

个人生活物品包括个人衣物、常用药品和其他生活必需品，如洗漱用品、拖鞋、指南针、太阳镜、笔记本电脑、纸与笔、计算器、小面额外币等。

三、知识链接

1. 旅游线路服务标准

旅行社提供的旅游线路服务标准，应当涵盖吃、住、行、游、购、娱六个要素，如餐饮服务、酒店服务、交通服务、导游服务、景区服务、购物安排、自费项目等。同一条旅游线路，服务项目的标准不同，价格也会不同。

1）餐饮服务标准

旅游线路服务标准中，应明晰是否含餐费，早餐和正餐的具体次数及规格标准等。

2）住宿服务标准

旅游线路服务标准中，应明晰住宿酒店的级别、所处位置、房型标准等。

3）行程景点、购物活动安排

旅游线路服务标准中，应明晰参观景点、门票和游览时间，有无导游讲解，有无购物安排等。

4）旅游保险项目

旅游线路服务标准中，应明晰旅行社的报价是否已经包含旅游人身意外保险的费用。

5）导游服务

旅游线路服务标准中，应明晰导游的服务水平、讲解水平，以及导游在带团过程中是否可以向游客销售特产、是否可以另行收取游客费用增加景点游览。

2. 主要旅游国家（地区）报警和旅游帮助电话

主要旅游国家（地区）报警和旅游帮助号码如表 1-6 所示。

表 1-6　主要旅游国家（地区）报警和旅游帮助电话号码

序号	国家（地区）	类　型	号码	序号	国家（地区）	类　型	号码
1	澳大利亚	火警、匪警、急救	0	11	西班牙	报警	112
2	法国	医疗紧急事故、意外	15	12	德国	急救	112
3	法国	报警	17	13	冰岛	急救	112
4	埃及	紧急求助	20	14	葡萄牙	报警	113
5	阿根廷	救助	101	15	意大利	报警	113
6	菲律宾	报警	110	16	奥地利	报警	113
7	日本	报警	110	17	希腊	急救	116
8	德国	匪警	110	18	瑞士	报警	117
9	新西兰	报警	111	19	印度尼西亚	报警	118
10	韩国	报警	112	20	埃及	报警	122

续表

序号	国家（地区）	类型	号码	序号	国家（地区）	类型	号码
21	韩国	急救	119	30	中国香港	报案、火警、急救	999
22	奥地利	山地救援	140	31	马来西亚	报警	999
23	奥地利	急救	144	32	新加坡	报警	999
24	瑞士	医疗急救	144	33	英国	报警	999
25	土耳其	报警	155	34	爱尔兰	报警	999
26	巴西	救助	192	35	美国	报警	999
27	澳大利亚	经济救助	333	36	南非	报警	10111
28	加拿大	报警	911	37	埃及	旅游警察	3906028
29	文莱	报警	993	38	新西兰	亚洲语言警察协助热线	800274267

四、案例分析

广东领队海外背回 10 万只口罩 驰援 32 家医院

2020 年年初，在广州，有这样一群资深导游领队，他们建立了一个组织——"一群人一件事，我们都是旅游从业者"。在短短几天内，他们从日本、印度尼西亚、俄罗斯、南非、美国、突尼斯、土耳其、阿联酋等国"人肉"带回超 10 万只口罩及 1250 件防护服，捐赠给湖北 30 家医院以及广州 2 家医院，代表广东旅游人在抗击疫情的战疫中交出一份出色的成绩单。

疫情发生后，朋友圈有来自世界各地寻找出境领队带口罩回国的需求信息。广东导游领队圈的从业人员积极响应，迅速行动。广州一群资深导游领队也组建起一支"一群人一件事，我们都是旅游从业者"的队伍。组织发起人之一、广州资深领队韩宏侠介绍，自 2020 年 1 月 23 日晚 12 时发起活动以来，已经有 1000 多人参与，建立了两个 800 人微信群。"现在还有更多的人想加入进来，贡献自己的力量。"

为了与时间赛跑，由导游领队人员组成的物资寻找组、物资鉴定组、各国货物沟通组、白云机场和深圳机场接机组、运输组、发货组 24 小时待命；捐款组、公关组、纪检组等人员每天睡眠不足 2 小时。"只要哪个小组需要人员，在群里发一条信息，马上就有导游领队报名，加入支援的队伍中来。只要发出口罩和防护服的需求，领队们就一家店一家店去寻找购买，再'人肉'带回国内。所有都是导游领队自发自愿的，不计报酬，不留名字。"

截至 2020 年 1 月 30 日 15 时，"一群人一件事，我们都是旅游从业者"组织合计募捐 70 多万元，参加捐赠 1500 人次，购买捐赠口罩超 10 万个，防护服 1250 件，捐赠物资对接湖北 30 家医院以及直接支援 2 家广州医院。

（资料来源：叶佳茵. 广东领队海外背回 10 万只口罩 驰援 32 家医院 [EB/OL]. https://baijiahao. baidu.com/s?id=1657262708925703607&wfr=spider&for=pc（2020-02-01）[2022-09-01].）

简析：出境旅游领队，其基本的工作职责是带领团队游客出境旅游。但是在国家需要之时，应当积极发挥行业优势，坚持个人理想与社会理想相统一，爱岗敬业，团结统一，怀着深厚的爱国主义情怀，为祖国和人民贡献力量。

五、任务分组

角色分配与编组：本任务有出境旅游领队、出境计调以及导领部经理 3 个角色，另外可增设 1 位实训助理。建议 3~4 名学生为一组完成"准备好出团物品"的学习，每名学生轮流担任不同角色。

六、任务实施

1. 布置任务

C 旅行社组织了一个大洋洲十二日旅游团，导领部刘经理根据导领部派团状况，决定让陈导任该旅游团领队。陈导与导领部刘经理、出境计调小李商议该团需要准备或领取的物品。

为了能让实训任务顺利完成，任课教师为每组学生准备好需要的物品（电子版）以及《出团物品登记表》（表 1-7）。

表 1-7　出团物品登记表

团队名称：　　　　　　　　　　　　　　　　团号：
领队姓名：　　　　　　　　　　　　　　　　计调姓名：

序号	出团物品类型	出团物品名称	数量	补充说明	归还情况
1	出团必备物品	证件、机票			
2		出入境登记卡			
3		出国旅游名单表			
4		出境旅游行程表或团队接待计划			
5		对此线路产品包括收费在内的详细说明材料			
6		分房名单			
7		境外带团业务通讯录			
8		领队证、领队旗等			
9		其他（请注明）：			
10	工作辅助物品	线路资料书籍		借取或自备	
11		通信工具		借取或自备	
12		紧急救助电话			
13		应急小礼品		领取或自备	
14	个人生活物品	个人换洗衣服		自备	
15		常用药品		自备	
16		洗漱用品（牙具、拖鞋等）		自备	
17		户外用品（防晒霜、太阳镜、伞等）		自备	
18		书写用品（笔记本、笔、计算器等）		自备	
19		零钱		自备	
20		其他（请注明）：		自备	

出境领队签名：　　　　　　　　　　　　　　填表日期：　　　年　月　日

📖 任务知识　大洋洲最著名的十大景点

大洋洲，陆地总面积约 897 万平方千米，约占世界陆地总面积的 6%，是世界上最小的一个大洲，也是除南极洲外，世界上人口最少的一个大洲，下面来看一下大洋洲有哪些著名的旅游景点。

1. 大堡礁

大堡礁是世界最大最长的珊瑚礁群，位于南半球，它纵贯于澳大利亚的东北沿海，北从托雷斯海峡，南到南回归线以南，绵延伸展共有 2011 千米，最宽处 161 千米。大堡礁包含 2900 个大小珊瑚礁岛，自然景观非常特殊。大堡礁的南端离海岸最远有 241 千米，北端较靠近海岸，最近处离海岸仅 16 千米。在落潮时，部分的珊瑚礁露出水面形成珊瑚岛，在礁群与海岸之间形成一条极方便的交通海路。风平浪静时，游船在此间通过，船下连绵不断的多彩、多形的珊瑚景色，成为吸引世界各地游客来猎奇观赏的最佳海底奇观。1981 年，大堡礁列入《世界自然遗产名录》。

2. 斐济群岛

斐济群岛位于南太平洋中心、介于赤道与南回归线之间，是澳大利亚、新西兰前往北美的必经之地。斐济群岛是世界著名的度假胜地、旅游天堂，被誉为"全球十大蜜月旅游胜地之一""全球十大美女海滩之一"。斐济是个多种族的国家，首都苏瓦，是全国政治中心和服装业基地，也是南太平洋著名的天然良港。斐济地跨东、西半球，由 332 个岛屿组成，其中 106 个岛有人居住，大部分岛屿是珊瑚礁环绕的火山岛。英语是斐济的官方语言。斐济的两大国粹，一是鲸的平齿，叫"塔布阿"；一是当地的一种土产饮料"杨格纳"。

3. 悉尼歌剧院

悉尼歌剧院位于悉尼市区北部，是悉尼市地标建筑物，由丹麦建筑师约恩·乌松设计，其贝壳形屋顶下方是结合剧院和厅室的水上综合建筑。歌剧院内部建筑结构则是仿效玛雅文化和阿兹特克神庙。该建筑于 1959 年 3 月开始动工，于 1973 年 10 月 20 日正式竣工交付使用，共耗时 14 年多。悉尼歌剧院是澳大利亚的著名建筑，也是 20 世纪最具特色的建筑之一，2007 年被联合国教科文组织评为世界文化遗产。

4. 波利尼西亚塔希提

塔希提岛是法属波利尼西亚向风群岛中的最大岛屿，位于南太平洋。这里四季温暖如春，物产丰富。居民称自己为"上帝的人"，外国人则认为这里是"最接近天堂的地方"。波利尼西亚意指"许多的岛"，其范围西起从汤加、库克群岛、波利尼西亚群岛，到东南的皮特凯恩群岛。这些地方的人有着共同的语言、共同的祖先，如夏威夷土著和新西兰毛利人，这些祖先皆可追溯几千年前的太平洋移民。

5. 大洋路

大洋路位于墨尔本西部，是为纪念参加第一次世界大战的士兵修建的。参与建设大洋路的人也包括许多参战老兵，共有 3000 余工人为此付出了艰辛的汗水。这条路于 1919 年开始动工，1932 年全线贯通。大洋路的东段是蜿蜒的奥特威山脉。从海洋吹来的西南风，带着丰富的水汽，受到奥特威山脉所阻隔，降下地形雨，并形成相当湿凉的气候，孕育着茂密高耸的树林，还有农民开垦的良田。

6. 新西兰南岛

新西兰南岛是组成新西兰的主要两个海岛之一，南岛位于新西兰南部，北以库克海峡与北岛相隔，南隔福沃海峡与斯图尔特岛相望，西距澳大利亚1600千米，东望汤加、斐济。新西兰南岛全境多山，山地面积占全国面积的50%。无论是茂盛的森林、清澈的湖泊，还是绿草茵茵的山坡、水清沙白的海滩，无不显示新西兰的清新和美妙。克赖斯特彻奇是南岛最大的城市，充满历史痕迹的石造建筑展现出典雅的英国风情。繁花绿树、公园处处，为克赖斯特彻奇博得"花园城市"的美名。

7. 马瑟森湖

马瑟森湖是新西兰较具代表性的风景，离福克斯冰河只有6千米。在晴朗无云的日子，湖面上会映出新西兰最高峰奥拉基山（即库克山）和塔斯曼山的倒影，湖面如银镜般美丽，美景令人难忘。步行40分钟就可以到达第一座观景台，环绕湖畔只要一个半小时。马瑟森湖呈现深棕色，在风和日丽的日子里，湖面如同一面镜子。这种颜色的形成源于周边林地植被有机物质的自然浸吸作用。

8. 酒杯湾

位于澳大利亚东海岸附近科莱斯湾的酒杯湾被称为是世界上最美的海湾之一，位于弗雷西内国家公园内，躲在层层群山后面。沙滩与塔斯曼海形成轮廓分明的半月形状，从酒杯湾瞭望台上看，仿佛整个海湾就是一个天然的葡萄酒杯。

9. 澳大利亚黄金海岸

澳大利亚黄金海岸位于澳大利亚东部海岸中段、布里斯班以南，由一段长约42公里、10多个连续排列的优质沙滩组成，以金色沙滩而得名。黄金海岸气候宜人，日照充足，海浪险急，适合冲浪和滑水，是天然的冲浪乐园，也是昆士兰州重点旅游度假区。黄金海岸离举办过世博会的布里斯班不过半小时车程，能够便捷地链接都市繁华，却保有一种未受打扰的平静风貌。

10. 菲利普岛

菲利普岛又称企鹅岛，位于墨尔本东南约130千米处，车程约需2小时，是澳大利亚维多利亚州南部西港海湾口的一座岛屿。岛屿的东侧建有桥梁，与大陆的圣雷莫相连，形状酷似海豚。岛上有企鹅生态保护区、丘吉尔农场、考拉保育中心和新诺比司中心等。菲利普岛南濒辽阔的巴斯海峡，就像是西港的一扇大门，扼守在海湾的入口处。

2. 执行任务

1）实训条件

模拟旅行社实训室，布置15个以上机位，装有旅行社管理实训平台，能上网、发布和提交作业，能完成实训成果展示。如果暂时不具备以上条件，也可以在能上网的计算机房进行。

学生 4 人一组，分别担任出境旅游领队、计调部出境计调、导领部经理和实训助理。如果时间允许，每组成员可轮流扮演不同角色，重复实训内容，巩固实训效果。

2）实训步骤

第一步，"出境旅游领队陈导"与"导领部刘经理""出境计调小李"共同商量准备出团物品事宜。

第二步，按照提供的《出团物品登记表》中的条目，结合团队实际情况，逐项领取、借取或自备。

第三步，如暂时无法获得物品或有需要增加的物品，在《出团物品登记表》中做说明。

第四步，填写完毕，由"出境旅游领队陈导"签字交相关部门存档，作为所借物品归还时的凭据。

提升训练

1. 如果在准备出团物品的过程中，出境旅游领队发现团队的签证还没有下来，导致护照和签证两项出团必备物品无法准备好，怎么办？

2. 出境当日，出境旅游领队发现某游客行李箱内携带 30 余部国产全新手机，应如何处理？

3. 成果展示

实训任务完成后，每个小组用 PPT 展示《出团物品登记表》以及实训过程（可插入实训助理录制的视频）。陈述时，小组中每位学生都要发言，发言主要阐述自己在实训中所承担的角色以及所完成的内容。每小组的展示及陈述，既要体现小组个人的作用，又要体现团体任务的完整性。

本任务成果实行过程性评价，分个人自评、小组自评、小组互评以及教师评价，分别占 10%、20%、30%、40%。

七、任务拓展

为了达到举一反三、巩固提高的目的，配合以上实训任务，给出 3 个拓展任务，任选其中一个作为课后训练任务。完成并成功提交的作品，将计入平时成绩。

拓展任务 1

找一家旅游网站，选择一条港澳旅游线路，根据线路自行准备《出团物品登记表》，分组进行"准备好出团物品"拓展训练。

拓展任务 2

找一家校企合作旅行社，选择一条东欧旅游线路，根据线路向合作企业索要《出团物品登记表》，分组进行"准备好出团物品"拓展训练。

拓展任务 3

在旅行社实训平台上找一条东南亚游实训线路，根据准备好的《出团物品登记表》，分组进行"准备好出团物品"拓展训练。

任务五　出团前的知识准备

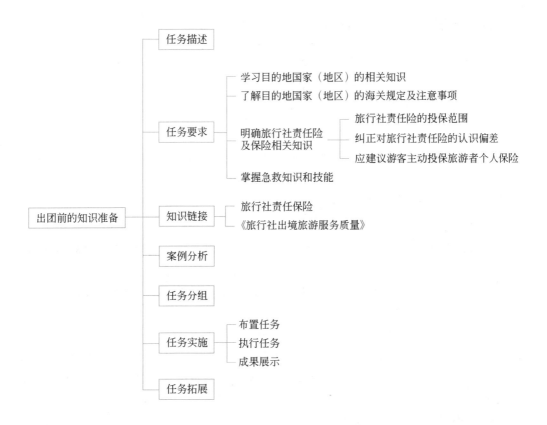

一、任务描述

出境旅游领队出团前的准备，不仅应该包括业务的准备和生活的准备，还应该包括知识的准备。领队不应该把自己当成是按部就班完成任务的机械工具，而应该认识到自己作为知识传播者的重要作用。领队应该在出团前系统科学地做好目的地国家（地区）相关知识和技能的准备工作，为团队游客提供更优质的保障服务。

二、任务要求

在以往的领队带队实践中，凡游客得出"不虚此行"的印象，多半是由于领队及导游在整个旅程中给游客带来了知识的愉悦。要想完成知识传播的使命，领队本人的职业修养十分重要。要提高职业修养，无疑需要从丰富自己的知识开始。

微课：出团前的知识准备

1. 学习目的地国家（地区）的相关知识

国家旅游局制定并颁布的《导游服务质量》在"知识"一节中，进行了如下规定："导游人员应有较广泛的基本知识，尤其是政治、经济、历史、地理以及国情、风土习俗等方面的知识。"《导游服务质量》虽然没有明确指出出境旅游领队所应当掌握的知识范围，但由于出境旅游领队的工作范围与导游有趋同性，因而在知识的掌握上，出境旅游领队应该比照《导游服务质量》的规定，对知识的掌握提出更高的要求。对目的地国家（地区）的了解，应当重点放在以下几个方面。

（1）目的地国家（地区）的概况；

（2）目的地国家（地区）的重要事件和人物；

（3）目的地国家（地区）的社会时政；

（4）目的地国家（地区）与中国的关联；

（5）对行程表中城市或景点的充分了解。

2. 了解目的地国家（地区）的海关规定及注意事项

不同国家的海关规定和注意事项是进入该国家之前必须了解的内容，这对于避免在出入境时遇到麻烦是十分必要的。尤其考虑到领队还需要将这些规定和事项传达给游客，因此，领队需对这类知识进行准确掌握。

3. 明确旅行社责任险及保险相关知识

旅行社责任险是目前国家规定的旅行社企业需要投保的唯一强制险种。出境旅游领队带团出行，自己也是旅行社责任险的被保险人。领队应认真对旅行社责任险的内容、范围等进行学习，以便在实际问题发生时进行清楚解释和有效处理。领队带团中针对游客所提的涉及旅行社责任险的各类问题，也应在对此险种充分了解的基础上给予回复。

1）旅行社责任险的投保范围

旅行社投保的旅行社责任险是一种有限责任，而不是无限责任。《旅行社投保旅行社责任保险规定》的第二章第五条，对旅行社责任保险的投保范围进行了详细阐释，旅行社应当对旅行社依法承担的下列责任投保旅行社责任保险：

（1）旅游者人身伤亡赔偿责任；

（2）旅游者因治疗支出的交通、医药费赔偿责任；

（3）旅游者死亡处理和遗体遣返费用赔偿责任；

（4）对旅游者必要的施救费用，包括必要时近亲属探望等需支出的合理的交通、食宿费用，随行未成年人的迟返费用，旅行社人员和医护人员前往处理的交通、住宿费用，行程延迟需支出的合理费用等赔偿责任；

（5）旅游者行李物品的丢失、损坏或被盗所引起的赔偿责任；

（6）由于旅行社责任争议引起的诉讼费用；

（7）旅行社与保险公司约定的其他赔偿责任。

《旅行社投保旅行社责任保险规定》列出了旅行社责任险的六项赔偿责任及一项承担的费用，可以从中看出，旅行社责任险负责的只是旅行社正常行程表中写明的各项活动中由于旅行社的责任造成游客损失的赔偿。游客在行程表之外的活动中的损失，不在此保险的范围之内；游客虽然参加的是行程表之内的旅游活动，但如果是因游客自身的原因（如自身疾病）造成损失，也不在此保险的范围之内。

2）纠正对旅行社责任险的认识偏差

（1）旅行社责任险不同于旅游意外险。

很多游客认为旅行社投保了旅行社责任险，就已经是为自己购买了全程旅游的保险，这是一种认识的偏差。而一些旅行社在线路产品的宣传单中，也将"已投保旅行社责任险"作为招揽游客的手段之一，存在误导游客的嫌疑。从旅行社责任险险种的名称和内容中也可以看出，旅行社责任险是旅行社作为经营主体为自身所应当负担的责任所进行的投保，完全区别于旅行社代游客投保的旅游意外险。旅游意外险所包括的旅游活动中出现的各种意外的内容，并没有被包含在旅行社责任险之中。

（2）旅行社责任险规定的旅行社不承担赔偿的范围。

在《旅行社投保旅行社责任保险规定》第二章"旅行社责任保险的投保范围"中，除规定了旅行社所应当承担赔偿的责任外，对旅行社不承担赔偿责任的几种情况也予以明示：

第六条　旅游者参加旅行社组织的旅游活动，应保证自身身体条件能够完成旅游活动。旅游者在旅游行程中，由自身疾病引起的各种损失或损害，旅行社不承担赔偿责任。

第七条　旅游者参加旅行社组织的旅游活动，应当服从导游或领队的安排，在行程中注意保护自身和随行未成年人的安全，妥善保管所携带的行李和物品。由于旅游者个人过错导致的人身伤亡和财产损失，以及由此导致需支出的各种费用，旅行社不承担赔偿责任。

第八条　旅游者在自行终止旅行社安排的旅游行程后，或在不参加双方约定的活动而自行活动的时间内，发生的人身、财产损害，旅行社不承担赔偿责任。

由此可见，游客由于自身疾病、个人过错或者是自由活动期间造成的人身伤亡及财产损失，是不在赔偿之列的，旅行社没有对这些问题进行赔偿的义务和责任。

（3）高风险旅游项目需要另行保险约定。

旅行社责任险所担保的是旅行社的常规旅游线路，含有高风险旅游项目的特殊线路还需要另外投保或附加旅行社特殊旅游项目责任保险。旅行社组织的赛车、赛马、攀岩、滑翔、潜水、跳伞、冲浪、滑雪、蹦极、漂流等高风险旅游活动，均是常规线路以外的内容，因而需要另行投保。《旅行社投保旅行补责任保险规定》第十一条对此有所规定："旅行社组织高风险旅游项目可另行与保险公司协商投保附加保险事宜。"

3）应建议游客主动投保旅游者个人保险

（1）向游客推荐保险是旅行社的责任。

旅行社向游客推荐保险的做法，在《旅行社投保旅行补责任保险规定》第二十四条有如下认定："旅行社在与旅游者订立旅游合同时，应当推荐旅游者购买相关的旅游者个人保险。"

目前国内的许多旅行线路产品销售，都有一些保险产品代卖，销售人员会向游客推荐多种保险产品。为了强调保险的重要性，行前说明会时，领队还应当就旅行者个人保险问题再做介绍，力求游客能为自己的旅游安全多做考虑。

（2）推荐游客购买的几类保险。

目前我国各保险公司涉及旅游的保险条款多达几十种，游客可以根据需要自行选择组合。按照保险业内人士的推荐意见，一般游客出游可以从旅游救助保险、旅客意外伤害保险、旅游人身意外伤害保险、住宿游客人身保险这四种类型的保险中选择购买。另外，投保境外旅游人身意外险时，要注意选择投保具有全球紧急救援服务的产品。这样，一旦发生意外事故，投保人可通过保险公司的紧急救援系统展开"自救"。目前中国的大多数保险公司，都已推出境外旅游意外险，并已开通了境外紧急救援服务。

4. 掌握急救知识和技能

出境旅游过程中，难免发生危及团队游客人身安全的事件，领队应在出团前和旅游过程中，通过多种途径向团队游客进行安全提醒，并在旅游合同中加以约定。对此，《中国公民出国旅游管理办法》第十八条也有相应的规定："旅游团队领队在带领旅游者旅行、游览过程中，应当就可能危及旅游者人身安全的情况，向旅游者作出真实说明和明确警示，并按照组团社的要求采取有效措施，防止危害的发生。"

出境旅游领队掌握一定的急救知识，可以在突发事故中有效地保护自己和游客，从而把损失降至最低。《旅行社出境旅游服务质量》中"领队素质要求"一节，对领队提出了明确要求："领队应切实履行领队职责、严格遵守外事纪律，并具有一定的应急处理能力。"

三、知识链接

1. 旅行社责任保险

旅行社责任保险就是承保旅行社在组织旅游活动过程中因疏忽、过失造成事故所应承担的法律赔偿责任的险种，该险种的投保人为旅行社。投保后，一旦发生责任事故，将由保险公司在第一时间对无辜的受害旅客进行赔偿。旅行社责任险具有很强的社会公益性。

2.《旅行社出境旅游服务质量》

《旅行社出境旅游服务质量》由国家旅游局于 2002 年 7 月 27 日发布并实施。本标准适用于组团社的出境旅游业务，对组团社组织出境旅游活动所应具备的产品和服务质量提出要求。

四、案例分析

谨防境外旅拍触犯当地法律

据中国驻泰国清迈总领馆网站消息，2019 年 1 月，泰国警方向中国驻清迈总领馆通报，有持泰国旅游签证的中国游客，因在清迈等地拍摄婚纱照被当地警方逮捕。驻清迈总领馆特此提醒，少数中国公民持旅游签证入境泰国，专门为他人拍摄婚纱照并以此牟利，属于非法打工行为。

据悉，所谓的旅拍就是"旅游＋拍照"，在行走的途中拍摄一路风景，自然是好事。而不难发现，旅拍已经不再单纯的是个人行为，更是一种生意，是近年来我国旅游市场上新兴的一种服务门类。这类服务是应一些消费者想将婚纱摄影和蜜月旅行相结合而产生的需求。那么，这样的旅拍牟利行为，就须遵循当地相关法律法规。

新闻中提到的有持泰国旅游签证的中国游客，因在清迈等地拍摄婚纱照被当地警方逮捕。泰方认为，他们并非赴泰旅游，而是有着明确的分工和商业交易，存在着商业行为。根据泰国法律，外国公民如持旅游签证，在泰从事与游客身份不相符的工作，将被视为非法打工，将受到法律制裁。比如，可能要面临当地罚款、监禁、驱逐出境，甚至五年内不得进入泰国等惩处。可见，境外旅拍触犯当地法律不能小觑。

一个不容忽视的事实是，随着我国出境游人数逐渐增加，旅拍迅速成为旅游行业的新商机。但对于相关服务行业而言，须认识到，靠境外旅拍为用户提供服务，乃至以此牟利，应遵循当地法律规定。旅游签证并非工作签证，持旅游签证的人没有在境外国家和地区提供劳务的权利，否则其收入很可能被视为非法收入。

同样，面对境外旅拍的相关法律风险，消费者也应增强消费警觉，以防范自己的权益受到侵害。而据报道，头部旅行社也有意愿迅速入驻海外或者接洽当地的摄影机构合作，弥补市场漏洞。当然，于公民个人而言，如确需在泰工作，应向泰劳工部门申请工作许可，并办理相应签证。遵守法律规定，才是保护自身合法权益的根本保障。

（资料来源：杨玉龙.谨防境外旅拍触犯当地法律[EB/OL]. http://epaper.ynet.com/html/2019-02/01/content_318684.htm?div=-1（2019-02-01）[2022-10-10].）

简析： 出境旅游领队出团前，应做好目的地国家（地区）相关规定知识的学习，同时引导团队游客保持良好的法治思维，严格遵守他国相关规定。

五、任务分组

角色分配与编组：本任务有出境旅游领队、出境计调以及导领部经理3个角色，另可增设一位实训助理。建议3~4名学生为一组完成"出团前的知识准备"的学习，每名学生轮流担任不同角色。

六、任务实施

1. 布置任务

C旅行社组织了一个"北极15天破冰之旅"的旅游团，导领部刘经理根据导领部派团状况，决定让陈导任该旅游团出境领队。由于北极之旅是一项较为特殊的旅游路线，陈导需做更多的知识储备，以保障为团队游客做好服务工作。

为了能让实训任务顺利完成，任课教师为每组学生列出知识准备的基本框架，各小组根据知识框架来收集和准备北极之旅的相关知识。

> **📖 任务知识　北极旅游最佳时间是什么时候？**
>
> 北极现在也已经被划为旅游界了，但是像冰宫一样的北极，并不是什么体质的人在什么季节都能去的，所以在出行方面，需要选择一个合适的时机，这样才能让自己最大程度上玩得开心。那么什么时候去北极合适呢？
>
> 北极是季节性很强的区域，不同的旅行目的是有不同的季节性的。北冰洋的冬季从11月起直到次年4月，长达6个月；5月、6月和9月、10月分属春季和秋季；而夏季仅7月、8月两个月。1月份的平均气温介于−40～−20℃，而最暖月8月的平均气温也只达到−8℃。
>
> 北极的常规游船旅行大多是在6—9月进行的，北极有白昼且白天较长，气温相对暖和，可以观测到北极的生物，可以进行多种户外活动，也可以欣赏到午夜的阳光。而对于极光爱好者来说，北极的极光之旅一般安排在11月到次年的2月期间，这

段时间属于高纬度地区的极夜时期，即使太阳出来也很快会落下，是观赏极光最美的时间。

📖 任务知识　北极附近五个值得去的旅游目的地

1. 斯瓦尔巴群岛——挪威

斯瓦尔巴群岛是一个北极熊比人多的群岛。事实上，在该群岛上看到北极熊的机会比世界上任何其他地方都大。斯瓦尔巴群岛对北极熊来说是安全的，因为这里被山脉所遮挡。如果你决定离开斯瓦尔巴群岛，必须有一名携带步枪的向导。斯瓦尔巴群岛有一座古老的煤矿小镇，有着令人难以置信的历史。在这座小镇，你可以参观多个景点，如雪地摩托、狗拉雪橇和由冰川下的水制成的冰洞。还有一个有趣的事实：世界著名的种子银行也设在这里。这座小镇是迄今为止世界上最好的北极旅游目的地之一。

2. 阿拉斯加冰川公园——美国

阿拉斯加冰川公园是一个很不错的北极目的地，会让任何对极地感兴趣的人心旷神怡。阿拉斯加冰川公园于 1979 年被列入联合国教科文组织《世界遗产名录》，现在是一个高度保护区。如果你亲临这个公园，将会有北极环境的真实感受。阿拉斯加冰川公园拥有与普通地质公园完全不同的生态系统，在这里可以看到许多稀有的北极动物和植物。游览这个神奇地方的最简单方法是乘坐游轮，在游轮上可以欣赏到令人难以置信的北极景色。

3. 蓝色潟湖——冰岛

蓝色潟湖是一个户外天然湖，它虽然身处北极，却可以在其中沐浴，因为湖水被火山熔岩从湖底自然加热。冰岛实际上是很久以前由火山喷发形成的，目前仍然有活火山用于供电和温暖房屋。你想象一下，在 -20℃ 的环境里，你可以跳进 30℃ 的蓝色潟湖里畅游，是一种怎样的神奇感受？另外，蓝色潟湖中富含二氧化硅和硫等稀有矿物质，对人体具有一定的水疗效果，这是唯一提供真正水疗的北极旅游目的地！

4. 辛格维利尔国家公园——冰岛

在冰岛首都雷克雅未克以北约 40 千米处，你会在裂谷中找到一个公园，实际上是北美构造板块和欧亚大陆的边界。在这里，你只需"一步"即可从欧亚大陆跨越到北美大陆。这里还有令人震撼的体验，就是潜入海水下面的板块裂缝中，体验方式分为"水肺潜水"和"洞穴潜水"。在辛格维利尔国家公园可以观赏到相当壮观的自然现象，因此，该地方已被指定为世界遗产。这个国家公园以极不寻常的构造和火山活动而闻名，这也是游客经常经历轻微地震的地方。

5. 阿拉斯加州瓦尔迪兹——美国

瓦尔迪兹是位于阿拉斯加州南部的一座小镇，有多种理由让您前往那里。首先，它拥有沃辛顿冰川，这是阿拉斯加的自然奇观，有着令人难以置信的蓝色冰层，非常适合在上面行走。其次是梯形峡谷，这里有壮观的瀑布和自然生活。最后，瓦尔迪兹的整体自然环境非常值得一游，但景点实在是太多了……除非你乘坐直升机！在瓦尔迪兹，你可以乘坐经济实惠的直升机旅行，让您有机会看到这令人难以置信的冰川、水域和山脉景观！

2. 执行任务

1）实训条件

模拟旅行社实训室，布置 15 个以上机位，装有旅行社管理实训平台，能上网、发布和提交作业，能完成实训成果展示。如果暂时不具备以上条件，也可以在能上网的计算机房进行。

学生 4 人一组，分别担任出境旅游领队、计调部出境计调、导领部经理和实训助理。如果时间允许，每组成员可轮流扮演不同角色，重复实训内容，巩固实训效果。

2）实训步骤

第一步，"出境旅游领队陈导"与"导领部刘经理""出境计调小李"共同商量出团前要准备的各类知识和技能。

第二步，按照知识准备的基本框架，结合团队实际情况，收集各类知识和技能的相关材料。

第三步，将收集好的材料根据需要归纳整理后编撰成册，并加以记忆和训练，将其储备为个人知识和技能。

第四步，将编撰成册的材料，由"出境旅游领队陈导"签字向相关部门备份存档，作为后期相关旅游团出团知识准备的参考材料。

3. 成果展示

实训任务完成后，每个小组用 PPT 展示出团前的知识准备情况以及实训过程（可插入实训助理录制的视频）。陈述时，小组中每位学生都要发言，发言主要阐述自己在实训中所承担的角色以及所完成的内容。每小组的展示及陈述，既要体现小组个人的作用，又要体现团体任务的完整性。

本任务成果实行过程性评价，分个人自评、小组自评、小组互评以及教师评价，分别占 10%、20%、30%、40%。

七、任务拓展

为了达到举一反三、巩固提高的目的，配合以上实训任务，给出 3 个拓展任务，任选其中一个作为课后训练任务。完成并成功提交的作品，将计入平时成绩。

拓展任务 1

找一家旅游网站，选择一条港澳旅游线路，根据线路自行收集整理准备出团前的必要知识和操作技能，分组进行"出团前的知识准备"拓展训练。

拓展任务 2

找一家校企合作旅行社，选择一条东欧旅游线路，根据线路向合作企业索要目的地国家相关规定、风俗习惯等重要知识资料，分组进行"出团前的知识准备"拓展训练。

拓展任务 3

在旅行社实训平台上找一条东南亚游实训线路，根据所提供的目的地国家的各类资料进行筛选归纳，编撰该线路的领队知识手册，分组进行"出团前的知识准备"拓展训练。

任务六　开好出团说明会

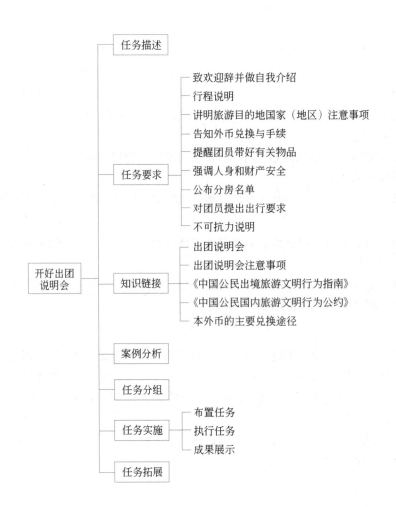

一、任务描述

召开出团说明会是出团前一项必要且重要的工作。在办理好护照、签证、机票等有关手续后，出境旅游领队要召集本团队游客开一次出团说明会，召集时间要根据签证和机票等手续的办理落实情况而定，一般定于出团前一天至一周内，也可视情况于出团当天在出境口岸召开。因为出团说明会要通知团队的行程、注意事项等多项与出团相关的重要事情，因此要求每一位参团游客参加。

微课：组织开好行前
说明会（一）

二、任务要求

1. 致欢迎辞并做自我介绍

首先代表旅行社对游客表示欢迎，感谢大家对旅行社的信任，介绍个人基本情况，表明为大家服务的工作态度，并请大家对自己的工作予以配合和监督。

2. 行程说明

向游客发放《出境旅游行程表》《旅游服务质量评价表》、团队标识等。对旅游行程进行说明（包括出境、入境手续与注意事项，以及旅游目的地的旅游日程）。

微课：组织开好行前
说明会（二）

3. 讲明旅游目的地国家（地区）注意事项

介绍旅游目的地国家（地区）基本情况、风俗习惯和相关的法律法规知识，向游客讲明注意事项。

4. 告知外币兑换与手续

出境旅游领队在出团说明会上要告知游客旅游目的地所使用的外币名称、单位，与人民币、美元、欧元等货币之间的兑换比例，并告知在银行、酒店或专门的机构可以办理货币兑换。用不完的货币可以凭兑换单据（"水单"）到指定的银行或机构换回原来的货币。

5. 提醒团员带好有关物品

如需个人携带的证件或票据、个人洗漱卫生用品、个人衣物及常用药品等。

6. 强调人身和财产安全

强调要时刻注意人身安全并做好财物保护，并告知应急联络电话和突发事件处置原则。

7. 公布分房名单

一般情况下旅店为双标间，男女分开住。家庭成员可以申请男女合住，比如夫妻、父亲与未成年女儿、母亲与未成年儿子等。出现单男单女可以安排三人间或以加床的方式解决，但要提前做好告知工作。旅行社分房名单表如表 1-8 所示。

表 1-8　旅行社分房名单表

团队名称：_____　　　　　　　　团号：_____

领队姓名：_____　　　　　　　　计调姓名：_____

游览日期	01/10	02/10	03/10	04/10	05/10	06/10	07/10	备注
入住酒店								
游客姓名	房间号	房间号	房间号	房间号	房间号	房间号	房间号	

游客代表签名：　　　　　　出境领队签名：　　　　　　日期：　　年　月　日

8. 对团员提出出行要求

分发《中国公民出境旅游文明行为指南》，介绍游客在境外常见的不文明行为，对团员在文明行为、时间观念、出行秩序等方面提出倡议和要求。

9. 不可抗力说明

向游客详细说明各种不可抗力／不可控制因素导致组团社不能（完全）履行约定的情况，以取得游客的谅解。

三、知识链接

1. 出团说明会

出境旅游团出发前必须召集所有团员召开出团说明会，说明会上要首先把出境旅游重要事项告知每位团员，其次与团员相互认识并增进了解，便于后期团队出境旅游的组织工作。

2. 出团说明会注意事项

1）要体现出境旅游领队的精神风貌

出境旅游领队面对游客第一次亮相，应该以整洁的着装、良好的精神面貌出现。要落落大方主动介绍自己，赢得游客信任。

2）要以礼貌语言亮相

讲话要从感谢游客参团开始，再到感谢游客结束，以礼貌语言贯穿，并希望游客能支持自己的工作。

3）着重强调时间

出境旅游领队在讲话中需要着重强调时间，尤其是出发的时间，并确认每一位游客都已经明白无误。

4）将自己的手机号码告诉游客

出境旅游领队务必将手机号码告诉游客，以便游客和自己联系。出境旅游领队也应在会上将自己的名片发给游客，以便游客尽快熟悉自己。

3.《中国公民出境旅游文明行为指南》

中央文明办联合国家旅游局于 2006 年 10 月 1 日公布了《中国公民出境旅游文明行为指南》，内容如下：

> 中国公民，出境旅游，注重礼仪，保持尊严。
> 讲究卫生，爱护环境；衣着得体，请勿喧哗。
> 尊老爱幼，助人为乐；女士优先，礼貌谦让。
> 出行办事，遵守时间；排队有序，不越黄线。
> 文明住宿，不损用品；安静用餐，请勿浪费。
> 健康娱乐，有益身心；赌博色情，坚决拒绝。
> 参观游览，遵守规定；习俗禁忌，切勿冒犯。
> 遇有疑难，咨询领馆；文明出行，一路平安。

4.《中国公民国内旅游文明行为公约》

中央文明办联合国家旅游局于 2006 年 10 月 2 日公布了《中国公民国内旅游文明行为公约》，内容如下：

（1）维护环境卫生。不随地吐痰和口香糖，不乱扔废弃物，不在禁烟场所吸烟。

（2）遵守公共秩序。不喧哗吵闹，排队遵守秩序，不并行挡道，不在公众场所高声交谈。

（3）保护生态环境。不踩踏绿地，不摘折花木和果实，不追捉、投打、乱喂动物。

（4）保护文物古迹。不在文物古迹上涂刻，不攀爬触摸文物，拍照摄像遵守规定。

（5）爱惜公共设施。不污损客房用品，不损坏公用设施，不贪占小便宜，节约用水用电，用餐不浪费。

（6）尊重别人权利。不强行和外宾合影，不对着别人打喷嚏，不长期占用公共设施，尊重服务人员的劳动，尊重各民族宗教习俗。

（7）讲究以礼待人。衣着整洁得体，不在公共场所袒胸赤膊；礼让老幼病残，礼让女士；不讲粗话。

（8）提倡健康娱乐。抵制封建迷信活动，拒绝黄、赌、毒。

5. 本外币的主要兑换途径

国内办理个人（含居民、非居民）本外币兑换的途径主要有三条：一是可办理外币兑换业务的银行网点；二是主要设立于酒店、机场内与银行签约的外币代兑机构；三是正在试点的个人本外币兑换业务特许经营机构。这三类网点构成了一个多层次的个人外币兑换服务网络，不同的服务主体根据自身所处的地理位置、优势服务于不同的客户群体。为便于客户识别，国家外汇管理局要求所有可办理个人本外币兑换业务的经营机构都需要在其营业场所的显著位置悬挂或张贴个人外币兑换服务统一标识。

四、案例分析

出境游景点无端缩水　重庆一旅行社被终审判决违约

2014年3月13日，袁某等16人与新世纪旅行社签订《团队出境旅游合同》，约定赴澳大利亚、新西兰纯玩15天，4月9日出发，每人团费27398元，出团前支付22000元，余款5398元在回国后7日内付清。签约当日，新世纪旅行社向袁某提供了澳大利亚（大堡礁）新西兰南岛纯玩15天行程计划书，对游览景点、时间、酒店等作了详细安排。

旅行过程中，新世纪旅行社并未安排袁某游览行程计划书上载明的皇冠山脉公路、天堂谷景区、库克山国家公园这3个景点，且未经袁某等游客同意，将旅游车辆在3个购物点停靠。另外，有的酒店也未按约定提供早餐。

袁某回国后，拒付余款5398元。为此，新世纪旅行社将袁某诉至重庆市南岸区人民法院。

2015年12月30日，南岸区法院作出一审判决，袁某向新世纪旅行社支付旅游余款5398元，新世纪旅行社赔偿袁某损失4129.7元。相互抵扣后，袁某向新世纪旅行社支付旅游余款1268.3元。新世纪旅行社和袁某均不服，上诉至重庆市第五中级人民法院。

因二审中出现了新证据，袁某的部分上诉请求和理由成立，法院依法对一审判决予以调整。据此，重庆市五中院作出二审改判，袁某支付新世纪旅行社旅游费余款5398元，新世纪旅行社支付袁某违约金6849.5元。

法官表示，游客作为消费者须增强消费维权意识。签订旅游合同时，游客可专门对景点数量、购物点数量等协商作出约定。游客还要学会收集和固定证据，及时向监管部门举报、提供违法线索，以便于监管部门及时查处。

（资料来源：吴晓锋.出境游景点无端缩水　重庆一旅行社被终审判决违约[EB/OL]. http://news.

cyol.com/co/2017-01/06/content_15214447.htm（2017-01-06）[2022-09-30].）

简析： 出境旅游领队在境外旅游过程中，应严格按照约定的旅游行程进行游览，若行程发生变动，应及时向上级领导了解原因，并向游客做好解释说明。回国后，按照合同约定和实际情况与游客协商，做好合理的补退款工作，旅行社应做到合法经营、诚信待客。

五、任务分组

角色分配与编组：本任务有出境旅游领队、团长、游客 3 个角色，另可增设 1 位实训助理。建议 3~4 名学生为一组完成"开好出团说明会"的学习，每名学生轮流担任不同角色。

六、任务实施

1. 布置任务

C 旅行社组织了秘鲁印加古迹探秘深游的旅游团，导领部刘经理根据导领部派团状况，决定让陈导任该旅游团领队，并要求陈导提前给该团召开一个出团说明会。

为了能顺利完成实训任务，任课教师为每组学生准备好《出团说明会记录表》（表 1-9）和最终确定的《秘鲁印加古迹探秘深游行程表》《分房名单表》《中国公民出境旅游文明行为指南》等出团说明会需要的资料。

表 1-9　出团说明会记录表

线路名称：　　　　　　　　　　　　团号：

召开时间：　　年　月　日　　　　　召开地点：

参加人数：　　　　　　　　　　　　主持人姓名：

序号	说明会内容	记录情况	相关说明
1	致欢迎辞	□致欢迎辞	
2	向游客发放并介绍出境旅游行程表	□发放　　□讲解 □回答问题	
3	发放并介绍旅游服务质量评价表	□发放　　□做说明	
4	发放团队标识及相关物品	□发放　　□做说明	
5	介绍旅游目的地基本情况、风俗习惯和相关的法律法规知识，讲明注意事项	□介绍 □回答问题	
6	向游客分发《中国公民出境旅游文明行为指南》	□分发　　□介绍 □提要求	
7	公布分房名单	□公布 □解决个别游客要求	
8	向游客详细说明各种不可抗力 / 不可控制因素	□说明	
9	强调时间和纪律	□强调	
10	告知游客紧急联系办法	□告知	

游客代表签名：　　　　　　出境领队签名：　　　　日期：　　年　月　日

📖 任务知识 秘鲁神秘的旅行目的地

秘鲁是美洲大陆印第安人的古老文明中心之一，这里曾孕育出闻名于世的小北文明、莫切文化和印加文明，后者更是成了前哥伦布时期南美洲最大的国家印加帝国。秘鲁有着丰富的历史文化，每一处都充满神秘色彩。它独有的沙漠海岸、茂密的高山丛林、优越的地理位置，决定了秘鲁是一个体验冒险的绝佳之地。下面一起来看一下秘鲁那些令人神往的旅行目的地。

1. "天空之城"马丘比丘

马丘比丘是世界新七大奇迹之一，是世界自然、文化双遗产，是秘鲁安第斯山脉中一座古老印加城市的所在地。这座世界遗产遗址位于海拔2430米处，经常被暗指为"印加失落的城市"，是印加帝国最自然的形象之一，也是世界上最受欢迎、最令人惊叹的遗迹之一。马丘比丘是一座被密林包围着的、身处云端的古老城市，那些有着历史气息的建筑物，镶嵌在青翠的安第斯高峰之间，时间与风雨更增加了它来自岁月的庄严与壮丽。马丘比丘的神奇不仅在于其古老的身世，更在于那迷人的天工。侧看古城背后，更高的华纳比丘，像是一位目光如炬的印加战士，几百年来默默地守护着这片圣地。

2. "美洲之眼"的的喀喀湖

的的喀喀湖位于秘鲁和玻利维亚之间的安第斯高原，被印第安人奉为"圣湖"，海拔3810米，是世界上海拔最高的可通航湖泊。这片湖有几十个岛屿，岛上居民仍然保留着传统的生活方式，而漂浮岛则是最特别的，整个岛屿以及房子以芦苇建造。你依然可以在这里见到保持着传统而奇特风俗的原住民，近距离去体验南美洲迥然不同的风俗。

3. "外星地画"纳斯卡线条

纳斯卡线条又称纳斯卡地画，是一种镌刻在地面上的巨型绘画，位于秘鲁南部辽阔干旱、人迹罕至的纳斯卡荒原和山坡上。对地画上发掘的陶瓷碎片的研究表明，纳斯卡地画已经存在了2000多年。这些地画有的平行延伸数千米，有的则呈波浪形、纵横交错，形成了约300种不同的图案，其中70种为植物和动物图案。关于纳斯卡地画究竟被谁创造、为何被创作一直无人能解，且众说纷纭。研究发现，地画之所以能保存2000余年不受损坏，是因为高原上的碎石吸收并保留了阳光的热能，从而形成一层具有保护作用的干燥暖空气，致使本地几乎全年无风，大大降低了地画被风蚀的危险。

4. 老城库斯科

海拔3400多米的老城库斯科，是古老的安第斯传统和现代秘鲁生活的交汇点。在库斯科古城，无论是漫步在大街小巷，还是徜徉在古老的街区，你可以随处看到保存完好的、西班牙殖民时期遗留的古建筑和一些考古遗迹。那些古老的建筑和遗迹会随时向你诉说着它们独特的故事和传奇。而如今，这座历史悠久又充满现代感的城市已经成为一座国际化的城市，融汇着八方来宾与文化，更加绽放异彩。印加古建筑和西班牙殖民时期的建筑遗迹、古老的杂耍以及令人印象深刻的修道院和教堂，又为一些挑剔的游客提供了更好的游览体验。

5. 马拉斯盐田

马拉斯盐田至今仍在使用，其历史可以追溯到公元200—900年的查纳帕塔文化时期，这个时期要早于印加帝国时期。当时，人们发现果布吉欧温泉的泉水奇咸无比，其浓度比海水还高出10倍以上。于是人们借着天然的泉眼，搭建起复杂的水流系统，这个水流系统设计得非常巧妙，咸水通过多个纤细的引渠缓缓流入4000多块梯田状排列的盐池，打造出极为壮观又唯美的盐田景观。俯瞰整片盐田，就像是无数雪花和明镜交错而成的抽象图案。

6. 利马拉科博物馆

建于1926年的利马拉科博物馆展示了哥伦布发现新大陆前三千年的秘鲁历史。博物馆规模宏伟，展示了古代秘鲁最精美的金银藏品，以及举世闻名的考古积累，这是秘鲁度假胜地中的佼佼者。利马拉科博物馆也是秘鲁最好的旅游地点之一。

2. 执行任务

1）实训条件

模拟旅行社实训室，布置15个以上机位，装有旅行社管理实训平台，能上网、发布和提交作业，能完成实训成果展示。如果暂时不具备以上条件，也可以在能上网的计算机房进行。

学生4人一组，分别担任出境旅游领队、团长、游客和实训助理。如果时间允许，每组成员可轮流扮演不同角色，重复实训内容，巩固实训效果。

2）实训步骤

第一步，"出境领队陈导"准备好出团说明会资料，召集并主持出团说明会。

第二步，根据《出团说明会记录表》所列内容发放出团资料并做解释说明，回答"游客"和"团长"提问。

第三步，根据出团说明会召开实际情况如实填写《出团说明会记录表》。

第四步，"出境领队陈导"与"游客""团长"核实《出团说明会记录表》所填内容，分别签字留档。

提升训练

1. 如果在召开出团说明会时，有游客临时因故未能到场参加，你作为出境旅游领队将采取怎样的补救措施？

2. 在出团说明会上，某游客提出你无法现场给予回答的问题，应该怎么做？

3. 成果展示

实训任务完成后，每个小组用PPT展示出团说明会记录表、分房名单表以及实训过程（可插入实训助理录制的视频）。陈述时，小组中每位学生都要发言，发言主要阐述自己在实训中所承担的角色以及所完成的内容。每小组的展示及陈述，既要体现小组个人的作用，又要体现团体任务的完整性。

本任务成果实行过程性评价，分个人自评、小组自评、小组互评以及教师评价，分别占 10%、20%、30%、40%。

七、任务拓展

为了达到举一反三、巩固提高的目的，配合以上实训任务，给出 3 个拓展任务，任选其中一个作为课后训练任务。完成并成功提交的作品，将计入平时成绩。

拓展任务 1

找一家旅游网站，选择一条港澳旅游线路，根据线路自行准备出团说明会记录表、分房名单表及其他相关材料，分组进行"开好出团说明会"拓展训练。

拓展任务 2

找一家校企合作旅行社，选择一条东欧旅游线路，根据线路向合作企业索要出团说明会记录表、分房名单表及其他相关材料，分组进行"开好出团说明会"拓展训练。

拓展任务 3

在旅行社实训平台上找一条东南亚游实训线路，根据准备好的出团说明会记录表、分房名单表及其他相关材料，分组进行"开好出团说明会"拓展训练。

项目二

做好出入境服务

项目概述

在完成出境准备各项工作后，出境旅游团队从中国（大陆）出境到他国（地区）入境，领队将带领旅游团队经过中国（大陆）的海关申报、卫生检验检疫、边防出境检查、登机安全检查、登机机票查验等多道手续后才能出境。登机后，还需对游客提供机上各类帮助，协助游客填写入境相关表格。需要中途转机的，领队需带领游客办理机场内转移、行李再托运、安检、再次登机等转乘手续。在旅游团到达目的地国家（地区）时，同样需要办理卫检、海关等相关手续后才能入境。在旅游团出境与入境过程中，需要领队带领游客完成这一系列手续，并要求领队了解并掌握出入境通关手续和顺序。

学习目标

1. 知识目标

（1）熟悉出境所需文件；

（2）熟悉其他国家（地区）入境程序及所需文件；

（3）了解中国（大陆）及境外海关关于携带物品的规定；

（4）熟悉出入境过程中的注意事项及常见问题的处理方法。

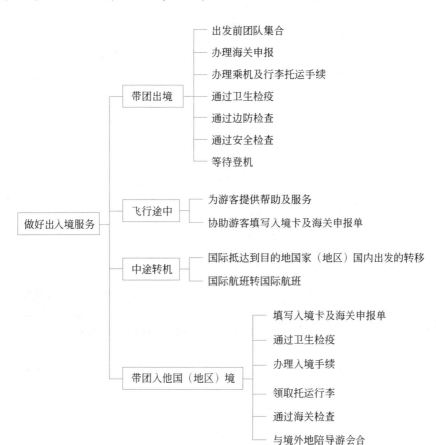

2. 技能目标

（1）能够提前准备好出境团队所需材料；

（2）能够办理出境手续；

（3）能够办理入他国（地区）境手续；

（4）能够完成出境、入他国（地区）境过程中的服务工作。

3. 素质目标

（1）在课堂教学过程中，融入《旅行社出境旅游服务规范》《中华人民共和国旅游法》《中国公民出境旅游文明行为指南》及《导游领队引导游客文明旅游操作指南》等各项规定，引导学生做文明出境旅游领队，并能引导游客文明出行；

（2）在实践教学环节，重视学生职业素质培养，引导学生在带团过程中为游客提供标准化、个性化服务；

（3）在案例教学中，引导学生遇事多思考，在遵纪守法、尊重目的地国家（地区）风俗习惯、相关规定的前提下，灵活处理各项事务。

任务一 带 团 出 境

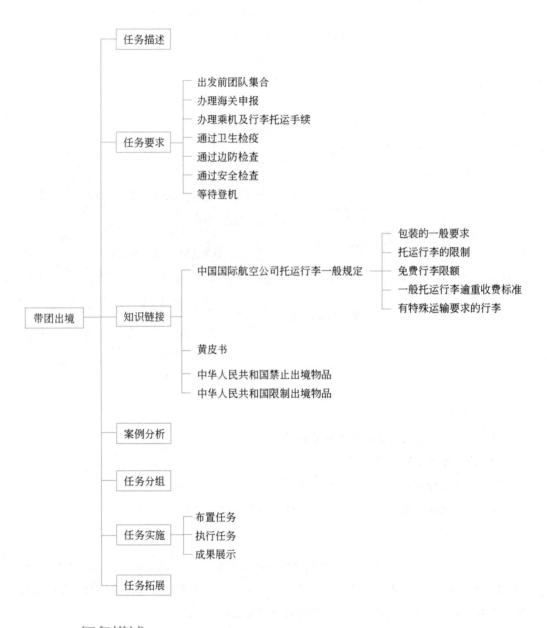

一、任务描述

出发当天，领队比游客至少提前 15 分钟到达约定的机场集合地点，召集已到达游客签到，带领游客办理海关申报、乘机及行李托运手续，通过卫生检疫、边防检查和安全检查，至登机闸口等候登机。

二、任务要求

出境前，需在机场办理相关手续，流程如图 2-1 所示。

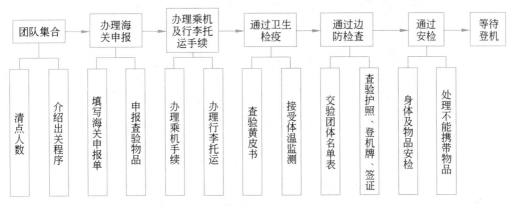

图2-1 出境旅游领队带团出中国大陆境流程图

1. 出发前团队集合

领队应当牢记组团社出团通知书指定集合时间，提前到达指定集合地点迎候旅客。领队到达后，应举起领队旗或团队信息牌，方便游客找到团队。同时，领队应保持手机始终开启并注意游客的来电或信息，了解游客的抵达信息。如发现有已到达的游客，要主动招呼并为其签到。

微课：出发前团队集合及登机手续办理

（1）领队根据团队名单表逐一点名签到，注意用词礼貌及与游客的眼神交流。对于临近规定集合时间而未到的游客，要及时电话联系，确认情况。

（2）告知游客接下来要办理的相关手续，并希望全体团员配合，简明扼要地回答游客提出的问题。

（3）做好迟到、临时取消旅行等特殊情况的处理。游客迟到，如时间允许，在原地等待游客的到达；如时间不允许，领队可先带领其他游客办理乘机手续，并与迟到游客保持联系，待迟到游客抵达后，折回国际出境区域入口将游客带入与全团会合。游客因突发疾病、事故等原因临时取消行程的，领队进行口头慰问，并要求游客通过短信、微信等方式给领队通知，以便后续处理时留有凭证。对于未按时集合，并且未通知领队取消行程的游客，领队将未到场游客的姓名告知航空公司，请求值机柜台延长值机时间，并积极联系游客。最后仍未出现的游客，领队将旅游证件转交送机人员处理。

2. 办理海关申报

根据我国海关有关规定，我国出境人员，除享受免检待遇的人员外，出入境时都应填写《中华人民共和国海关进出境旅客行李物品申报单》（图 2-2）或海关规定的申报单证，按规定如实申报其行李物品，报请海关办理物品进境或出境手续。在实施双通道制的海关现场，上述旅客应选择"申报通道"（即"红色通道"）通关。

微课：通过海关

出境旅游领队在带领团队游客出中国海关时，需要进行下列工作。

中华人民共和国海关
进出境旅客行李物品申报单

请仔细阅读申报单背面的填单须知后填报

姓　名　□□□　性别 男 女

出生日期 □□□□年□□月□□日 国籍（地区）□□□
护照（进出境证件）号码 □□□□□□□□

进境旅客填写	出境旅客填写
来自何地 □□□	前往何地 □□□
进境航班号/车次/船名 □□□	出境航班号/车次/船名 □□□
进境日期：□□年□□月□□日	出境日期：□□年□□月□□日

携带有下列物品请在"□"划√
- □1.动植物及其产品、微生物、生物制品、人体组织、血液及其制品
- □2.居民旅客在境外获取总值超过人民币5,000元的物品
- □3.非居民旅客拟留在境内总值超过人民币2,000元的物品
- □4.超过1,500毫升的酒精饮料（酒精含量12°以上），或超过400支香烟，或超过100支雪茄，或超过500克烟丝
- □5.超过20,000元人民币现钞，或超过折合美元5,000外币现钞
- □6.分离运输行李，货物、货样、广告品
- □7.其它需要向海关申报的物品

携带有下列物品请在"□"划√
- □1.文物、濒危动植物及其制品、生物物种资源、金银等贵重金属
- □2.居民旅客携带需复带进境的单价超过人民币5,000元的照相机、摄像机、手提电脑等旅行自用物品
- □3.超过20,000元人民币现钞，或超过折合美元5,000外币现钞
- □4.货物、货样、广告品
- □5.其它需要向海关申报的物品

携带有上述物品的，请详细填写如下清单

品名/币种	型号	数量	金额	海关批注

我已经阅读本申报单背面所列事项，并保证所申报属实。

旅客签名：□□□□

一、重要提示：
1. 没有携带应向海关申报物品的旅客，无需填写本申报单，可选择"无申报通道"（又称"绿色通道"，标识为"●"）通关。
2. 携带有应向海关申报物品的旅客，应当填写本申报单，向海关书面申报，并选择"申报通道"（又称"红色通道"，标识为"■"）通关。海关免予监管的人员以及随同成人旅行的16岁以下旅客可不填写申报单。
3. 请妥善保管本申报单，以便在返程时继续使用。
4. 本申报单所称"居民旅客"系指其通常定居地在中国关境内的旅客，"非居民旅客"系指其通常定居地在中国关境外的旅客。
5. 不如实申报的旅客将承担相应法律责任。

二、中华人民共和国禁止进境物品：
1. 各种武器、仿真武器、弹药及爆炸物品；
2. 伪造的货币及伪造的有价证券；
3. 对中国政治、经济、文化、道德有害的印刷品、胶卷、照片、唱片、影片、录音带、录像带、激光唱盘、激光视盘、计算机存储介质及其它物品；
4. 各种烈性毒药；
5. 鸦片、吗啡、海洛因、大麻以及其它能使人成瘾的麻醉品、精神药物；
6. 新鲜水果、茄科蔬菜、活动物（犬、猫除外）、动物产品、动植物病原体和害虫及其它有害生物、动物尸体、土壤、转基因生物材料、动植物疫情流行的国家和地区的有关动植物及其产品和其它应检物；
7. 有碍人畜健康的、来自疫区的以及其它能传播疾病的食品、药品或其它物品。

三、中华人民共和国禁止出境物品：
1. 列入禁止进境范围的所有物品；
2. 内容涉及国家秘密的手稿、印刷品、胶卷、照片、唱片、影片、录音带、录像带、激光唱盘、激光视盘、计算机存储介质及其它物品；
3. 珍贵文物及其它禁止出境的文物；
4. 濒危的和珍贵的动植物（均含标本）及其种子和繁殖材料。

CHINA CUSTOMS
BAGGAGE DECLARATION FORM
FOR INCOMING/OUTGOING PASSENGERS

Please read the instructions on the reverse side before you fill in

Surname □ Given Name □ Male Female

Date of Birth □ Year □ Month □ Day Nationality (Region) □

No. of Traveler's Document □

For Incoming Passengers	For Outgoing Passengers
From (where) □	To (where) □
Flight No./Vehicle No./Vessel Name □	Flight No./Vehicle No./Vessel Name □
Date of Entry □ Year □ Month □ Day	Date of Exit □ Year □ Month □ Day

Passengers who are taking the following articles please mark "√" in the appropriate box(es)
- □1.Animals and plants, animal and plant products, microbes, biological products, human tissues, blood and blood products.
- □2.(Residents) articles valued at over RMB 5,000 from overseas.
- □3.(Non-residents) articles valued at over RMB 2,000 that will remain in the territory.
- □4.Over 1,500ml (12% volume) alcoholic drinks, over 400 sticks of cigarettes, over 100 sticks of cigars, or over 500g of tobacco.
- □5.Chinese currency in cash exceeding RMB 20,000 or foreign currencies in cash exceeding USD 5,000 if converted into US dollar.
- □6.Unaccompanied baggage, goods of commercial value, samples, advertisement.
- □7.Other articles that should be declared to the Customs.

Passengers who are taking the following articles please mark "√" in the appropriate box(es)
- □1.Cultural relics, endangered animals or plants and products thereof, biology species resources, gold, silver and other precious metals.
- □2.(Residents) trip necessities (camera, vidicon, laptop, etc.) valued at each over RMB 5,000, which will be brought back at the end of the trip.
- □3.Chinese currency in cash exceeding RMB 20,000 or foreign currencies in cash exceeding USD 5,000 if converted into US dollar.
- □4.Goods of commercial value, samples, advertisements.
- □5.Other articles that should be declared to the Customs.

Passengers who are taking any articles included in the items above shall fill out this form in detail.

Description/Kind of Currency	Type/Model	Quantity	Value	Customs Remarks

I HAVE READ THE INSTRUCTIONS ON THE REVERSE SIDE OF THIS FORM AND DECLARE THAT THE INFORMATION GIVEN ON THIS FORM IS TRUE.

PASSENGER'S SIGNATURE □

IMPORTANT INFORMATION
1. Passengers who are not taking any articles included on the reverse side shall not fill out this form and may choose to go through the "NOTHING TO DECLARE" ("GREEN CHANNEL", marked "●").
2. Passengers who are taking any articles included on the reverse side shall complete truthfully declaration form and submit it to the Customs officer at the declaration desk and shall follow the "GOODS TO DECLARE" ("RED CHANNEL", marked "■"). Passengers who are exempted from Customs control in accordance with relevant regulations and those under the age of 16 traveling with adults, shall not fill out this form.
3. Keep this form intact for return voyage.
4. "Residents" listed in this form refers to passengers residing in China's Customs territory. "Non-residents" listed in this form refers to those passengers residing out of China's Customs territory.
5. False declarations may result in penalties by the Customs.

ARTICLES PROHIBITED FROM IMPORTATION IN ACCORDANCE WITH THE LAW OF THE PEOPLE'S REPUBLIC OF CHINA
1. Arms, imitation arms, ammunition and explosives of all kinds.
2. Counterfeit currencies and counterfeit negotiable securities.
3. Printed matters, films, photographs, gramophone records, cinematographic films, tapes (audio and video), compact discs (audio and video), storage media for computers and other articles which are detrimental to the political, economic, cultural and moral interests of China.
4. Deadly poison of all kinds.
5. Opium, morphine, heroin, marihuana and other addictive drugs and psychotropic substance.
6. Fruits, solanaceae vegetables, live animals (except dogs and cats as pet), animal products, pathogenic micro-organisms of animals and plants, pests and other harmful organisms, animals carcasses, soil, genetically modified organisms, relevant animals and plants, their products and other quarantine objects from countries or regions with prevalent epidemic animal or plant diseases.
7. Foodstuff, medicines and other articles coming from epidemic stricken areas and harmful to man and livestock or those capable of spreading diseases.

ARTICLES PROHIBITED FROM EXPORTATION IN ACCORDANCE WITH THE LAW OF THE PEOPLE'S REPUBLIC OF CHINA
1. All the articles prohibited from importation in accordance with the law of the People's Republic of China.
2. Manuscripts, printed matters, films, photographs, gramophone records, cinematographic films, tapes (audio and video), compact discs (audio and video), storage media for computers and other articles which involve the state secrets.
3. Valuable cultural relics and other relics prohibited from exportation.
4. Endangered and precious rare animals and plants (including their specimens), and their seeds and reproducing materials.

图2-2　《中华人民共和国海关进出境旅客行李物品申报单》（中英文版）

（1）告知游客中国海关禁止携带出境的物品。

（2）带领无须向海关申报物品的游客从"无申报通道"通过海关柜台，并请其等候。

（3）帮助需要申报的游客填写《中华人民共和国海关进出境旅客行李物品申报单》或海关规定的申报单证，带领这部分游客从"申报通道"到海关柜台前办理手续，并提醒游

客保存好申报单，以备回国入境时海关检查。

出境旅游领队可以先向海关核实申报物品的具体要求，索取《中华人民共和国海关进出境旅客行李物品申报单》，发给需要申报的游客，并指导游客填写。游客通常都会携带摄像机、计算机等个人物品出境并带回国内，需据实申报。游客携带填写完成后的《中华人民共和国海关进出境旅客行李物品申报单》到海关申报柜台，交验本人护照，经海关人员对申报物品进行实物检验后，盖章准予放行。

3. 办理乘机及行李托运手续

1）将航空公司对行李的规定告知游客

向游客告知不能携带的登机物品、建议随身携带的物品等信息。在办理乘机手续之前，针对一些可能出现的问题，领队需再次提醒游客。例如，若游客携带水果刀、小剪刀、发胶、定型液、100毫升及以上的液体、防蚊液、烈酒、喷雾器、各式刀械等物品，请他们务必将其放入行李箱托运。贵重物品应随身携带而不要放在托运行李中。

2）到值机柜台办理乘机手续

通常航空公司会指定旅游团的游客到值机柜台的团队专用柜台办理值机手续。带团在航空公司值机柜台办理乘机手续的工作如下。

交验团队游客的护照、团体签证和机票，办理乘机手续。出境旅游领队携带全团游客的护照、团体签证和机票至所要搭乘的航空公司的值机柜台办理手续，目前大多数航空公司可以使用电子客票，对于这种情况，领队只需带上电子客票确认单即可。

办理行李托运手续。在值机柜台前依次排列团队拟托运行李，待航空公司值机柜台工作人员将要托运的行李称重、系上行李牌、将行李放入行李传送带并正常通过后方可离去；清点航空公司值机人员返还的物品：护照、机票、登机牌、行李票据等。对于航空公司要求乘机旅客单独办理行李托运和乘机手续的，领队应提前介绍注意事项。带领全团游客到值机柜台前，安排游客手持护照、登机牌依次自行办理乘机手续，期间，领队应站在一旁观看游客办理手续，必要时立即上前提供协助。待所有游客办理完乘机手续后，领队再为自己办理乘机手续，以体现服务精神。

3）将过边检、登机所需的物品发还给游客

办理完乘机手续，领队发还游客通过边检、登机所需的护照、机票（电子客票无须分发）、登机牌等物品。全团行李统一托运票据，由领队保管存放。

4. 通过卫生检疫

出境旅游领队应该了解国家卫生检疫的相关规定，根据《中华人民共和国国境卫生检疫法》第8条规定：出境的交通工具和人员，必须在最后离开的国境口岸接受检疫。入境、出境的微生物、人体组织、生物制品、血液及其制品或者其他可能引起传染病传播的动物等特殊物品的携带人、托运人或者邮递人必须向卫生检疫机关申报并接受卫生检疫，未经检疫机关许可，不准入境、出境。中华人民共和国检疫局

微课：通过卫生检疫

对出入境人员依法实施如下主要卫生检疫内容：入境、出境的旅客个人携带或者托运可能传播传染的行李和物品，应当接受卫生检查。卫生检疫机构对来自疫区或者被传染病污染的各种食物、饮料、水产品等应当实施卫生处理或者销毁，并签发卫生处理证明。海关凭

检疫机关签发的特殊物品审批单放行。团队出发之前，领队须主动观察了解游客身体状况，有异常情况及时处理，必要时报告相关部门。

在“非特殊期”内，一般不需要填写《中华人民共和国出/入境健康申明卡》(图 2-3)；仅通过指定区域或通道，由卫生检验检疫部门通过电子或人工进行体温测试检查。特殊时期，出入境人员必须向海关卫生检疫部门进行健康申报，并配合做好体温监测、医学巡查、医学排查等卫生检疫工作。

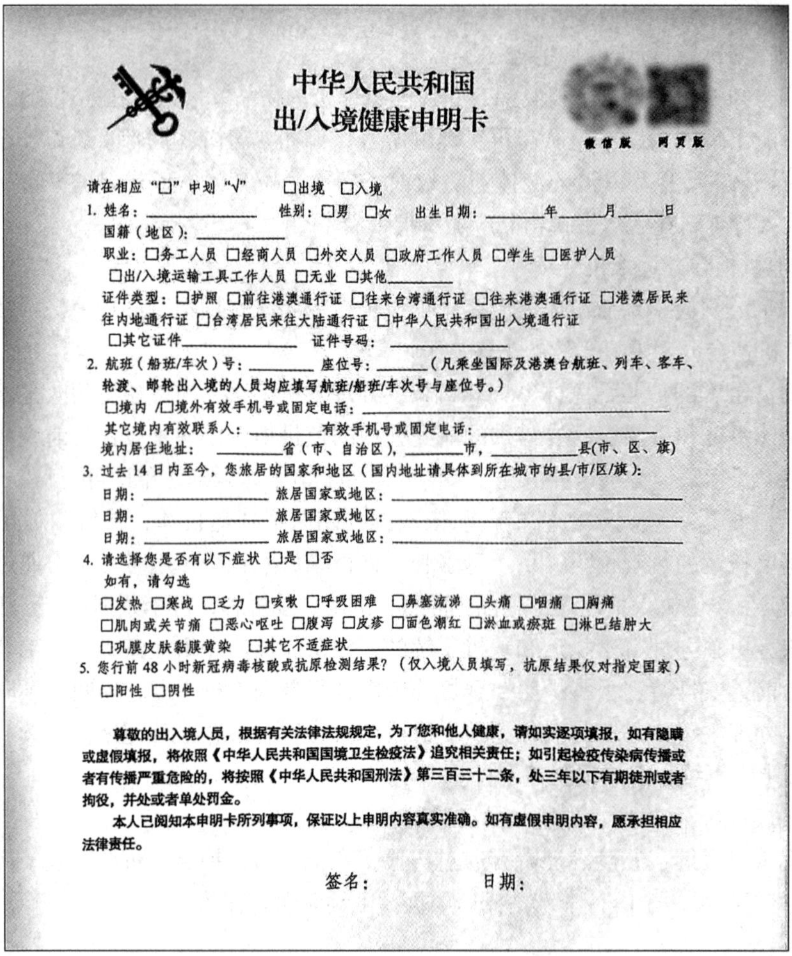

中华人民共和国
出/入境健康申明卡

微信版　网页版

请在相应“□”中划“√”　□出境　□入境

1. 姓名：________ 性别：□男 □女　出生日期：____年____月____日
国籍（地区）：________
职业：□务工人员 □经商人员 □外交人员 □政府工作人员 □学生 □医护人员
□出/入境运输工具工作人员 □无业 □其他________
证件类型：□护照 □前往港澳通行证 □往来台湾通行证 □往来港澳通行证 □港澳居民来往内地通行证 □台湾居民来往大陆通行证 □中华人民共和国出入境通行证
□其它证件________ 证件号码：________

2. 航班（船班/车次）号：________ 座位号：______（凡乘坐国际及港澳台航班、列车、客车、轮渡、邮轮出入境的人员均应填写航班/船班/车次号与座位号。）
□境内 /□境外有效手机号或固定电话：________
其它境内有效联系人：________有效手机号或固定电话：________
境内居住地址：　________省（市、自治区），________市，________县(市、区、旗)

3. 过去 14 日内至今，您旅居的国家和地区（国内地址请具体到所在城市的县/市/区/旗）：
日期：________ 旅居国家或地区：________
日期：________ 旅居国家或地区：________
日期：________ 旅居国家或地区：________

4. 请选择您是否有以下症状 □是 □否
如有，请勾选
□发热 □寒战 □乏力 □咳嗽 □呼吸困难 □鼻塞流涕 □头痛 □咽痛 □胸痛
□肌肉或关节痛 □恶心呕吐 □腹泻 □皮疹 □面色潮红 □淤血或瘀斑 □淋巴结肿大
□巩膜皮肤黏膜黄染 □其它不适症状________

5. 您行前 48 小时新冠病毒核酸或抗原检测结果?（仅入境人员填写，抗原结果仅对指定国家）
□阳性 □阴性

尊敬的出入境人员，根据有关法律法规规定，为了您和他人健康，请如实逐项填报，如有隐瞒或虚假填报，将依照《中华人民共和国国境卫生检疫法》追究相关责任；如引起检疫传染病传播或者有传播严重危险的，将按照《中华人民共和国刑法》第三百三十二条，处三年以下有期徒刑或者拘役，并处或者单处罚金。

本人已阅知本申明卡所列事项，保证以上申明内容真实准确。如有虚假申明内容，愿承担相应法律责任。

签名：　　　　日期：

图2-3　《中华人民共和国出/入境健康申明卡》（第八版）

1）黄皮书检查

如果出境旅游团前往或途经的国家（地区）为传染病流行疫区，或者欲前往的国家（地区）对国际旅行预防接种有明确要求，都需要提前办理黄皮书。但并非所有国家（地区）都有需要游客出示黄皮书的要求。有些对某些流行病检查特别严格的国家（地区），如智利、墨西哥等国家，要求入境的外国人均须出具预防霍乱和黄热病的接种或复种证明书。游客如果遗忘了申办接种证明书，在到达这些国家时，就可能会面临被隔离、强制检疫等。

出境旅游领队应带领游客在关口的卫生检疫柜台前接受卫生检疫工作人员的黄皮书查

检。如游客未及时办理黄皮书，应按照卫生检疫的要求，协助游客现场补办。

2）接受体温检测

游客在出境关口接受自动测量体温设备检测，若有体温异常的，复查时，领队应陪伴等候。如有必要，告知游客将《中华人民共和国出／入境健康申明卡》（图2-3）提交卫生检疫柜台。体温异常严重者将被限制出境。

5. 通过边防检查

通过边防检查是游客跨出国门的象征。出入境边防检查站隶属于中华人民共和国公安部国家移民管理局边防检查管理司，边检人员对出境人员身份、证件、签证等进行检查，查验后，在护照和登机牌上加盖出入境验讫章。

微课：通过边防检查及登机前安检

（1）领队带领游客按照《中国公民出国旅游团队名单表》顺序，依次接受边防出境检查。

（2）游客出示本人护照（含有效签证）、机票、出入境登记卡等交边检人员查验。

（3）若团队签署了团体签证或到免签国家旅行，领队应出示《中国公民出国旅游团队名单表》及领队证和团体签证。所有游客按照名单表中的顺序排队，逐一通过边防检查柜台。旅游团队在通过边防检查柜台时，出境旅游领队应始终走在前面，第一个办妥手续，然后在游客可以看到的地方站立等候。对完成边防检查的游客，出境旅游领队可先指引他们继续前去进行登机前的安全检查。待全体游客通过边检人员的审核后，《中国公民出国旅游团队名单表》中除边防检查站出境联被边检人员留存之外，出境旅游领队应将剩余的边防检查站入境验收联、旅游行政管理部门留存联、组团社留存联收回。

（4）根据《中华人民共和国出境入境边防检查条例》的规定，出境、入境的人员有下列情形之一的，边防检查站有权阻止其出境、入境：

① 未持出境、入境证件的；

② 持有无效出境、入境证件的；

③ 持用他人出境、入境证件的；

④ 持用伪造或者涂改的出境、入境证件的；

⑤ 拒绝接受边防检查的；

⑥ 未在限定口岸通行的；

⑦ 国务院公安部门、国家安全部门通知不准出境、入境的；

⑧ 法律、行政法规规定不准出境、入境的。

出境、入境的人员有前款第③项、第④项或者中国公民有前款第⑦项、第⑧项所列情形之一的，边防检查站可以扣留或者收缴其出境、入境证件。

6. 通过安全检查

安全检查是乘坐民航飞机的旅客在登机前必须接受的一项对人身和随身行李的检查项目。其目的是保证旅客自身安全和民用航空器在飞行途中的安全。因此，安全检查不存在免检对象，所有乘机旅客均须通过安全检查才可以登机。检查方式包括安全门、用磁性探测器近身检查、随身物品检查、搜身等。

安全门是一种门式检查装置，旅客逐个通过门框，如身上携带有金属物品，安全门装置会发出报警声，检查人员会作提醒或搜身检查；用磁性探测器对旅客进行近身检查时，若检测到有金属物品，仪器会发出警报声，检查人员将进行进一步检查；随身物品检查是旅客将外套、背包、笔记本电脑、钥匙、手机、雨伞、充电宝等物品放入红外线透视仪检查，如有疑似或违禁物品，检查人员会要求旅客接受进一步检查；搜身检查是检查人员对旅客进行周身手摸检查，搜缴违禁物品。

在开始进行登机安全检查前，出境旅游领队要提醒游客积极配合检查人员进行安全检查，避免与其发生争执或冲突，依次、有序通过安全检查。

7. 等待登机

在完成上述各项手续后，领队应带领团队到达登机牌上标明的登机口候机区等待登机。

（1）提醒所有游客注意登机时间，不要因购物、如厕、用餐等事宜耽误登机。

（2）注意听机场广播和查看候机厅电子显示屏，以免误机。

（3）如遇登机口临时变更，应及时通知游客前往新的登机口等待登机。

（4）如遇航班延误时间较长，领队应主动与航空公司工作人员联系，获取最新信息，并协助游客领取餐券、餐食等物品。

（5）如遇航班因故取消，领队应配合航空公司做好对游客的安排工作，保持与航空公司的沟通，妥善安排好游客的食宿，并报告组团社。

（6）开始登机时，领队应注意游客人数，并及时向柜台工作人员确认团队游客是否已全部登机。如发现有尚未登机的游客，应通过手机、机场广播等途径联系相关游客，以免造成游客误机。

三、知识链接

1. 中国国际航空公司托运行李一般规定

（1）包装的一般要求。为了确保托运行李的安全运输，托运行李必须包装完善、锁扣完好、捆扎牢固，能承受一定的压力，并应符合下列条件：

① 行李应锁好（有特殊要求除外）；

② 行李外部不得附插其他物品；

③ 两件（含）以上行李不得捆为一件行李托运；

④ 竹篮、网兜、草绳、塑料袋等不能作为行李外包装物；

⑤ 建议在托运行李上附加信息卡，内容包含但不限于托运者的姓名及联系电话，以便需要时，航空公司可以第一时间和旅客取得联系。

（2）托运行李的限制。

① 每件行李的尺寸限制。每件托运行李的长、宽、高三边之和须大于或等于60厘米或24英寸，且小于或等于203厘米或80英寸（包括滑轮和把手）。

② 每件免费托运行李的尺寸限制。国内航班每件免费托运行李的长、宽、高限制分别为100厘米或39英寸、60厘米或24英寸、40厘米或16英寸。国际/地区航班每件免费托运行李的长、宽、高三边之和不得超过158厘米或62英寸（包括滑轮和把手）。超过上述尺寸限制的托运行李，须支付超限额行李费用。构成国际运输的国内航班，托运行李的尺寸限制按照国际/地区航班托运行李尺寸限制执行。

③ 每件行李的重量限制。每件托运行李重量不得小于 2 千克或 4 磅，不得超过 32 千克或 70 磅。以上行李的重量限制并非免费行李额，旅客需要为超过免费行李额的部分支付超限额行李费用。超过以上行李重量限制的行李，不得作为行李运输。建议将行李拆开分装，或按照货物运输。

（3）免费行李限额。免费行李限额可参考图 2-4。

计量方式	旅客类别 航线 \ 舱位		持成人/儿童客票旅客				持婴儿客票旅客 无论何种舱位	在原免费托运行李限额基础上，可额外增加的免费托运行李限额		
			头等舱	公务舱	悦享经济舱 超级经济舱	经济舱		凤凰知音终身白金卡、白金卡旅客	凤凰知音金卡、银卡旅客	星空联盟金卡旅客
计重制	中国境内航线（涉及中华人民共和国香港特别行政区、澳门特别行政区与台湾地区的运输按照计件制）		40kg（88磅）	30kg（66磅）	20kg（44磅）	20kg（44磅）	10kg（22磅）可额外免费托运一辆折叠式婴儿车或摇篮或婴儿汽车安全座椅	30kg（66磅）	20kg（44磅）	20kg（44磅）
计件制	夏威夷与美洲（除夏威夷）、加勒比地区、欧洲、非洲、中东、亚洲、西南太平洋之间的航线。欧洲、非洲与亚洲（除日本、巴基斯坦、新加坡、哈萨克斯坦外）之间的航线。亚洲内（除日本、巴基斯坦、新加坡、哈萨克斯坦外）的航线。其他未列明的航线（注：亚洲含中国大陆及港澳台地区。）	2件每件32kg（70磅）			1件每件23kg（50磅）	1件每件23kg（50磅）可额外免费托运一辆折叠式婴儿车或摇篮或婴儿汽车安全座椅	乘坐头等舱或公务舱时：可额外免费托运1件行李，每件32kg（70磅）乘坐悦享经济舱/超级经济舱/经济舱时：可额外免费托运1件行李，每件23kg（50磅）		可额外免费托运1件行李，每件23kg（50磅）
	美洲（除夏威夷）、加勒比地区与欧洲、非洲、中东、亚洲、西南太平洋之间的航线。中东与欧洲、非洲、亚洲、西南太平洋之间航线。日本、巴基斯坦、新加坡、哈萨克斯坦、西南太平洋与欧洲、非洲、亚洲（除日本、巴基斯坦、新加坡、哈萨克斯坦外）之间的航线				2件每件23kg（50磅）				

1. 托运行李的尺寸限制：每件普通托运行李的长、宽、高三边之和不得小于60厘米或24英寸，且不得超过203厘米或80英寸，包括滑轮和把手，超出上述限制范围的物品不得作为行李运输。

2. 托运行李的重量限制：每件普通托运行李重量不得小于2公斤或4磅，且不得超过32公斤或70磅。

3. 托运行李的件数限制：每位旅客托运行李数量没有最大数量限制（包括普通行李和特殊行李）。每位旅客如需托运客票填开的免费托运行李限额、会员权益之外的第七件及以上额外付费行李（包括普通行李和特殊行李），须提前向国航营业部/航站申请，在航班载量许可的情况下方可允许托运。同时，国航不承诺以上行李与旅客同机到达目的地，请各营业部/航站做好旅客沟通。

4. 免费托运行李限额以全球各分销系统（Global Distribution System）显示为准。

图2-4 中国国际航空公司实际承运航班一般托运免费行李限额一览表

（4）一般托运行李逾重收费标准。

① 国内运输计重制：每件一般托运行李逾重费率以每千克按逾重行李票填开当日所适用的直达航班经济舱普通票价的 1.5% 计算，以人民币元为单位，尾数四舍五入。

② 国际运输计件制：在行李托运处使用的货币将用于计算整个行程的费用。人民币适用于在中国境内始发航站的行李托运；欧元适用于在欧元区始发航站的行李托运；加元适用于在加拿大始发航站的行李托运；美元适用于所有非上述国家的行李托运。境外非美元销售单位在收取超限额行李费时，应按照当日汇率将美元转换成当地货币收取。

③ 托运行李件数限制：每位旅客托运行李数量没有最大数量限制（包括一般行李和特殊行李）。每位旅客如需托运客票填开免费行李额、会员权益之外的第七件及以上额外付费行李（包括一般行李和特殊行李），须提前向国航营业部/航站申请，在航班载量许可的情况下方可允许托运。同时，国航不承诺以上行李与旅客同机到达目的地，还需做好与旅客的沟通。

（5）有特殊运输要求的行李。特殊行李是指作为行李托运的小动物、竞技体育比赛中使用的各种器械装备及用品、小型电器和仪器及媒体设备、渔具、无法放置在一般托运行李包装中需单独包装运输的乐器及水产品。此类型行李在运输时，在预定程序、行李包装、计费类型上有些许不同。特殊行李逾重收费标准可参考图 2-5。

类别	特殊行李名称	是否计入免费行李额	费用			
			计重制	计件制		
				重量限制	费用标准	
					人民币	美元
1. 可免费运输的特殊行李	残疾、伤、病旅客可免费托运一件小型可放入客舱的辅助设备，或一件手动轮椅。除此之外，还可以免费运输一件辅助设备，包括但不限于以下物品： 电动轮椅/电动代步工具/手动轮椅； 机械假肢及专用小型气瓶； 心脏起搏器或其他植入人体的装置； 便携式氧气浓缩器(POC)； 持续正压呼吸机(CPAP)； 其他内含锂电池的辅助设备等。	否	—	—	—	—
	婴儿旅客(无论何种舱位)可免费托运一件折叠式婴儿车或摇篮或婴儿汽车安全座椅					
	导盲犬/助听犬/精神抚慰犬					
	骨灰					
2. 运动器械器具	高尔夫球包、保龄球、滑翔伞/降落伞、滑雪/滑水用具(不包括雪橇/水橇)、轮椅/滑板用具、潜水用具、射箭用具、曲棍球用具、冰球用具、网球用具、登山用具、自行车	是	只按重量计算费用，超出免费行李额(重量)部分，按实际超出重量收取超限额行李费。			
	皮划艇/独木舟、悬挂式滑翔运动用具、雪橇/水橇、冲浪板、风帆冲浪用具、橡皮艇或船	否	只按重量计算费用，依据实际重量收取行李费。	每件 2kg≤W≤23kg	2600	400
				23kg<W≤32kg	3900	600
				32kg<W≤45kg	5200	800
	撑杆、标枪、单独包装的划船用具或桨、骑马用具			每件 2kg≤W≤23kg	1300	200
				23kg<W≤32kg	2600	400
				32kg<W≤45kg	3900	600
	睡袋、背包、野营用具、渔具、乐器、辅助设备(非残疾、伤、病旅客托运)、可折叠婴儿床、可折叠婴儿车或婴儿摇篮或婴儿汽车安全座椅(非婴儿旅客托运)	是	只按重量计算费用，超出免费行李额(重量)部分，按实际超出重量收取超限额行李费。		超出免费行李额(件数、重量)部分，须按附件3《国航实际承运航班一般托运行李超限额收费标准一览表》中对应标准收取相应费用。超尺寸不另行收费。	
3. 其他	小型电器或仪器、媒体设备	否	只按重量计算费用，依据实际重量收取行李费。	每件 2kg≤W≤23kg	490	75
				23kg<W≤32kg	3900	600
	可作为行李运输的枪支			每件 2kg≤W≤23kg	1300	200
				23kg<W≤32kg	2600	400
	可作为行李运输的子弹			每件 2kg≤W≤5kg	1300	200
	小动物(仅限家族驯养的猫、狗) 注：每个容器的总重量(包括其中的小动物及水与食物的重量)			每件容器 2kg≤W≤8kg	3900	600
				8kg<W≤23kg	5200	800
				23kg<W≤32kg	7800	1200
备注	(1) 特殊行李收运须符合《旅客行李运输服务手册》相关标准，否则必须作为货物运输。 (2) 不计入免费行李额的特殊行李 　　计件制收费标准：只按重量计算费用，依据实际重量收取行李费(收费金额详见以上表格)。 (3) 未在本标准里列明的特殊行李，可与一般托运行李合计算，超出免费行李额部分，按照一般托运行李超限额收费标准(见附件3)收取费用。 (4) 托运行李件数限制：每位旅客托运行李数量没有最大数量限制(包括一般行李和特殊行李)。每位旅客如需托运客票填开免费行李额、会员权益之外的第七件以上额外付费行李(包括一般行李和特殊行李)，须提前向国航营业部/航站申请，在航班载量许可的情况下方可允许托运。同时，国航不承诺以上行李与旅客同机到达目的地，请各营业部/航站做好旅客沟通。					

图2-5 中国国际航空公司实际承运航班特殊托运行李收费标准一览表

2. 黄皮书

黄皮书即《疫苗接种或预防措施国际证书》(*International Certificate of Vaccination or Prophylaxis*)，因其封面通常是黄色而得名。

黄皮书是世界卫生组织为了保障出入国（边）境人员的人身健康，防止危害严重的传染病通过出入国（边）境的人员、交通工具、货物和行李等传播和扩散而要求提供的一项预防接种证明，其作用是通过卫生检疫而避免传染。对于没有携带黄皮书的出入国（边）

境者，国（边）境卫生检疫人员有权拒绝其出入境，甚至采取强制检疫措施。对于因私出国人员来说，在具备有效护照、有效签证、经过认证的公证书之后，不可忽视的一条，就是要到所在地的卫生检疫部门进行卫生检疫和预防接种，并领取黄皮书——《疫苗接种或预防措施国际证书》（图 2-6）。

图2-6 疫苗接种或预防措施国际证书

黄皮书一般印有英文和本国文字两种文字。我国黄皮书封面印有"疫苗接种或预防措施国际证书"和"中华人民共和国出入境检验检疫"字样。黄皮书的有效期是按疾病种类划分的。如对于预防霍乱，黄皮书的有效期为自接种后 6 天起，6 个月内有效。如前次接种不满 6 个月又经复种，自复种的当天起，10 年内有效。

我国的黄皮书由各省、自治区、直辖市的卫生检疫局签发并给申请人注射疫苗。旅行社通常会在行前说明会上，由提前联系好的卫生检疫部门的工作人员前来为游客注射疫苗并填发黄皮书。

黄皮书的重要作用在于它是国际公认的卫生检疫证件，是出入各个国家和地区口岸的重要凭证，所以必须妥善保存。许多国家对来往某些国家 / 地区的旅客，免验黄皮书。但对发生疫情的地区，则检查较为严格，对未进行必要接种的旅客，往往采取隔离、强制接种等措施。

3. 中华人民共和国禁止出境物品

根据中华人民共和国海关总署《中华人民共和国禁止进出境物品表》规定，禁止出境物品包括：列入禁止进境范围的所有物品；内容涉及国家秘密的手稿、印刷品、胶卷、照片、唱片、影片、录音带、录像带、激光视盘、计算机存储介质及其他物品；珍贵文物及其他禁止出境的文物；濒危的和珍贵的动物、植物（均含标本）及其种子和繁殖材料。

4. 中华人民共和国限制出境物品

根据中华人民共和国海关总署《中华人民共和国限制进出境物品表》规定，限制出境物品包括：金银等贵重金属及其制品；国家货币；外币及其有价证券；无线电收发信机、通信保密机；贵重中药材；一般文物；海关限制出境的其他物品。

四、案例分析

旅客携带 182 件国家禁止出境文物被查获 最久远布币距今超两千年

（深圳晚报 2019 年 11 月 29 日讯）近日，经广东省文物鉴定机构鉴定，深圳海关所属深圳湾海关此前查获的一批出境物品属于国家禁止出境的文物，共计 182 件，包括古钱币、铜镜、银筷子、金属锁等。目前，案件已移送海关缉私部门作进一步调查处理。

今年10月，深圳湾海关关员在对一名出境旅客携带的行李进行X光检查时，机检图像显示铜钱形状和其他形状的疑似文物，遂依法对行李进行开箱检查。关员在这名旅客的行李箱内发现铲形货币、铜镜、铜锁、铜钱等物品184件，初步判断为疑似文物。该旅客声称是在古玩城购买的物件，用于个人收藏。

经依法送广东省文物鉴定机构鉴定，这批物品有182件为国家禁止出境的一般文物，包括距今两千多年的新莽时期"货币"布币1枚、唐代"开元通宝"铜钱50枚、清代梅桩形铜花插1件、清代铜锁9套、清代铜熨斗1件、清代铜圆64枚、民国铜圆45枚、民国金属锁1套。此外，还有19世纪文物日本铜镜4件、越南双身铜釜1件、银筷子3对、铜钵1件、铜铃1件。

海关提醒，国家对于文物出境有严格的规定，无论是家传文物、亲友馈赠文物还是个人购藏的文物，均应事先经中国文物管理部门鉴定并出具相关鉴定标志和许可出口证明，出境时必须向海关如实申报。

（资料来源：李超.旅客携带182件国家禁止出境文物被查获 最久远布币距今超两千年 [EB/OL]. http://wb.sznews.com/PC/layout/201911/29/node_A06.html#content_778498（2019-11-29）[2022-10-11].）

南宁吴圩机场海关移交一批濒危动植物及其制品

近日，南宁吴圩机场海关分别向广西壮族自治区林业局、南宁市农业农村局移交陆生和水生濒危动植物及其制品，共计535件，69.233千克。

此次移交的濒危动植物及其制品均系南宁吴圩机场海关在南宁机场旅检渠道出入境旅客携带的行李物品中查获，主要包括象牙制品、砗磲制品、小叶紫檀、玳瑁制品、沉香、鳄鱼皮制品、蟒皮制品等，均属于《濒危野生动植物种国际贸易公约》附录一、附录二列明物种，系国家禁止进出境物品。

海关提醒广大旅客，根据《濒危野生动植物种国际贸易公约》和《中华人民共和国濒危野生动植物进出口管理条例》相关规定，未获得国家濒危物种管理部门出具的允许进出口证明书的，禁止贸易、携带、邮寄濒危动植物及其制品进出境。非法进口、出口或者以其他方式走私濒危野生动植物及其产品的，由海关依照相关法律法规的规定予以处罚；情节严重，构成犯罪的，依法追究刑事责任。

（资料来源：海关总署.南宁吴圩机场海关移交一批濒危动植物及其制品 [EB/OL].http://www.customs.gov.cn//customs/xwfb34/302425/4245717/index.html（2022-03-18）[2022-11-01].）

简析：领队要熟悉国家相关政策法规，既要严格遵守，同时要及时提醒游客不要触犯相关法律法规。

五、任务分组

角色分配与编组：本任务有出境旅游领队、送机人员、航空公司值机柜台工作人员、边检人员、卫生检疫人员、海关关员、安检人员以及游客等角色。建议5~7名学生为一组完成"带团出中国大陆境服务"的学习，每名学生可以轮流担任不同角色。

六、任务实施

1. 布置任务

出境旅游领队小李将带领一个 16 人的日本七日关西深度游团队出行。集合日，小李抵达上海浦东机场集合处，他将带领游客完成出境手续。为了能顺利完成实训任务，任课教师为每组学生准备好《中国公民出国旅游团队名单表》，模板如表 2-1 所示。

表 2-1　中国公民出国旅游团队名单表

组团社序号：　　　　　　团队编号：　　　　　　　年份：

领队姓名：　　　　　　　领队证号：　　　　　　　编号：

序号	姓　名		性别	出生日期	出生地	护照号码	发证机关及日期
	中文	汉语拼音					
领队	张 ×	ZHANG X	M	1990.7.1	鲁	E ×	鲁 ×
1	艾 ×	AI X	F	1977.2.6	鲁	E ×	鲁 ×
2	范 ×	FAN X	M	1976.3.9	鲁	E ×	鲁 ×
3	范 ×	FAN X	F	2009.3.5	鲁	E ×	鲁 ×
4	李 ×	LI X	F	1994.7.6	鲁	E ×	鲁 ×
5	顾 ×	GU X	F	1996.8.2	鲁	E ×	鲁 ×
6	田 ×	TIAN X	M	1995.5.3	鲁	E ×	鲁 ×
7	邵 ×	SHAO X	F	1997.3.6	鲁	E ×	鲁 ×
8	王 ×	WANG X	F	1976.6.2	鲁	E ×	鲁 ×
9	孟 ×	MENG X	F	2010.2.4	鲁	E ×	鲁 ×
10	吴 ×	WU X	F	1984.7.9	鲁	E ×	鲁 ×
11	闫 ×	YAN X	M	1981.4.8	鲁	E ×	鲁 ×
12	孙 ×	SUN X	M	1977.5.4	鲁	E ×	鲁 ×
13	孔 ×	KONG X	F	1980.3.7	鲁	E ×	鲁 ×
14	季 ×	JI X	F	1994.9.2	鲁	E ×	鲁 ×
15	刘 ×	LIU X	M	1991.6.3	鲁	E ×	鲁 ×
16	曲 ×	QU X	M	1981.9.9	鲁	E ×	鲁 ×

年　月　日由　　　口岸出境			总人数：（男　人，女　人）				
年　月　日由　　　口岸出境							

授权人签字　　　　　　组团社盖章	旅游行政管理部门　审验章	边防检查站 加注（实际出境　人）　出境验讫章

旅游线路：

组团社名称：　　　　　　　　　　　联络员姓名及电话：

接待社名称：　　　　　　　　　　　联络员姓名及电话：

中华人民共和国国家旅游局印制

任务知识　中国公民出国旅游团队名单表

《中国公民出国旅游管理办法》规定，国务院旅游行政部门统一印制《中国公民出国旅游团队名单表》(以下简称"名单表")，在下达本年度出国旅游人数安排时编号发放给省、自治区、直辖市旅游行政部门，由省、自治区、直辖市旅游行政部门核发给组团社。

组团社应当按照核定的出国旅游人数安排组织出国旅游团队，填写"名单表"。旅游者及领队首次出境或者再次出境，均应当填写在"名单表"中，经审核后的"名单表"不得增添人员。

"名单表"一式四联，分为：出境边防检查专用联、入境边防检查专用联、旅游行政部门审验专用联、旅行社自留专用联。

组团社应当按照有关规定，在旅游团队出境、入境时及旅游团队入境后，将"名单表"分别交有关部门查验、留存。

2. 执行任务

1）实训条件

可模拟办理中国大陆离境手续，能够通过网络实现信息发布和成果展示。如果暂时不具备以上条件，也可以在能上网的多媒体教室进行。

学生 5~7 人一组，分别担任出境旅游领队、送机人员、航空公司值机柜台工作人员、边检员、卫生检疫人员、海关关员、边检人员、安检人员以及游客。如果时间允许，每组成员可轮流扮演不同角色，重复实训内容，巩固实训效果。

2）实训步骤

第一步，"出境旅游领队"到达机场集合地点并召集游客签到。

第二步，"出境旅游领队"指导游客填写海关申报单。

第三步，"出境旅游领队"带领游客办理乘机手续。

第四步，"出境旅游领队"带领游客到达卫生检疫柜台接受卫生检疫。

第五步，"出境旅游领队"带领游客通过边防检查。

第六步，"出境旅游领队"带领游客通过安全检查。

第七步，准备登机。

提升训练

如果游客中有人携带了超过国家规定数量的现金且拒绝报关，领队获知此事后，该如何处理？

3. 成果展示

实训任务完成后，每个小组用 PPT 展示中国大陆出境流程介绍以及实训过程（可插入实训助理录制的视频）。陈述时，小组中每位学生都要发言，发言主要阐述自己在实训中所承担的角色以及所完成的内容。每小组的展示及陈述，既要体现小组个人的作用，又要体现团体任务的完整性。

本任务成果实行过程性评价，分个人自评、小组自评、小组互评以及教师评价，分别占 10%、20%、30%、40%。

七、任务拓展

为了达到举一反三、巩固提高的目的，配合以上实训任务，给出 3 个拓展任务，任选其中一个作为课后训练任务。完成并成功提交的作品，将计入平时成绩。

拓展任务 1

模拟一名游客因遭遇交通事故取消旅行的场景，进行拓展训练。

拓展任务 2

模拟一名游客随身行李箱尺寸超标办理乘机手续场景，进行拓展训练。

拓展任务 3

模拟一名游客通过安检时，在其随身行李中发现一把陶瓷水果刀，进行领队处理此事件的拓展训练。

任务二 飞 行 途 中

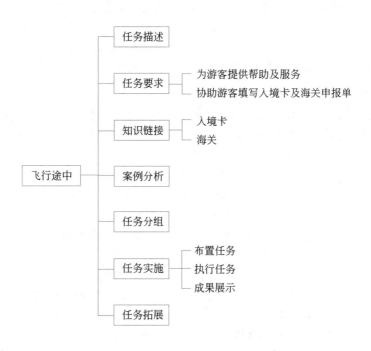

一、任务描述

在旅游团办理完全部出境手续后，直至抵达目的地国家（地区）办理好入境手续并与地接导游会合前，领队需要单独面对旅游团成员。旅游团队登机后，领队需要在飞行途中为游客提供帮助和服务，熟悉旅客并协助旅客填写入境卡、海关申报单等相关入境准备工作，并对整个旅游团队负责。

二、任务要求

领队在飞行途中的主要工作内容如图 2-7 所示。

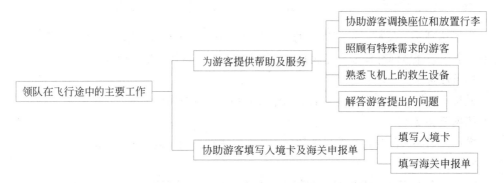

图2-7　出境旅游领队在飞行途中的主要工作内容

出境旅游乘坐飞机的概率比较高，根据出境旅游目的地的远近，飞行时长少则 1 小时至 2 小时，多则 20 多小时。因此，领队在飞行途中对游客的服务就十分重要。除了做好对游客的服务外，领队还应该充分利用飞行旅途空余时间进一步了解、熟悉旅游团队的情况。领队应该准备好出境旅游目的地国家（地区）入境所需要的资料、文件，以及中途转机所需要的资料；应充分熟悉旅游团队的行程计划、城市、区域间交通衔接、重要景点的游览安排等；进一步熟悉目的地国家（地区）重要景点的情况；对旅游团队出境过程中遇到的问题做好记录，留存资料；巡视飞行途中游客的情况，主动关心游客，进行交流，融洽相互之间的关系。

其中，出境旅游领队在飞行途中应重点处理好以下几方面的工作。

1. 为游客提供帮助及服务

（1）协助游客调换座位和放置行李。由于不同航空公司打印登机牌的顺序不同，或是由于选择座位时受座位空余情况限制等原因，有时旅游团中会出现一家人座位号不相邻的情况，而有些游客希望与亲朋好友坐在一起，或因为身体等原因需调整座位。领队应尽量帮游客相互协商调整座位。如果领队较难协商其他乘客，也可以寻求空乘人员的帮助。登机后，如有游客想调换座位，请游客等乘客完成登机且

微课：飞行途中服务

不妨碍通行与起飞的情况下再进行。若飞机马上起飞，则请游客待飞机飞行平稳后再进行调整。领队的座位应尽量靠近中间走廊，以便飞行途中能更及时地给予游客帮助。领队应协助游客把带上飞机的随身行李进行安置，行李尽量放入座椅上方的行李架内，放置时注意行李的摆放，避免压坏贵重物品，并避免打开行李架时行李掉落情况的发生。领队要提醒走廊两侧游客最好交叉放置行李，以便保持行李在视线范围内，有利于安全防护。

（2）提前与乘务人员沟通游客因民族、宗教信仰、身体状况、年龄等原因产生的对饮食的特殊要求，如儿童餐、素食餐、清真餐等。对于有用餐方面特殊需求的游客，领队应在行前说明会上进行统计，并在航班预订时与航空公司进行对接，领队对此应做到心中有数，登机后应及时与空乘人员进行确认。有的航班机组人员为外国人，使用语言为外语，必要时领队应给予游客语言上的帮助。

（3）熟悉飞机上的救生设备。领队应熟悉飞机上救生设备和安全门的位置以及使用方法，引导游客认真听取空乘人员的讲解演示，在飞机起降和飞行期间，如遇紧急情况，领

队应使用救生设备并开启安全门，协助乘务人员做好游客安抚及组织工作。

（4）解答游客提出的问题。针对飞行途中游客经常提出的问题提前做好准备，耐心解答游客的提问，尽快与游客建立起信任感，以便后续领队工作的顺利开展。游客在飞行途中常见的问题，如飞行时长、航班抵达目的地的时间、转机时需要等待的时间、两国（两个地区）的时差、目的地国家（地区）的天气、目的地国家（地区）的代表性景物、目的地国家（地区）的代表性纪念品、两国（两个地区）间的差别等。领队应提前掌握目的地国家（地区）的相关情况，随时关注飞机电子屏幕上显示的抵达时间等信息，以便有游客提问时可以即刻作出回答，使游客对领队产生信任感，留下好的印象。

2. 协助游客填写入境卡及海关申报单

为了减少游客在飞机场停留的时间，方便办理入境手续，在从中国大陆飞往旅游目的地国家（地区）的飞行途中，领队一般需要完成的一项非常重要的工作就是在抵达前协助旅游团队成员填写好目的地国家（地区）入境所需的相关表格，包括：目的地国家（地区）入境卡、目的地国家（地区）海关申报单等。

（1）填写入境卡。不同国家的入境卡不但格式各不相同，名称也不完全一样，如 arrival card、immigrant card/form、entry card/form、inspection card、landing card、incoming passenger card、disembarkation card 等。

入境卡的内容主要包括游客的姓（family name/surname）、名（first name / given name）、出生日期（birthdate/birth-date）、国籍（nationality/country of citizenship）、性别（sex/gender）、护照号（passport number）、出发国家（country of origin/country where you live）、航空公司和航班号（airline & flight-number）、目的地国（destination country）、登机城市（city where you boarded）、签证签发地（city where visa was issued）、签发日期（date issue）、街道及门牌号（number and street）、城市及国家（city and state）、随行人数（accompanying number）、职业（occupation）、签名（signature）等信息。入境卡原则上用英文填写，一般领队应随身携带游客护照复印件及其他信息，可以替游客进行统一填写，但签名栏需由游客亲自签名。图 2-8 为新加坡电子入境卡。

图2-8 新加坡电子入境卡

一些国家（地区）的入境卡与出境卡印制在左右一体的卡片上，在填写时，入境卡与出境卡均需填写。入境时，入境检察官会将出境卡部分拆下后将其钉在护照内，出境时则无须再填写出境卡。

为提高效率，推进工作信息化，有些国家还采取电子入境卡的方式入境。如新加坡移民与关卡局自 2019 年 8 月 14 日起启用电子入境卡（"SG Arrival Card" Electronic Service）。目前，除入境后申请工作准证人员和乘游轮入境人员外（此两类人员仍需填写纸质入境卡），其他访新旅客可在入境前 14 天登录新加坡移民与关卡局官方网站或手机下载"SG Arrival Card"应用程序填写航班及个人信息，提交成功后，入境通关时只需向移民局官员提交护照即可。在电子入境卡服务试行阶段，旅客仍可选择填写纸质入境卡。

（2）填写海关申报单。并非所有国家（地区）都要求填写海关申报单。有些国家（地区）规定必须每人填写一份海关申报单，但有些国家（地区）可以以家庭为单位填写一份海关申报单。因此，领队要了解和掌握他国（地区）的海关相关规定。

不同国家的出入境海关申报规定有一定的差异，申报重点也有所不同，但其中的内容大致相同，如姓名、国籍、出生日期、航班号、永久地址、签证日期、在逗留国家（地区）的住址、随行家属姓名及与本人关系，以及随身携带物品种类（如现金、支票、摄影机、手表、黄金、珠宝、烟酒、古董）和价值等。有些国家的入境登记卡和海关申报单是连在一起的，通常正面是入境登记卡，背面是海关申报单。

不同国家的出入境海关申报规定有差异，大部分国家禁止麻醉品、精神药物、武器弹药、抗生素入境。有些国家（地区）对动植物出入境控制十分严格，包括肉类、蛋类、乳制品、水果、蔬菜、食品以及土壤、鸟类、蜗牛、活海鲜、野生动物产品等。有些国家（地区）允许游客携带的入境物品一般不超过 500 美元，携带的现金数额也有限制。

虽然领队最好能够提前帮助游客填写海关申报单，但因为领队不能完全掌握游客携带的物品信息，因此海关申报单报关内容项目栏一定要游客自己勾选或填写。领队需要提醒游客，如实申报是必须遵守的基本原则，游客如因违反规定而被查获，有可能会面临罚款或承担相关责任。

三、知识链接

1. 入境卡

入境卡是针对外国或其他地区游客进本国或地区海关必须要填写的声明。内容包括姓名、电话、国籍、性别、出生年月日、停留天数、签证日期、签证号码、入境目的、来程航班号、抵达后居住地址等。

2. 海关

海关是指一国在沿海、边境或内陆口岸设立的执行进出口监督管理的国家行政机构。它依据本国（地区）的相关法律、行政法规行使进出口监督管理职权，对进出国境的货物、邮递物品、旅客行李、货币、金银、证券和运输工具等实行监管检查、征收关税、编制海关统计并查禁走私等任务。

四、案例分析

中国留学生携食品澳大利亚机场闯关，被罚款当场泪洒

一名留学生从中国飞往澳大利亚。申报带了坚果，但边检行李 X 光图像上的其他东西引起工作人员的注意。

开箱检查前，学生确认自己知道行李箱中装有何种物品。

工作人员进一步询问，"如果做了错误的申报，将会受到罚款，你明白吗？"在得到肯定的回答后，开始开箱检查。

首先映入眼帘的是一袋牛肉干。"那是牛肉，但它是干的。"这名学生指着袋子解释道。

"但你告诉我，你包里只有坚果，你只申报了坚果。"

"我以为这个不在（申报）清单上，"他继而解释。

但实际上，肉类食品对生物安全存在潜在危害，是不被允许携带入的。

通过了解，该留学生已经在澳大利亚留学 6 年，曾多次往返两国。

工作人继续检查，始终没有找到申报的坚果，却找到了几盒红枣。

"这又是什么？干的红枣对吗？你带了很多啊。"边说着，工作人员又从包里拿出一袋小米。

"那是做饭用的，"他回应道。

"你知道吗，令我担忧的是你已经来这里 6 年了，你知道这里有严格的法律，你应该申报这样的物品。"

接下来，工作人员又有新收获，在一个牛皮纸袋里找到 4 沓澳元现金，"你这里大概有多少钱？"

"43800。"

不过，经过进一步核查，这笔现金确认已经申报。

"我返澳大利亚很多次了，这是我第一次花费这么长时间过安检。"这名学生显得有点焦躁。

"现在的状况是，你只申报了坚果，但是我找到了其他没有申报的东西，这就是为什么会拖延这么久的原因。"工作人员解释道。

"小米和牛肉干不允许被带入境，红枣没有枣核所以可以入境，但是必须申报。截至目前，我都没有找到你申报的坚果，所以为什么申报你没有带的东西呢？"面对工作人员的质问，学生并未作答。

最后他被罚款 420 澳元。

（资料来源：搜狐网 . 中国留学生携食品澳大利亚机场闯关，被罚款当场泪洒 [EB/OL]. https://www.sohu.com/a/531521700_121124573（2022-03-21）[2022-08-19].）

简析： 领队要熟悉目的地国家（地区）海关相关规定，既要严格遵守，也要及时提醒游客如实进行海关申报，不要触犯目的地国家或地区相关规定。

五、任务分组

角色分配与编组：本任务有出境旅游领队、空乘人员、游客等角色。建议 3~5 名学生为一组完成"带团出境飞行途中服务"的学习，每名学生可以轮流担任不同角色。

六、任务实施

1. 布置任务

出境旅游领队小高带领一个 18 人的澳大利亚 10 日游团队出行，他将帮助乘客处理在飞行途中遇到的各类问题，并协助游客完成澳大利亚入境相关表格的填写工作，登记卡如图 2-9 所示。

澳大利亚入境旅客登记卡（英文版）

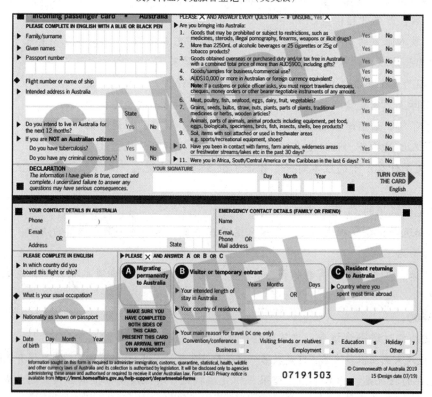

澳大利亚入境旅客登记卡（中文版）

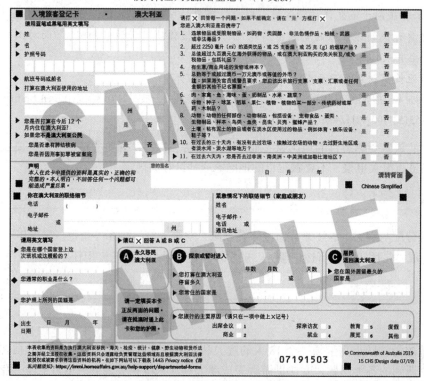

图2-9　澳大利亚入境旅客登记卡

任务知识　澳大利亚入境知识

所有入境澳大利亚的人需填写一张包含个人资料的黄色入境卡，用来陈述所携带的特殊物品，这两张表格除英文版外，另有中文、日文及其他语种版。进入海关时需准备护照及入境卡以备检查。

澳大利亚远离其他大陆，自然条件独特。法律授权内务部负责检查药物、武器等管制物品，农业部负责检查动植物，以阻止疾病或其他可能对澳构成威胁的外来物品进入。

进入澳大利亚禁止携带各种新鲜物品，若需要带食物、动植物等物品入境，要在申报单上如实申报。在不能确定是否需申报时，请咨询航空公司乘务人员，或现场咨询移民局官员，或最好选择申报。未如实申报禁止或限制出入境物品、应纳税物品，提供伪造票证，则可能被罚没，被判罚 42 万澳元以上罚款或 10 年监禁。如实申报物品，即便在检查后不被允许入境，但也不会被处罚。

一、禁止物品

澳大利亚禁止下列物品出入境：大麻（marijuana、cannabis）、海洛因（heroin）、可卡因（cocaine）及苯丙胺（amphetamines）。

澳大利亚对涉毒犯罪处罚十分严厉，除澳大利亚海关法外，各州对制造、拥有、贩卖、吸食毒品还有专门的法规。犯罪分子通常以"来钱快"为由欺骗学生等代为领取藏有毒品的包裹。慎为他人代领、代收包裹，在对方以酬劳为谢时尤要小心。

二、管制物品

携带下列管制物品出入境须如实申报。

（1）枪支、武器和弹药。包括各类刀具、弓弩等。上述物品大多需事先申请书面许可。

（2）非法色情刊物等令人反感的材料。包括带有儿童色情、暴力的材料，教唆犯罪和暴力，鼓吹恐怖活动的材料，也包括有上述内容的硬盘、计算机、手机等电子设备。

（3）药物。

①下列可能被误用、滥用，或导致依赖的药物，须事先得到许可并申报：类固醇（steroids）、镇痛药（opioidanalgesics）、大麻或麻醉剂为基础的药物（cannabis or narcotic based medications）。

②处方药。用量超过 3 个月的处方药需申报。建议将药品放在原包装内，并携带医生处方（建议用英文并描述病情）。超过 3 个月的用药应在澳当地就诊、购买。通过邮寄等方式购入药品，须事先得到相应进口许可。

③生长激素、脱氢表雄酮（DHEA）、类固醇和类固醇激素等促进身体机能的药物需事先得到许可并申报。

④某些传统药物可能含有有害动植物成分，也需要申报。

（4）现金。携带 10000 澳元（含）以上或等值外币入境，必须申报。携带支票、旅行支票、个人支票、现金支票、邮政汇票或其他票据，无论其金额均须如实申报。

（5）食物、动植物和生物制品。海外食物、动植物制品可能携有病虫害，威胁澳农业、旅游业和环境，应如实申报：

①一般食物类。包括飞机上提供的各类食品、烘干的蔬菜、水果、方便面（饭）、草药、香料、蜂蜜及其他蜜蜂制品、零食。

②牛奶鸡蛋类。婴儿配方奶粉、牛奶制品（含奶粉和奶酪）、含蛋制品（如沙拉

酱和鸡蛋面等）。

③禽肉海鲜类。新鲜、烘干、冰冻、熟制、熏制、腌制的肉类制品。

④种子坚果类。谷物、爆玉米花、坚果、松果、鸟食、种子以及带有种子的饰品。

⑤新鲜果蔬类。新鲜或冰冻的水果、蔬菜。

⑥其他植物类。含有种子的茶、水果皮（如柑橘和苹果皮）、水果片；含有种子、树皮、菌类或其他晾干植物的药；鲜花或干花；含有种子、生坚果的花环、圣诞饰品等手工制品；木制品。

⑦动物类。动物、鸟类及鸟蛋、鸟巢、鱼类、爬行动物、两栖动物及昆虫；羽毛、骨头、牛角、象牙、羊毛及动物毛发、兽皮或毛皮；动物标本；贝壳和珊瑚（含珠宝和纪念品）；蜂蜡或其他蜂产品；使用过的动物相关工具，如兽医用品、马具等；宠物食品（含罐头）等；生皮制品和手工艺品（含鼓）。

⑧其他物品。生物标本；用动植物制成的工艺品；使用过的体育和露营设备，包括帐篷、鞋靴（须确保未受土壤污染）等；用过的渔具。

特别提示，在传统中国节日期间，勿携带或邮寄以下物品入境：鸡肉、香肠或牛肉干；鸡鸭蛋；柑橘、柿子或新鲜竹笋；新鲜或干制水果，如龙眼、荔枝；含有虫草、灵芝的中药材；月饼。

（6）野生生物。法律严格控制受保护野生生物进出口，包括传统药用野生物、珊瑚、兰花、鱼子酱、象牙制品及狩猎所获。

（7）文物。携带以下文物出入境需要申请许可：手工制品、邮票、硬币、考古文物、矿物样品。

（8）兽医用品。携带兽医药物入境应一律申报。

2. 执行任务

1）实训条件

可模拟飞行途中情境，能够通过网络实现信息发布和成果展示。如果暂时不具备以上条件，也可以在能上网的多媒体教室进行。

学生 3~5 人一组，分别担任出境旅游领队、乘务人员、游客及机上其他乘客。如果时间允许，每组成员可轮流扮演不同角色，重复实训内容，巩固实训效果。

2）实训步骤

第一步，"出境旅游领队"组织游客登机。

第二步，"出境旅游领队"帮助有调座需求的乘客调整座位位置。

第三步，"出境旅游领队"帮助有特殊饮食需求的乘客获取所需餐食。

第四步，"出境旅游领队"帮助游客填写入境卡。

第五步，"出境旅游领队"指导游客填写海关申报单。

第六步，"出境旅游领队"回答机上游客提出的各类问题，并通过沟通与游客建立信任关系。

第七步，准备下机。

提升训练

如果游客中有人想与旅游团以外的外国乘客互换座位并寻求领队的帮助，领队该如何处理？

3. 成果展示

实训任务完成后，每个小组用 PPT 展示飞行途中实训过程（可插入实训助理录制的视频）。陈述时，小组中每位学生都要发言，发言主要阐述自己在实训中所承担的角色以及所完成的内容。每小组的展示及陈述，既要体现小组个人的作用，又要体现团体任务的完整性。

本任务成果实行过程性评价，分个人自评、小组自评、小组互评以及教师评价，分别占 10%、20%、30%、40%。

七、任务拓展

为了达到举一反三、巩固提高的目的，配合以上实训任务，给出两个拓展任务，任选其中一个作为课后训练任务。完成并成功提交的作品，将计入平时成绩。

拓展任务 1

模拟一名游客想获取一杯红茶，但无法用外语与空乘人员沟通，领队进行协助的场景进行拓展训练。

拓展任务 2

模拟两名游客咨询飞行信息、目的地国情况的场景，进行拓展训练。

任务三　中途转机

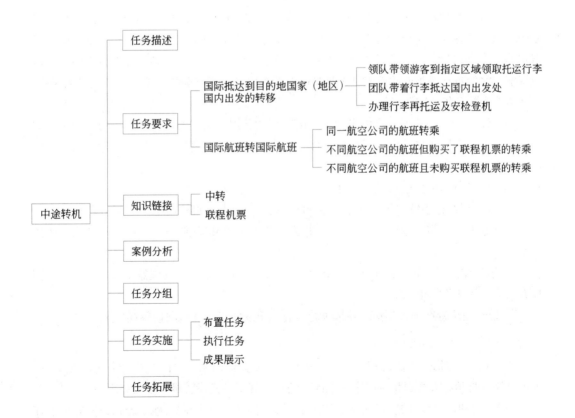

一、任务描述

旅游团队抵达目的地国家（地区）后，有的需要办理转乘国内航班的手续，领队需带领旅游团办理好国际机场出海关手续后再完成国际抵达到国内出发的转移、行李再托运、安检与登机等手续。有的旅游团在抵达目的地国家（地区）前需要办理国际航班转国际航班的手续，若转机航班与乘坐的航班为同一航空公司的航班，游客往往只取得两个航程的登机牌，行李通常直接送达最终目的地，无须再次办理行李托运，直接转机即可；若前后航程不是同一个航空公司的航班，但是购买的是联程机票，行李同样可以自动托运，但需要办理登机牌；如购买的不是联程机票，需要先提取行李，然后重新托运，并办理登机牌。

二、任务要求

随着航空运输通达性、衔接度和运行效率的全面提高，中转服务品质和旅客中转出行体验现在已得到较为全面的改善，中途转机也变得更加方便，但与直飞比起来还是需要做更多的准备，对领队也提出了更高的要求。

出团之前，领队应当了解途中转机停留的时间和登机的候机楼位置，并应事先提醒游客，要妥善保管好前段登机牌，以备转机时查验。

1. 国际抵达到目的地国家（地区）国内出发的转移

（1）领队带领游客到指定区域领取托运行李。航班抵达目的地国家（地区），领队带领团队成员办理完卫生检验检疫、入境手续等流程后，带领游客到机场公布的抵达航班号指定的行李领取处的行李输送盘认领自己托运的行李。当游客领取到托运的行李后，领队应提醒游客检查已经领取的行李是否是自己的行李以及是否有破损、遗失。在正确无误后，领队清点人数、集合团队成员。

（2）团队带着行李抵达国内出发处。国际到达到国内出发的转移在较小的机场步行即可完成，但在大型机场，由于国际航站楼与国内航站楼的距离较远，机场一般会安排穿梭巴士运送游客。

（3）办理行李再托运及安检登机。

① 行李再托运手续与第一次登机时的托运手续相同。领队应熟悉目的地国家（地区）国内对托运行李及随身物品的相关要求并提前告知游客做好准备，不要违反当地的相关规定。

② 领队需留意是否每位游客要托运的行李都放上了传送带，并注意是否每件行李上都挂有已取得的两程行李标签。

③ 带领团队游客进入安检，并带领游客到达出发候机厅登机闸口等候登机。

2. 国际航班转国际航班

若在抵达目的地国家（地区）前，需要在中途其他国家（地区）机场办理转机手续，则需要领队带领游客根据相关国家（地区）的有关规定，完成转机手续的办理。

（1）同一航空公司的航班转乘。转机前后的航班如果属于同一航空公司，游客一般在出发地就已取得两程航班的登机牌，行李也通常是办理直送到最终目的地的，这样，游客在转机时无须办理提取行李及行李再托运的手续。

（2）不同航空公司的航班但购买了联程机票的转乘。转机前后的航班如果不属于同一航空公司，但购买的是联程机票，这种情况下，团队的行李同样可以自动托运，不需要办理提取行李和行李再托运手续，但需要办理新的登机牌。

（3）不同航空公司的航班且未购买联程机票的转乘。转机前后的航班不属于相同的航空公司，而且也没有购买联程机票，这种情况下，旅游团队需要先到指定区域提取行李，然后重新办理托运手续，并办理登机牌。因整个过程涉及行李的提取与托运，因此，需要领队随时关注每位游客的行李是否正确、是否有破损和遗漏等情况，并协助游客办理好行李的再托运工作。

转机时，要留意登机口的位置，可能会临时变更，领队要注意随时查看电子屏或告示墙的咨询信息，并及时告知团队全体成员。

三、知识链接

1. 中转

中转是指从始发地到目的地，经过一个或多个地点利用运输工具（自行车、火车、汽车、轮船、飞机等）运输到目的地的过程。

中转服务是民航对购买联程机票的旅客开展的一条龙服务。从售票环节开始，民航的每个部门都会把中转旅客的姓名、人数、换乘航班情况通知给后续部门。中转旅客到达换乘机场后，在到达大厅找到中转服务柜台，一般便会有专人协助其提取行李、通过安检、办理后续航班登机手续。

中转旅客是航空公司的重要客源之一。在竞争日趋激烈的今天，谁能将不同航线上的城市连接成线，谁就能最大限度地占领航空运输市场，并可以最大限度地发挥航空运输方便、快捷的优势。

2. 联程机票

联程机票是指从甲地飞往乙地，分为几个航段，每个航段的航班或执行航班的航空公司不同，中间需要中转。联程机票有明确规定，放弃第一航段的飞行是不能乘坐第二航段的航班的。在办理第二航段航班的登机手续时，需要出示第一航段的登机牌。

四、案例分析

联程航班丢行李　索赔遭遇踢皮球

乘坐国际联程航班，行李中途丢失，索赔该找谁？湖北荆州的消费者徐小姐近日遇到了这个让人头疼的问题。日前，徐小姐向本报反映，不久前，其乘坐美国 UA 航空公司（以下简称 UA 航空）及中国南方航空公司（以下简称南航）的联程航班，两个行李箱中途丢失，找两家航空公司索赔，却遭遇推诿扯皮。

1. 行李中途丢了

徐小姐告诉记者，其原定于 4 月 1 日从美国休斯敦飞回国内，预订的是联程航班：先乘坐美国 AA 航空公司航班飞抵上海，再乘坐中国东方航空公司航班飞抵武汉。

4 月 1 日，在休斯敦机场，徐小姐将两件行李办理了托运，其中装有 iPhone 6 plus 手机、化妆品、衣物等，价值 2 万余元。

没想到，在登机口，她被告知航班取消。机场工作人员为她紧急改签了另一趟联程航班：UA 航空飞抵上海的航班及南航飞抵武汉的航班。

4 月 2 日下午 5 点 40 分，航班抵达上海浦东机场。徐小姐回忆，当时她在行李台等待取行李，没想到转台上所有的行李箱都被取走了，还是没有等到她的两个行李箱。"随后我找到当时在场的 3 位 UA 航空的工作人员，向他们出示了我的行李牌小票，但他们看到我是 AA 航空公司转签过来的，就让我去 AA 航空行李柜台那边去咨询。"徐小姐说。

于是徐小姐去了 AA 航空公司行李柜台询问其行李的下落，但对方告诉她，行李已由 UA 航空承运，该公司不再负责。

在徐小姐的请求下，AA 航空公司工作人员在该公司计算机系统里查询了她的行李牌号，系统显示行李状态为"空"。

无奈的徐小姐再次找到 UA 航空工作人员，对方表示，行李有可能延迟，或者还没有从美国那边发过来。对方还表示，徐小姐只能到最终目的地去申报行李丢失情况，"也就是说去武汉填写《行李运输事故单》"。"如此交涉了 3 个多小时，耽误了航班，于是再次改签南航航班，最终第二天下午 4 点多才坐上南航飞往武汉的飞机。"徐小姐说。

2. 维权遭遇踢皮球

4 月 3 日下午 5 点，航班飞抵武汉机场，一下飞机，徐小姐就来到南航行李部填写了查询单号为 WUHCZ0007989 的《行李运输事故单》。南航工作人员称，如果找到了行李，将会按照徐小姐填写的住址和联系方式寄送。

徐小姐告诉记者，在接下来的几天内，她不断给 UA 航空和南航有关方面打电话。4 月 6 日，南航方面通知徐小姐，其中的一个编号为 AA390705 的行李箱找到了，即将安排航运到武汉。

让徐小姐没想到的是，南航方面很快又通知她，找到的那个行李箱又丢了。

4 月 6 日，徐小姐查询得知，其编号为 AA390704 的行李箱中的 iPhone 6 plus 手机在 4 月 3 日已经被激活，"说明那个箱子已经被人打开了"。

4 月 7 日，徐小姐决定去武汉机场找南航讨个说法。徐小姐告诉记者，当时一位主管向她解释，南航只是承运了旅客，并没有承运行李，所以对行李丢失不负责任。

4 月 8 日，徐小姐又赶到上海浦东机场找 UA 航空行李部讨说法。一位工作人员告诉她："我们收到的消息是行李箱已经找到并送给您了，而且《行李运输事故单》是在武汉南航填写的，就算是丢失了，也应该找南航索赔。"

气愤的徐小姐选择在上海浦东机场报警，并跟随警察查找行李下落。

UA 航空工作人员称，曾找到一个编号为 AA390705 的行李箱，因为看到行李箱上贴着 AA 航空公司的标签，就把行李交给了 AA 航服。

而 AA 航空工作人员则表示，从来没有收到过 AA390705 号行李，建议找上海 UA 航空行李部。

记者在徐小姐提供的上海 UA 航空行李部的行李交接本照片上看到，交接本上写明找到了 AA390705 号行李，并通知航服取件，但至此没有下文。

徐小姐说，UA 航空公司一再推脱丢失行李的责任，让她找武汉南航索赔，而武汉南航称没有收到行李，并坚称对行李丢失不负责任。

3. 两家航企负连带责任

5 月 25 日，为核实相关情况，记者分别致电 UA 航空和南航相关部门。记者多次拨打上海 UA 航空行李部电话，均无人接听。武汉机场南航行李部工作人员对记者表示，目前徐小姐的行李仍未找到，赔偿问题应该找 UA 航空协商处理。

北京航空法学会常务副会长、中国航空法律服务中心首席专家张起淮在接受记者采访时表示，在此种情况下，UA 航空和南航应对徐女士的行李遗失承担连带责任。

张起淮进一步分析指出，徐小姐乘坐的从美国休斯敦至中国上海联程到武汉的航班属于国际航班，符合《蒙特利尔公约》对"国际运输"的定义。根据《蒙特利尔公约》第三十六条的规定，在连续运输的情况下，旅客或者托运人有权对第一承运人提起诉讼；有权接受交付的旅客或者收货人有权对最后承运人提起诉讼；旅客、托运人和收货人均可以对发生毁灭、遗失、损坏或者延误的运输区段的承运人提起诉讼。

张起淮表示，中国和美国都是《蒙特利尔公约》的缔约国，应当遵循公约相关规定。因此，UA 航空作为第一承运人、南航作为最后承运人，应当对徐女士行李遗失承担连带责任。

4. 索赔可依国际标准

记者了解到，根据我国现行的《国内航空运输承运及赔偿责任限额规定》，旅客行李丢失赔偿标准为每千克 100 元，无法确认重量时，按照旅客舱位等级所享受的免费行李重量赔偿。这意味着，按照国内赔偿标准，徐小姐丢失的价值 2 万多元的行李，最终的赔偿金额可能只有几百元。

张起淮表示，在此种情况下，消费者可以根据实际需要选择国内标准或国际标准进行索赔。根据 2009 年国际民航组织发布的《蒙特利尔公约》限额修订生效的通知，在行李运输中造成毁灭、遗失、损坏或者延误的，每名旅客的赔偿责任限额由 1000 特别提款权（约合人民币 10691.2 元）提高至 1131 特别提款权（约合人民币 12091.7472 元）。"消费者与航空公司之间存在航空运输合同，而航空公司未能按约将行李运输至目的地，既是一种违反合同约定的违约行为，也是一种侵犯旅客权益的行为。因此，消费者如果要走诉讼途径的话，既可以提起违约之诉，要求航空公司赔偿因违约造成的损失，也可以提起侵权之诉，要求航空公司赔偿因侵权造成的损失。"张起淮分析道。

（资料来源：田珍祥.联程航班丢行李　索赔遭遇踢皮球 [EB/OL].https://zxb.ccn.com.cn/shtml/zgxfzb/20150601/101952.shtml（2015-06-01）[2022-08-19].）

简析： 领队要熟悉转机地国家或地区相关法律规定，既要严格遵守，也要及时提醒游客遵守，不要违反转机地国家或地区的有关规定。

五、任务分组

角色分配与编组：本任务有出境旅游领队、机场工作人员、航空公司转机引领人员、

游客等角色。建议 4~6 名学生为一组完成"中途转机服务"的学习，每名学生可以轮流担任不同角色。

六、任务实施

1. 布置任务

出境旅游领队小李带领一个 18 人的旅游团乘坐成都至奥克兰航班，中途新加坡转机。因成都大雾，航班延误，导致旅游团无法赶上下一程国际联运航班，小李将为旅游团处理该问题并带领游客顺利抵达目的地国。成都至奥克兰的往返联程机票如图 2-10 所示。

去程	新加坡航空SQ5135	
成都	----- ✈ -----	**新加坡**
双流机场	01-29 18:15	樟宜机场

去程	新加坡航空SQ4283	
新加坡	----- ✈ -----	**奥克兰**
樟宜机场	01-30 18:40	奥克兰国际机场

回程	新加坡航空SQ282	
奥克兰	✈	**新加坡**
奥克兰国际机场	02-17 01:15	樟宜机场

回程	新加坡航空SQ5138	
新加坡	----- ✈ -----	**成都**
樟宜机场	02-17 17:45	双流机场

图2-10 联程机票

📖 任务知识 奥克兰

奥克兰（Auckland），新西兰北部滨海城市，是新西兰最大的城市，面积 1086 平方千米，人口 146 万，是全世界拥有帆船数量最多的城市，因此被称为"帆船之都""风帆之都"。奥克兰是南半球主要的交通航运枢纽，也是南半球主要的港口之一。

奥克兰是新西兰的经济、文化、航运和旅游中心，也是新西兰最大的港口城市。奥克兰因其发达的经济、宜人的环境、迷人的风景，连续多年被评为世界最宜居的城市之一。美丽的海滩、蓝天白云、绿草如茵的草地让人流连忘返。

奥克兰也是新西兰的"经济首都"，是新西兰最大、最繁忙的商业金融中心。新西兰的首都最早设在奥克兰，1865 年迁至惠灵顿。现今的奥克兰仍为新西兰最发达的地区之一，也是南太平洋的枢纽，旅客出入境的主要地点。奥克兰是新西兰重要交通枢纽，航空、公路、铁道、轮渡交通网络较为成熟，公共交通、出租车、租车等服务齐备便捷，市内交通和周边游玩都能找到合适的出行方式。

奥克兰国际机场是新西兰境内最大规模机场，大洋洲重要航空枢纽之一，曾多年被评为亚太地区最佳机场，每年接待来自近 50 个目的地的 2000 余万人次旅客，四分之三的外国旅客都是从这里进入新西兰。自奥克兰国际机场可转机赴新西兰南岛、澳大利亚、太平洋岛国以及南美国家，是旅途中转的上佳之选。

新西兰对检疫的重视程度远远高于其他国家。他们严格的检疫法规要求彻底检查每一位入境旅客的行李。行李将被 X 光检查或手检，并可能被检疫犬嗅查。如果旅客携带了检疫品入境而没有在《旅客入境卡》上申报，将被当场处以 400 新西兰元以上的罚款。

2. 执行任务

1）实训条件

可模拟国际航班转目的地国家国内航班转机情境，通过网络实现信息发布和成果展示。如果暂时不具备以上条件，也可以在能上网的多媒体教室进行。

学生 4~6 人一组，分别担任出境旅游领队、乘务人员、机场工作人员、游客。如果时间允许，每组成员可轮流扮演不同角色，重复实训内容，巩固实训效果。

2）实训步骤

第一步，"出境旅游领队"组织游客下飞机。

第二步，"出境旅游领队"根据机场标识或机场工作人员指引，带领游客至行李提取处领取行李。

第三步，"出境旅游领队"带领游客办理检疫、海关手续。

第四步，"出境旅游领队"带领游客到转机国家的国内出发处。

第五步，"出境旅游领队"指导游客完成行李托运、检疫、海关联检等手续。

第六步，"出境旅游领队"带领游客至登机口候机。

提升训练

旅游团非联程机票的上一航班因故取消，应如何处理？

3. 成果展示

实训任务完成后，每个小组用 PPT 展示飞行途中实训过程（可插入实训助理录制的视频）。陈述时，小组中每位学生都要发言，发言主要阐述自己在实训中所承担的角色以及所完成的内容。每小组的展示及陈述，既要体现小组个人的作用，又要体现团体任务的完整性。

本任务成果实行过程性评价，分个人自评、小组自评、小组互评以及教师评价，分别占 10%、20%、30%、40%。

七、任务拓展

为了达到举一反三、巩固提高的目的，配合以上实训任务，给出两个拓展任务，任选其中一个作为课后训练任务。完成并成功提交的作品，将计入平时成绩。

拓展任务 1

模拟国际航班转国际航班非联程客票转机的场景进行拓展训练。

拓展任务 2

模拟国际航班转国际航班联程客票转机的场景进行拓展训练。

任务四　带团入他国（地区）境

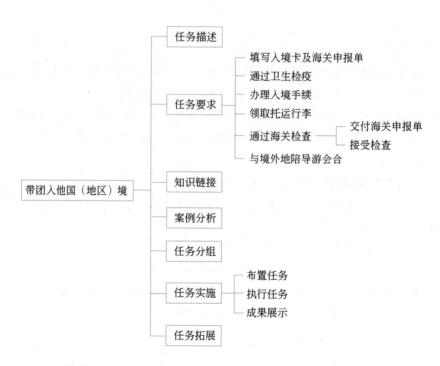

一、任务描述

旅游团队抵达目的地国家（地区）机场后，领队需要带领旅游团游客办理相关入境手续，包括卫生检疫、入境审查、海关检查等。各国（地区）所需要办理的入境手续的顺序或需要提交的资料文件会有所不同，但一般来说，他国（地区）的入境主要包括以上三关。

二、任务要求

入他国（地区）境需办理的相关手续流程如图 2-11 所示。

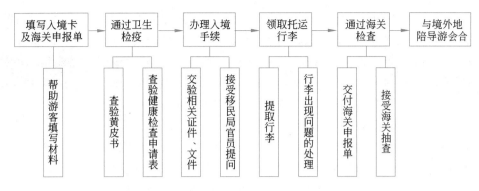

图2-11 入他国（地区）境手续流程图

1. 填写入境卡及海关申报单

若未在飞机上完成入境卡和海关申报单的填写，可在下飞机后在机场填写。领队应提前与团队游客约定好，下飞机后在开阔的地方集合。集合时，领队可以发放入境登记卡（如果出发前，旅行社已经替游客填写好入境登记卡，就可以省略发卡和填卡环节），入境登记卡发放完毕则游客也就全部集合完毕。

为节省时间，领队可以酌情提前帮助游客填写入境登记卡和海关申报单中的部分信息，例如，在目的地国的居留地址、联络资料等；部分问题和选项请游客根据自己实际情况来选择，例如，游客携带的现金等问题，一定请游客如实填写。

2. 通过卫生检疫

各个国家（地区）卫生检疫的形式不同，有的国家（地区）需要查验黄皮书和健康申报单，有的则完全不需要，只是对入境游客进行检视，在发现病患旅客时会加以询问。

（1）查验黄皮书。要求查验黄皮书的国家（地区）要求入境人员出具相关病种的接种和复种说明书。需要查验黄皮书的部分国家，例如，智利、墨西哥等国家，要求入境的外国人均需出具预防霍乱和黄热病的接种和复种证明书。如果旅游团队到此类国家旅游，经过卫生检疫柜台时，需提交黄皮书以供查验。查验黄皮书的主要目的是通过卫生检疫，防止危害严重的传染病通过出入境人员、物品等进行传染和扩散。领队应提前了解目的地国家（地区）的相关要求，并提前告知游客做好相关准备。

（2）查验健康检查申请表。入他国（地区）境时，一些国家（地区）需要游客填写健康检查申请表，目的是预防突发性流行疾病的传播。旅客要在申请表中如实填写身体状况及疾病史，在通过卫生检疫柜台或检疫仪器时提交。健康申报单上的内容，多是对一些疾病的询问，例如，是否患有精神病、麻风病、艾滋病、开放性肺结核，是否来自鼠疫、霍乱、黄热病等疫区。有些国家的健康申报项目与入境卡在同一张表内，卫生检疫柜台与入境检查柜台也合二为一。

3. 办理入境手续

办理入境手续的机构统称为移民局，一般在他国（地区）进出境通常由移民局工作人员查验证件、资料，相关手续在入境检查柜台办理，并由移民局查验人员决定是否让该旅客入境。领队带领团队游客沿"Immigration（移民入境）""Arrival（到达）"等标识前行即可到达入境大厅入境检查柜台。

领队在办理移民局入境手续时，要组织团队游客按相关规定排队、提交资料、接受讯问等。在团队到达入境大厅后，领队应根据大厅执勤人员要求，引导团队游客在"Foreigner（外国人入境）"处选定通道排队，等候过关。领队应向游客强调不能抢行，不要拍照、摄像，保持安静，并要在一米黄线后等待移民局官员的查验，以免因以上不良行为受到处罚甚至被禁止入境。

微课：通过卫生检疫、办理入境手续

（1）交验相关证件和文件。通常，移民局官员会要求入境旅客提交护照、签证、机票、入境卡等资料文件，也有的会要求领队提交当地接待旅行社的接待计划、行程表等资料。因此，如果游客办理的签证是团体签证，在入境检查柜台，领队应走在团队第一位，以便率先向入境检查人员递交相关材料并回答入境检查人员的提问。如果游客办理的签证为个人签证，原则上领队应走在团队的最后面，以便确认游客是否均已顺利通过审查入境。

（2）接受移民局官员提问。提交材料后，移民局官员会根据经验及个人判断对领队或旅客进行提问，领队应提前提醒游客要给予配合并进行如实回答。

移民局官员的提问可能会包括如下问题。

① 你是第一次来我国（地区）吗？

② 来我国（地区）旅游的目的是什么？

③ 计划在我国（地区）停留多久？

④ 停留期间，计划去哪些地方游览？

⑤ 旅游团队共有多少人？

⑥ 接下来将要下榻哪家酒店？

⑦ 当地负责接待你们旅游团的旅行社是哪一家？

⑧ 你们订好返程机票了吗？

⑨ 你随身携带了多少现金？

面对移民局官员的提问无须过分担忧，从容如实回答即可。领队应做好积极配合，按照团队行程表的安排回答移民局官员的提问，如有不清楚的问题，要将当地地接社负责人、地接导游的姓名及联系方式等告知移民局官员。他国（地区）移民局官员一般使用英语与通关旅客进行交流，如果在过关时游客遇到语言问题，领队应帮助配合翻译，协助游客完成移民局官员的问询。

待检查人员审核无误，在护照上盖上入境章，并将护照等资料返还后，就表示核准入境、完成入境审核了。至此，出境旅游领队及游客就可以正式进入目的地国家（地区）了。

（3）入境受阻的主要原因。旅客持有有效护照和签证并不一定保证能够获准入境。移民局官员会对某些旅客产生怀疑，多会进行第二次审核，审核后，移民局官员拥有是否允许该旅客入境的最终决定权。移民局官员阻止游客入境，一般包括但不限于以下这些原因：以往在本国（地区）有过不良记录人员，如曾被驱逐出境的人员等；入境后可能会对本国（地区）安全、社会秩序、公共利益带来危害的人员；被认定为具有较强反社会性的人员；在本国（地区）禁止入境黑名单上的人员；患有某些传染性疾病的人员；证件、资料造假人员；受到过境刑事警察组织通缉的犯罪分子；在入境他国（地区）时，有违法犯罪行为被他国（地区）驱逐出境的人员；其他情形人员。

4. 领取托运行李

（1）提取行李。旅游团队通过移民局边检后，领队带领游客按照行李领取处的电子指示牌标识，在指定行李转盘上找到自己托运的行李，领队要提醒游客核对好标签上的姓名、号码等信息。出境旅游领队在确认自己及游客均拿到托运行李，行李准确无误且无破损、遗失、延误等情况后，集合队伍、清点人数，带领游客一起去办理入境所需的下一项手续，即接受海关检查。

（2）行李出现问题的处理。若游客发现行李出现遗失、延误或损坏等情况，领队应协助游客持机票、登机牌、行李牌和护照到机场行李查询处咨询及申报。根据相关规定，行李丢失或延误最迟不得超过 21 日（从行李交付之日起算）联系当地的航空公司办事处；损坏申请赔偿不得超过 7 日，否则视乘客自动放弃权利。

领队及游客要协同工作人员填写"行李运输事故记录单"交由航空公司解决，领队应记下机场服务人员的姓名及通信方式，以备联络。行李破损时要请机场行李部门或者航空公司出具书面证明，以便日后与保险公司交涉赔偿。

有时会出现航空公司托运的行李未能随乘客一起抵达的情况。通常航空公司会给乘客以适当的补偿并发放一些盥洗用品，并负责在行李抵达后将行李送至乘客下榻的酒店。出境旅游领队应将入境后入住的第一家酒店的名称、地址、电话告诉机场工作人员，以便行李准确送达。

5. 通过海关检查

旅客不仅在出国境时要接受本国海关的检查，在抵达目的地国家（地区）时，同样需要接受该国（地区）海关的检查。因为不同国家（地区）的海关规定各不相同，因此各国（地区）海关官员检查的范围及物品种类也不尽相同。基于此，领队要熟知目的地国家（地区）的海关规定，并向旅客进行说明，请游客如实地填写海关申报单。

微课：领取托运行李及通过海关

海关设置有"无申报通道"和"申报通道"（或海关申报台），如图 2-12 所示。无申报物品的游客可选择"无申报通道"，有申报物品的游客应主动选择"申报通道"，并将申报单交付海关人员。不管走哪个通道，一般都会有海关进行检查。选择走无申报通道的旅客必须确认自己未带任何违禁物品或需要纳税的物品，否则一经查获，违禁物品将会被没收，游客也会受到处罚甚至是法律制裁。因此，在不熟悉目的地国家（地区）海关规定的情况下，不要随便选择无申报通道。

（1）交付海关申报单。有需要申报物品的游客走申报通道，并提交海关申报单至柜台海关人员处。通常，海关对游客的检查方式分为四种：免检、口头申报、填写海关申报单和填写海关申报单并开箱检查。

① 免检：该国家（地区）机场海关处写有"无须报关"或海关无人办公。

② 口头申报：旅客无须填写海关申报单。通过海关时，海关官员通过口头询问，了解旅客携带的物品，通常不需要开箱查验。

③ 填写海关申报单：通过海关时，旅客将填写完毕的海关申报单递交给海关官员，海关人员做口头询问，确认旅客是否携带需报关的物品或违禁物品等，一般不开箱查验。

④ 填写海关申报单并开箱检查：旅客填写海关申报单，通过海关时需要开箱检查。

图2-12　机场海关通道

（2）接受检查。旅客遇到需开箱检查的情况较少，领队应提醒团队游客，海关官员有权对游客的行李进行开箱检查或对旅客搜身检查，如遇海关人员检查，应服从配合，避免与海关官员发生争执。

6. 与境外地陪导游会合

在完成目的地国家（地区）各项通关手续后，领队应带领团队成员到达机场指定位置与地陪导游会合。通常情况下，目的地国家（地区）地接社的导游都会在接机大厅迎候旅游团队的到来。

会面后，领队应先确认地陪导游的身份，与地陪导游进行信息、联系方式的确认、交换，确保旅游团队未被接错。双方交流的主要内容包括：自我介绍并介绍团队基本信息，如人数、国籍、特殊成员情况等；确认行程安排，询问行程有无变化；确认机场与下榻酒店或景点间的距离及行驶时间；告知地陪导游该团的特殊要求及需要特别注意的事项等。确认完成后，领队与地陪导游一起带领游客行至停车场旅游车处。如遇地陪导游未接机的情况，领队一方面要积极联系当地旅行社或导游本人，一方面让游客稍事休息等待。待地陪导游本人或指定的联系人员到达后，带领游客上车。离开接机大厅和上车前，领队应清点团队人数，并提醒游客带好自己的行李和随身物品。

三、知识链接

入境检查是指由移民局的官员（或边防警察等）检查护照、签证和入境登记卡，并询问一些简单的问题，如"来此地的目的""计划停留多久""是否按规定申报物品"等。当检查人员在护照上盖上入境章时，就表示一切无误，核准入境。

四、案例分析

宁波海关：暑假出境游回来请注意　入境千万不能带这些东西

暑假游进入尾声，从异国他乡回来时，不少市民会想着给长辈带礼物或帮朋友们"带货"，但这些物品是否能随身带回并合法入关？经常有人因为不了解相关规定而被海关拦下，一不小心，还有可能被视为走私而吃官司。

近日，宁波机场海关查获了多起携带违禁物品进境的案件，包括从入境旅客随身携带行李中查获的 17.39 千克猪脚、14.64 千克海参、1.82 千克虾干、0.67 千克鱼胶、37.8 千克奶酪、1.33 千克海星干。

"出入境检查是非常严格的，除了大家知道的一些危险品之外，有些看上去没有危险的物品也是不可以携带的。"宁波海关负责人表示，比如，动植物、草药、乳制品等，很可能带有病原菌和有害生物，存在极大的卫生和安全隐患，会对我国相关产业生产造成影响。

有些市民可能会问，宠物可以带回吗？据介绍，想把自己心爱的宠物带回来也是可行的，前提是你的宠物须具有国家或地区官方机构出具的动物检疫证书和疫苗接种证书，且每人仅限 1 只。

宁波海关负责人提醒市民，在境外"买买买"之后，也要事先了解国家对旅客携带各类物品入境的数量和免税额度的规定，如果在境外购买了总值超过人民币 5000 元的自用物品，需要向海关申报并且缴税。若在通关时没有遵守相关规定，违反条例，这意味着其个人信用状况将受到影响，很可能对此后参与积分落户、住房贷款、车牌拍卖、政府项目招投标等带来不同程度的麻烦。

（资料来源：董娜.宁波海关：暑假出境游回来请注意 入境千万不能带这些东西 [EB/OL].http://www.customs.gov.cn/customs/xwfb34/mtjj35/1961747/index.html（2018-08-13）[2022-08-30].）

广州海关向文物部门移交 3 件清代至民国时期文物

6 月 2 日上午，广州海关将一批此前查获的文物移交给广东省文物局指定的接收单位肇庆市端州区博物馆。这是广州海关今年首次向地方文物部门移交文物。

此次移交的文物共 3 件，是广州海关近年来从进出境旅检、寄递渠道查获的，包括青花花卉纹碟 1 件、金漆木雕佛立像 1 件、日本龙斋山水轴 1 件，经专业机构鉴定为清代至民国时期文物。

海关提醒，如需携带文物出境，须通过国家文物局向文物出境口岸所在省（自治区、直辖市）的国家文物管理部门进行申报，办理文物出境许可。对经审核允许出境的文物，国家文物管理部门在发放文物出境许可证的同时，会在文物上标明文物出境标识。海关查验文物出境标识后，凭文物出境许可证放行。任何单位或者个人运送、邮寄、携带文物出境，都应当向海关申报。

（资料来源：中华人民共和国广州海关.广州海关向文物部门移交 3 件清代至民国时期文物[EB/OL].http://www.customs.gov.cn//guangzhou_customs/381565/381567/4375075/index.html（2022-06-06）[2022-12-12].）

"寄居"鞋里的"贝王"

近日，经专业机构鉴定，福州海关在空港旅检进境渠道查获的 15 件贝壳制品，确定为砗磲贝壳制品，列入《濒危野生动植物种国际贸易公约》附录的二。

当天，福州海关所属长乐机场海关现场关员在对一架自印度尼西亚飞抵福州的航班进行监管时，发现旅客行李的 X 光机过机图像呈现异常的团状。经开箱查验，发现箱子内装有一只沉甸甸的皮鞋及塑料袋包裹的物品，打开鞋子后发现里面塞有数件表面经过打磨的

黄白色贝壳制品，塑料包装袋里也装着两枚完整的大贝壳，总重 2.941 千克。经过鉴定，确定为砗磲贝壳制品。

砗磲是软体动物门、双壳纲的海洋动物。共有 1 科 2 属 9 种，是海洋中最大的双壳贝类，被称为"贝王"，最大体长可达 1 米以上，重量达到 300 千克以上。砗磲壳质厚重，壳缘如齿，两壳大小相当，内壳洁白光润，白皙如玉。主要分布在印度洋、太平洋海域，数量稀少，为我国国家一级保护海洋动物。目前该物品已被依法暂扣，待进一步处理。

（资料来源：中华人民共和国福州海关."寄居"鞋里的"贝王"[EB/OL].http://www.customs.gov.cn//fuzhou_customs/484123/484124/4462195/index.html（2022-07-13）[2022-09-29].）

简析：领队要熟悉入境国家（地区）相关规定，特别是相关入境检疫、检查的相关规定，既要严格遵守，也要及时提醒游客遵守，不要触犯该国（地区）的相关规定。

五、任务分组

角色分配与编组：本任务有出境旅游领队、卫生检疫工作人员、入境检查柜台工作人员、行李咨询台工作人员、航空公司工作人员、海关工作人员、游客等角色。建议 5~7 名学生为一组完成"入他国（地区）境服务"的学习，每名学生可以轮流担任不同角色。

六、任务实施

1. 布置任务

出境旅游领队小李带领旅游团抵达日本关西国际机场，现需办理入境手续。为保证实训任务顺利完成，教师为学生准备好护照、签证、入境登记卡、海关申报单、健康申请表等材料。

📖 **任务知识　日本及其入境须知**

日本位于亚洲大陆以东，是太平洋上一个呈弧形的岛国。其领土由本州、北海道、九州和四国四个大岛组成，此外，还包括一些较小的岛屿。太平洋位于日本以东，日本首都东京与地中海以及美国的洛杉矶市大致处于同一纬度。日本陆地国土总面积约为 377900 平方千米，略大于德国、芬兰、越南和马来西亚。

日本的国土约有四分之三为山体所覆盖。本州岛中部地区被称为"日本屋脊"，许多山脉的海拔超过 3000 米。位于山梨县和静冈县交界处的富士山，海拔 3776 米，是日本海拔最高的山。山梨县境内的北岳，海拔 3193 米，是日本的第二高峰。

日本地处环太平洋火山带，从最北端到最南端有多个火山区——通常认为有 7 个。因此尽管日本仅占世界陆地面积的 1/395，但在全球约 1500 座活火山中，日本几乎占了 1/10。火山在给日本带来巨大危害的同时也创造出了大量的旅游资源。

日本群岛下面的地壳极不稳定，蕴含着极其丰富的能量。因此，日本是最易遭受地震灾害的国家之一。日本每年发生有震感的地震达 1000 次之多。

日本《出入国管理及难民认定法》（以下简称"入管法"）第 7 条规定，外国人想取得入境许可，需满足以下五个条件：

（1）持有有效护照和有效签证；

（2）所申请的在日活动无造假；

（3）在日进行的活动应符合日本入管法规定的适合在留资格的活动；

（4）在日停留时间符合对在留期间作出规定的施行规定的要求；

（5）不符合入管法第5条所规定的禁止入境事宜的各项规定。

中国公民入境日本需持有效护照和签证，并在入境口岸申请入境。入境时应填写入境卡，入境目的要与签证种类一致。入境者有义务提供个人生物识别信息（指纹、面部照片等），否则将会被拒绝入境。入境者应认真回答入境审查官提出的问题。即使持有日本驻华使领馆颁发的签证，在入境审查时，入境审查官也有权拒绝当事人入境。

抵达日本机场后，通过检疫站到入境检查站，出示护照和入境卡，在外国人检查口办理入境手续。接受入境审查时，一定要在准确理解入境审查官的提问后认真回答，切勿随意点头。日本规定需对年满16周岁以上的外国人采集指纹和脸部图像信息。日本海关规定，自2007年7月起，进入日本的旅客均提交随身物品和送别品申报书。

（1）游客可免税携带自用衣物、首饰、化妆品及日用品。

（2）被认定为个人使用物品的，每人可免税的物品及其限量为：烟草500克、纸烟200支、雪茄50支、加热式香烟10箱或其他香烟250克，但如携带两种以上的烟，总数量在250克范围内的可以免税。酒3瓶（每瓶760毫升）；香水2盎司，超过以上数量需申报纳税。但若申报人未满20岁，酒类和烟类不可以免税。

（3）禁止带入日本境内的物品有：毒品、精神药品、鸦片、大麻、罂粟壳、兴奋剂、吸食鸦片的器具；除医疗用途以外的指定药物；枪支弹药及枪械零部件；爆炸物；火药类；化学武器；货币、纸币、银行券、邮票等有价证券的伪造品及仿制品；侵害公共安全及风俗的书籍、图画、雕刻物等物品；儿童黄色作品；侵害知识产权的物品；造成不正当竞争的物品等。

（4）对于带入日本境内动植物的规定有：要对植物的果实、剪下的花、蔬菜、大米、植物根茎上的泥土等进行检疫；根据《华盛顿条约》限制进口动植物及其皮毛、中药等。

（5）携带总额相当于100万日元现金的旅客需申报：在海关办理入关手续时，需将填写好的申报单和护照提交海关官员。申报单既可在飞机上向空乘人员索取，也可在行李大厅领取填写，应如实申报。无论何种通货货币都可以携带进出日本，但如果携带的是100万日元以上或与其等值的支票和有价证券时，必须向海关申报。

提取行李后，出示护照及填好的海关申报单通关。海关分两大部分，属免税范围的到绿灯检查台办手续，不属免税范围的到红灯检查台办手续。

入境手续办理完毕后，妥善保管同联"外国人出国记录"，方便日后办理从日本离境手续。

2. 执行任务

1）实训条件

可模拟带领旅游团队入境其他国家情境，能够通过网络实现信息发布和成果展示。如果暂时不具备以上条件，也可以在能上网的多媒体教室进行。

学生5~7人一组，分别担任出境旅游领队、卫生检疫工作人员、入境检查柜台工作人员、行李咨询台工作人员、航空公司工作人员、海关工作人员、游客。如果时间允许，每组成员可轮流扮演不同角色，重复实训内容，巩固实训效果。

2）实训步骤

第一步，"出境旅游领队"组织游客填写入境登记卡和海关申报单。

第二步，"出境旅游领队"带领游客通过卫生检疫检查。

第三步，"出境旅游领队"带领游客办理入境手续。

第四步，"出境旅游领队"带领游客领取托运行李。

第五步，"出境旅游领队"带领游客通过海关检查。

第六步，"出境旅游领队"带领游客与境外地陪导游会合。

提升训练

旅游团抵达日本关西国际机场并顺利通关后，领队无法与境外地陪导游取得联系应如何处理？

3. 成果展示

实训任务完成后，每个小组用PPT展示飞行途中实训过程（可插入实训助理录制的视频）。陈述时，小组中每位学生都要发言，发言主要阐述自己在实训中所承担的角色以及所完成的内容。每小组的展示及陈述，既要体现小组个人的作用，又要体现团体任务的完整性。

本任务成果实行过程性评价，分个人自评、小组自评、小组互评以及教师评价，分别占10%、20%、30%、40%。

七、任务拓展

为了达到举一反三、巩固提高的目的，配合以上实训任务，给出两个拓展任务，任选其中一个作为课后训练任务。完成并成功提交的作品，将计入平时成绩。

拓展任务1

模拟带团入韩国境场景进行拓展训练。

拓展任务2

模拟带团入中国澳门的场景进行拓展训练。

拓展任务3

模拟带团入美国国境、团队一名游客被海关要求开箱检查的场景进行拓展训练。

项目三

做好境外全陪服务

项目概述

出境旅游领队境外全陪服务是保证旅游团的各项活动按计划实施，旅行顺畅、安全的核心环节之一。本项目的主要内容包括与地陪（当地导游）会合；到达所下榻的饭店后，协助地陪办理有关住店手续；与地陪核对、商定日程，带领团队游览观光；关照游客需求，协同地陪安排用餐；为游客当好顾问，指导完成购物；带领团队观看演出；按照"合理而可能"的原则，帮助游客解决旅行过程中的一些疑难问题。

学习目标

1. 知识目标

（1）熟悉出境旅游领队作为组团旅行社代表的职责；

（2）熟悉接待计划的实施内容，掌握旅游团各项活动中每个环节的衔接；

（3）熟悉旅游团的相关情况，掌握该团重点游客情况和该团的特点；

（4）熟悉与地陪、司机等旅游接待人员之间的协作关系。

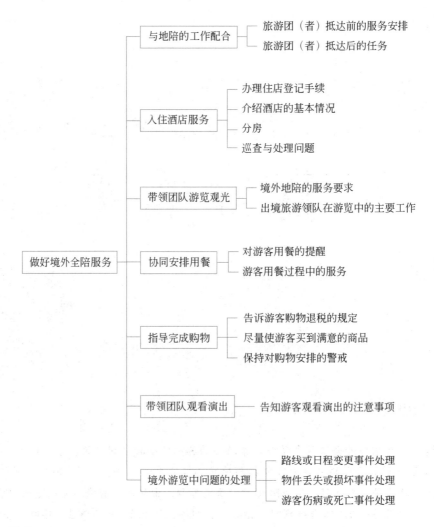

2. 技能目标

（1）能按照境外全陪服务的流程和标准为游客提供服务；

（2）能够正确处理好监督与协助的关系；

（3）能够做好各站间的联络工作，架起联络沟通的桥梁。

3. 素质目标

（1）在课堂教学过程中，融入《旅行社出境旅游服务规范》《中华人民共和国旅游法》等各项规定，培育学生的爱国精神和职业道德；

（2）在实践教学环节，指导学生做文明出境领队，践行中央文明办、国家旅游局颁布的《中国公民出境旅游文明行为指南》以及国家旅游局的《导游领队引导文明旅游规范》；

（3）提升学生的专业素养，研究出境旅游者的心理，为游客提供有温度的服务。

任务一　与地陪的工作配合

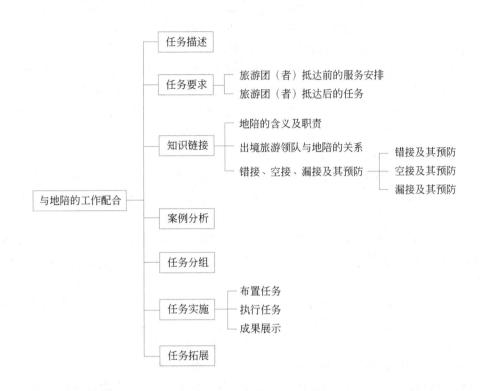

一、任务描述

出境旅游领队应在旅游团出发前与地陪取得联系，确认抵达时间及接站安排。与地陪会合后，应与地陪一起清点人数、核对行李、引导游客上车，并在途中向旅游团介绍地陪。

二、任务要求

1. 旅游团（者）抵达前的服务安排

在出发前与地陪确认旅游团所乘交通工具的准确抵达时间，以及地陪的接站位置和所持接站标志。

2. 旅游团（者）抵达后的任务

（1）旅游团出站后，及时与地陪接洽，相互确认身份，简单介绍团队情况。

（2）与地陪一起协助游客将行李放在指定位置，核对行李件数。

（3）与地陪一起及时引导游客前往乘车处，游客就座后礼貌清点人数。

（4）向旅游团介绍地陪。

微课：出境旅游领队与境外导游的工作配合

97

三、知识链接

1. 地陪的含义及职责

地陪是地方陪同导游人员的简称，是指受地方接待旅行社委派，代表其实施接待计划、为旅游团提供当地旅游活动安排、讲解、翻译等服务的工作人员。地陪既是旅游接待计划在当地的具体执行者，也是当地旅游活动的组织者。

地陪的主要职责有：根据旅游接待计划，科学合理地安排落实旅游团队在当地的旅游活动；落实旅游团在当地的迎送工作和吃、住、行、游、购、娱等服务工作，做好当地旅游接待工作；做好旅游团在当地参观游览中的导游讲解和翻译工作；维护游客安全，做好事故防范及安全提示工作；妥善处理旅游过程中遇到的各类问题。

地陪的主要服务程序主要包含以下几点。

（1）服务准备：研究接团通知单，联系司机，核实团队抵达时间及住宿与餐饮，提前做好踩点；做好游览知识准备；编制最佳接待日程表；做好物质、形象、心理和接待特殊旅客与特殊团队等各项准备。

（2）迎接准备：核对航班/车次/船次，与司机联系共赴机场/车站/码头，迎接并辨认团队，核对团队情况，交接行李，登车并致欢迎辞，首次沿途导游，商量并宣布日程安排。

（3）饭店入住服务：协助办理住店手续，介绍饭店设施，宣布集合时间与地点，监督行李进房，商定并通知叫早、用餐时间，协助兑换外币，监督饭店履行合同。

（4）参观游览服务：预报天气，清点人数，途中导游，宣布集合、开车时间和地点，购票入门，景点导游讲解，解疑答问，出景点登车，清点人数。

（5）餐饮服务：告知游客用餐地点、餐饮服务注意事项、在社会定点餐馆订餐的原则，关注游客特殊用餐需求。

（6）购物服务：遵守购物服务的原则，选择进定点商店购物的时间。

（7）加点与团队夜生活：了解加点的前提和团队夜生活的注意事项。

（8）其他服务：参观、会见服务，会议旅游。

（9）送客服务：核实飞机/车/船票，确定并通知出行李、最后一餐及出发的时间，强调行李托运规定及准点出发的必要性，签团队结算单，出行李、办理离店手续，保证准点出发，途中致欢送辞，办理登机/车/船手续及行李托运，请客人填写接团质量单，协助团队过安检，告别，回社汇报小结，交清单据物品，报账。

2. 出境旅游领队与地陪的关系

出境旅游领队是组团旅行社的全权代表，监督并协调境外旅行社处理旅游中的一切事务。地陪负责旅游活动过程中与旅行社的联络，做好各站衔接工作，协调处理旅游活动中的问题，保障旅游团的安全。

出境旅游领队、地陪虽然代表着各自旅行社的利益，但他们有共同的工作对象和工作任务，即为游客安排落实吃、住、行、游、购、娱等各项服务，执行旅游计划。还有共同的努力目标，即组织好旅游活动，提高导游服务质量，让游客获得良好的旅行体验。所以，两者之间应当建立起良好的合作关系，多通信息，友好协商，共同做好服务工作。

3. 错接、空接、漏接及其预防

（1）错接及其预防。错接是指导游人员在接站时未认真核实，接了不应由他接的旅游团。错接属于责任事故。预防方式是导游人员应提前到达接站地点迎接旅游团，接团时认真核实。

（2）空接及其预防。空接是指由于某种原因旅游团推迟抵达，导游人员仍按原计划预定的班次或车次接站而没有接到旅游团。预防方式是导游人员应立即与本社有关部门提前进行全面确认。

（3）漏接及其预防。漏接是指旅游团抵达后无导游人员迎接的现象。预防方式是导游人员在接到任务后，应了解旅游团抵达的日期、时间、接站地点并认真核对清楚。

四、案例分析

导游带错机场致一天行程泡汤　境外豪华游变乌龙游

"没想到豪华游竟然会发生这种事情，真是太扫兴了！"日前，刚刚结束行程从境外返沪的钱先生等市民向新民网反映，参加携程爱尔兰英国豪华游期间出现被导游带错机场一幕。

钱先生等人告诉记者，在报名并支付了每人27000余元的团费后，27名游客于10月初从上海出发前往爱尔兰和英国游玩。按照计划，当地10月7日，该团结束爱尔兰行程搭乘8点20分的航班飞赴英国伦敦，但众人到达机场才惊讶地发现，他们要搭乘的飞机并非在该机场。

"我们一面赶往北爱尔兰贝尔法斯特机场，另一面与航空公司联系请求延缓起飞时间，最终航空公司答应等我们。"不过再次让游客们没想到的事情发生了。27人中，只有1人的登机牌信息正确，其余人员均被告知无法正常登机，只能等待后续航班。"于是一名团友先飞走了，我们其余的人在等待了近6小时后才飞赴伦敦，当天的计划行程基本泡汤。"

携程方面随后向记者确认了上述部分情况，称走错机场是由于境外地接出现了问题，登机牌信息错误一事则仍需进一步核实。相关负责人表示，10月7日当天共计延误5小时，作为补偿，已为该团在英国新增了数个旅游景点，同时依据游览过程产生的损失，将按照上海市旅委的最高标准进行赔付，每名游客将可退返团费5900余元。

不过，携程的赔偿方案并未得到钱先生等部分游客的认可，目前双方仍在就赔付事宜进行协商。

（资料来源：沈文林 . 导游带错机场致一天行程泡汤　境外豪华游变乌龙游 [EB/OL]. https://www.chinanews.com.cn/sh/2011/10-12/3384055.shtml（2011-10-12）[2022-09-01].）

简析：虽然旅游团是被境外地陪带错了机场，但深层次的原因，应是出境旅游领队与地陪的工作配合出现了问题。

五、任务分组

角色分配与编组：本任务有出境旅游领队、境外地陪导游员、司机、游客等角色，可增设1名实训助理。建议4~5名学生为一组完成"与地陪的工作配合"的学习，每名学生可以轮流担任不同角色。

六、任务实施

1. 布置任务

出境旅游领队小张带领旅游团顺利抵达澳大利亚悉尼，并与地陪小王在机场会合。但是接送旅游团的司机因交通拥堵还未到达指定地点，游客对此表达不满。请小张和小王协商，妥善解决此问题。

微课：澳大利亚篇　　　微课：澳大利亚篇
概况　　　　　　　　　文化

为了能顺利完成实训任务，任课教师为每组学生准备好领队致辞参考材料和悉尼的部分旅游景点介绍。

📖 **任务知识　领队致辞**

大家好！

我们乘坐的东航云南公司 MU777 航班，经历了 8868 千米的飞行，终于从北半球飞到了遥远的大洋彼岸。感谢大家对我工作的支持，大家辛苦啦！

现在，我们脚下的土地，就属于南半球的动感之城——悉尼。很少有哪个城市像悉尼一样拥有这般得天独厚的大自然的馈赠，这里拥有着太多太多的地貌资源，依山靠海，半岛、海滩、岛礁伴随着这里曲折蜿蜒的海岸线从东南方向拥抱着悉尼城。因此悉尼还被誉为南半球的闪烁之星，多次被评选为全世界最佳都市之一。

我相信，不管你是想来这里游玩还是探索发现，抑或是希望彻底走向户外放松身心与压力，悉尼完全可以满足你的各种需求。祝大家旅行愉快！

随后将带领大家体验这座动感之城的，是来自××旅行社的王×。

请大家欢迎！

📖 **任务知识　悉尼景点**

1. 悉尼鱼市场

悉尼鱼市场在海鲜种类上排名世界第三。在这里，不仅能尝到最新鲜的地道澳洲海鲜，见证鱼市场大规模的批发拍卖活动，还能在悉尼海鲜学校参加美食烹饪课程。

2. 岩石区

岩石区集市每周六、周日上午的 10 点至下午 5 点开放。这里不仅仅是一个购物胜地，更是悉尼市内的地标式旅游区。坐落在被刻蚀的砂岩区中，沿着岩石古朴的鹅卵石巷道，多姿多彩的市场拥有 200 多家摊位，热闹非凡。在那里您可以淘到由新兴设计师设计的时尚配饰，本地生产的家居用品、美容产品、原创摄影、艺术品、工艺品和珠宝等。

3. 塔龙加动物园

塔龙加动物园是悉尼最著名的旅游景点之一。园区内有超过 4000 只动物，其中包括澳大利亚本地的野生动物和世界珍稀濒危动物。除此之外，从塔龙加动物园，您可以俯瞰整个悉尼港。乘坐渡轮可以往返市区和动物园，单程只需约 12 分钟。

4. Sea Life 悉尼水族馆

位于达令港中心地带的 Sea Life 悉尼水族馆是世界上最大的水族馆之一，拥有 12 个主题区和超过 700 个品种的 13000 个海洋生物。在这里，您能看到世界上最大的鲨鱼和鳐鱼，此外，还有澳大利亚著名海洋动物，如儒艮和热带珊瑚鱼等。

5. 悉尼野生动物园

悉尼野生动物园与一般的动物园或者野生动物园不同。它在几乎完全封闭的区域内利用空调进行干湿度调节，以模拟野生动物最自然的生活环境。在这里，您将接触到那些可能令人畏惧的但却可爱又特别的野生动物。

6. 邦迪海滩—库基海滩徒步

经典的邦迪海滩—库基海滩徒步是悉尼标志性体验项目之一。沿着悉尼五个美丽的海滩步行观光，您可以欣赏波光粼粼的海湾、神秘的岩石池、令人惊叹的悬崖景致和令人心情明媚的沿海咖啡馆。步行道总长 6 千米，从邦迪海滩到塔马拉姆、布朗特、克洛维利和库基到达悉尼东区。

7. 杜莎夫人蜡像馆

悉尼杜莎夫人蜡像馆"星光闪烁"，来这里与世界名人来个"亲密约会"吧。在这里，您能与"美国前总统奥巴马"并坐办公，或与"英国王室家庭"合影留念。您可以在新建成的体育名人专区拿起篮球与姚明一较高下、在音乐区与泰勒·斯威夫特热舞，最后还可以在 A-List 贵宾区与瑞贝儿·威尔森或者安吉丽娜·朱莉提杯畅饮！

8. 麦考利夫人角

麦考利夫人角（皇家植物园，Royal Botanical Gardens）是拍摄悉尼歌剧院和海港大桥的最佳地点！尤其在日落与燃放新年焰火时，景色十分优美。皇家植物园建成于 1816 年，是市中心 30 公顷的绿洲，也是澳大利亚最古老的科学馆，拥有来自澳大利亚以及海外最著名的植物。

9. 悉尼歌剧院

悉尼歌剧院是世界最具创造力和最繁忙的艺术中心之一，众多世界一流表演与大型艺术节目在此上演。游客可以在悉尼歌剧院观看演出，跟着导游领略"幕后的故事"，傍晚还可以在歌剧吧喝着鸡尾酒欣赏日落时分醉人的港湾美景。

2. 执行任务

1）实训条件

模拟旅行社实训室，布置 15 个以上机位，装有旅行社管理实训平台，能上网、发布和提交作业，能做成果展示。如果暂时不具备以上条件，也可以在能上网的计算机房进行。

学生 4~5 人一组，分别担任出境旅游领队、境外地陪、司机以及游客。如果时间允许，每组成员可轮流扮演不同角色，重复实训内容，巩固实训效果。

2）实训步骤

第一步，接送车辆未到位，"游客"提出异议。

第二步，"境外地陪"与司机沟通。

第三步，"出境旅游领队"致辞。

第四步，"境外地陪"回应并化解"游客"的不满。

提升训练

如果有游客因为司机迟到而提出更换地陪，你怎么处理？

3. 成果展示

实训任务完成后，每个小组用 PPT 展示"与地陪的工作配合"实训过程（可插入实训助理录制的视频）。陈述时，小组中每位学生都要发言，发言主要阐述自己在实训中所承担的角色以及所完成的内容。每小组的展示及陈述，既要体现小组个人的作用，又要体现团体任务的完整性。

本任务成果实行过程性评价，分个人自评、小组自评、小组互评以及教师评价，分别占 10%、20%、30%、40%。

七、任务拓展

为了达到举一反三、巩固提高的目的，配合以上实训任务，给出 3 个拓展任务，任选其中一个作为课后训练任务。完成并成功提交的作品，将计入平时成绩。

拓展任务 1

在旅行社实训平台上，选择一个旅游团抵达目的国机场后没有及时与团队会合的案例，根据实训室准备的材料分组进行拓展训练，妥善处理这一问题。

拓展任务 2

在旅行社实训平台上，选择一个旅游团抵达目的国机场后有游客发现拿错行李的案例，根据实训室准备的材料分组进行拓展训练，妥善处理这一问题。

拓展任务 3

到校企合作旅行社寻找一个有代表性的旅游线路，分组进行"入目的地国家（地区）境后领队对游客的致辞"拓展训练。致辞内容应包含以下四个方面：一是代表实施组团旅行社感谢游客参加本次旅游，二是预祝旅行愉快，三是表达为游客真诚服务的意愿，四是介绍地陪。

任务二 入住酒店服务

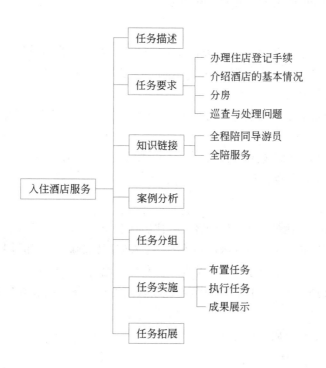

一、任务描述

出境旅游领队应在进入酒店后协助旅游团尽快完成住宿登记手续、进住客房、拿取行李等工作。为此，出境旅游领队应积极主动地和地陪一起办理相关手续，并热情地引导游客入住，还应协助有关人员随时处理游客住店过程中可能出现的问题。

二、任务要求

1. 办理住店登记手续

（1）出境旅游领队和地陪一起向总服务台提供团名、团队名单、团队签证、旅游团住房要求等材料，办理旅游团的入住登记手续。

（2）确认客人用房数与钥匙或房卡是否正确。

（3）确认团队的叫醒时间、出行李时间、用餐时间、有无特别要求、联系人房号及联系电话等。

微课：境外酒店入住服务

（4）如果酒店具备条件，可将贵重物品寄存在保险箱内。

2. 介绍酒店的基本情况

在发放钥匙或房卡之前，针对中国游客的特点，对酒店的基本情况进行特别介绍。

（1）酒店的名称、方位、内部的健身或娱乐设施、餐厅位置及用餐时间等。

（2）介绍付费服务，如收费电视问题、小费问题等，部分酒店的卫生用品需要向服务生索要并支付费用。

（3）有无吸烟禁令、浴室的使用等其他问题。

（4）出境旅游领队个人的房间号、联络方式。

微课：澳大利亚篇
住宿

3. 分房

（1）由出境旅游领队根据团队分房表分配住房，考虑的因素主要有团队资料上游客的姓名、出生日期和备注要求，年纪较大的分配离电梯近的房间，夫妇要分配大床间。

（2）在团队分房表上填写房号，分发相应的钥匙或房卡，以及印有酒店地址和电话的卡片。

（3）分房完毕后请酒店前台帮助复印若干份团队分房表，出境旅游领队留底后将复印件交给地陪和酒店前台留存备查。

4. 巡查与处理问题

（1）通过巡视或电话等方式，询问客人的住房状态和满意度。

（2）如有游客反映卫生、房间内设施等问题，及时通知酒店有关部门来处理。

（3）如发生拿错行李或行李未到等情况，协同境外地陪一起处理。

（4）如果境外地陪不在酒店，则出境旅游领队应负起责任，提醒游客文明旅游及外出安全。

（5）掌握酒店总机号码及境外地陪的联系方式。

三、知识链接

1. 全程陪同导游员

全程陪同导游员简称"全陪"（national guide），是受组团旅行社委派，作为组团社的代表，在领队和地方陪同导游人员的配合下实施接待计划、为旅游团提供全旅程陪同服务的导游人员。出境旅游领队在境外的陪同服务相当于"全陪"。

微课：出境游领队引导游
客文明旅游的技巧

2. 全陪服务

"全陪服务"是全程陪同服务的简称，在这里是指境外全陪服务。境外全陪服务是保证出境旅游团的各项旅游活动按计划实施，旅行顺畅、安全的核心环节之一。出境旅游全陪人员作为国内组团旅行社的代表，应自始至终参与旅行团全旅程的活动，负责旅游团移动中各环节的衔接，监督接待计划的实施，协调地陪、司机等旅游接待人员的协作关系。

四、案例分析

美国人自认世界"最差游客"住店"顺手牵羊"

全球最差劲的旅客是哪国人？美国第二大团购网站"生活社会"日前发布调查结果称，美国游客最让人看不顺眼，他们穿着随便、说话太大声，而且会偷饭店的毛巾作纪念品。

出人意料的是，美国人自己也这样认为。

1. 四成美国人住店"顺手牵羊"

此次调查访问了来自 5 个国家的 5600 人，这 5 个国家分别是美国、加拿大、澳大利亚、英国和爱尔兰。接受调查的美国人中，有 20% 认为自己国家的人是世上最差游客。此外，来自加拿大和澳大利亚的受访者中，认为美国游客最差的人数也最多。

调查称，美国人给人印象最差的行为是穿着随便和说话声音大。此外，有高达四成的受访美国人承认入住酒店时曾经有过"顺手牵羊"的行为。其中，28% 的人最常拿走毛巾，此外是浴衣（8%）、电池（5%）、枕头（4%）、控制器（3%）、床单（3%）、雨伞（3%）。

2. 逾六成美国人去过两个以上国家

不过，在美国旅行指南作者布赖因看来，美国游客并没有这份调查说得那么差，他们大多只是直率。

调查还发现，多数美国人喜欢出国旅游。有 78% 的美国人出国旅游过，61% 的美国人去过两个以上国家游玩。平均来说，他们去过 4 个以上的国家旅游。

"生活社交"传媒总监说，美国人最喜欢的旅游活动，比如拍照、品尝新奇菜肴、结识新朋友等让他们通过旅游学到更多，"冒险精神和好交朋友让美国人能成为更好的游客"。

尽管喜欢旅游，美国人与欧洲许多国家的民众相比，假期却最少。在受调查的五个国家中，依照休假天数排名，爱尔兰最高，为 28 天，之后依次为澳大利亚（27 天）、英国（23 天）、加拿大（21 天）、美国（16 天）。

（资料来源：晓诗. 美国人自认世界"最差游客"住店"顺手牵羊"[EB/OL]. http://news.hnr.cn/gjxw/201203/t20120305_8388.html?re_x_page=1491604355（2012-03-05）[2022-09-01].）

简析： 关于入住酒店时的"顺手牵羊"行为，到底是美国人"善于自我批评"还是"根本不在乎"，可以相信作为第三方的我们都可以作出正确判断。一个国家的形象，是需要通过每一位公民的努力来塑造和维系的。

五、任务分组

角色分配与编组：本任务有出境旅游领队、境外地陪导游员、酒店前台以及游客等角色，可增设 1 位实训助理。建议 4~5 名学生为一组完成"入住酒店服务"的学习，每名学生可以轮流担任不同角色。

六、任务实施

1. 布置任务

出境旅游领队小张带领 16 人的"吴哥窟 6 日游"团队抵达柬埔寨的 Angkor Paradise Hotel（吴哥天堂酒店），他与境外地陪吴某在酒店前台办理入住手续后，根据团队分房表安排游客住宿，处理游客们可能发生的问题。

为了能顺利完成实训任务，任课教师为每组学生准备好团队分房表（表 3-1）、吴哥天堂酒店简介以及柬埔寨酒店入住须知。

表 3-1　团队分房表

团队名称：×××　　　　　　　　　　　　团号：×××
总人数：××（男××，女××，其中 12 岁以下小童×）
领队姓名：×××　　　　　　　　　　　　线路：×××
出发日期：××××年××月××日　　　　　旅行天数：××　客人来源：×××

序号	姓名	性别	出生日期	出生地	证件号码	发证机关	签发时间	有效期至	电话	备注	房号
1	张×	M	1990.7.1	鲁	E×	鲁	×	×	×	领队	
2	艾×	F	1977.2.6	鲁	E×	鲁	×	×	×	父母与女儿	
3	范×	M	1976.3.9	鲁	E×	鲁	×	×	×		
4	范×	F	2009.3.5	鲁	E×	鲁	×	×	×		
5	李×	F	1994.7.6	鲁	E×	鲁	×	×	×	1 间	
6	顾×	F	1996.8.2	鲁	E×	鲁	×	×	×		
7	田×	M	1995.5.3	鲁	E×	鲁	×	×	×	1 间	
8	邵×	F	1997.3.6	鲁	E×	鲁	×	×	×		
9	王×	F	1976.6.2	鲁	E×	鲁	×	×	×	母女1 间	
10	孟×	F	2010.2.4	鲁	E×	鲁	×	×	×		
11	吴×	F	1984.7.9	鲁	E×	鲁	×	×	×	1 间	
12	闫×	M	1981.4.8	鲁	E×	鲁	×	×	×		
13	孙×	M	1977.5.4	鲁	E×	鲁	×	×	×	1 间	
14	孔×	F	1980.3.7	鲁	E×	鲁	×	×	×		
15	季×	F	1994.9.2	鲁	E×	鲁	×	×	×		
16	刘×	M	1991.6.3	鲁	E×	鲁	×	×	×		
17	曲×	M	1981.9.9	鲁	E×	鲁	×	×	×		

📖 任务知识　吴哥天堂酒店

　　吴哥天堂酒店（Angkor Paradise Hotel）距离被联合国教科文组织列为世界遗产的吴哥窟（Angkor Wat）约 7 公里，距离中央市场（Central Market）和多间当地商店均有 5 分钟步行路程，距离王宫（Royal Palace）和老市场（Old Market）均有 10 分钟步行路程，距离吴哥国家博物馆（Angkor National Museum）1公里，距离最近的机场——暹粒吴哥国际机场（Siem Reap International Airport）有 7.1 公里车程，并提供从机场出发的免费接机服务。

酒店设有室外游泳池。客人可以在内部餐厅享用餐点或者在酒吧小酌一杯。酒店提供覆盖各处的免费 Wi-Fi。空调客房设有私人阳台、抛光木地板和现代家具，每间都配有沏茶 / 咖啡设施、有线电视以及办公桌。除了 24 小时前台以外，酒店还设有提供传真和复印等服务的功能齐全的商务中心。此外，客人可以在健身房健身或在桑拿浴室放松。The Palm Restaurant 供应柬埔寨、亚洲和美式融合菜肴。Sunrise Bar 酒吧供应各种饮料，并提供现场表演。

📖 任务知识　柬埔寨酒店入住须知

（1）目前很多酒店备有一次性用品（建议自带）；酒店备有烧热水壶；建议每人每晚酒店房间小费 1000 瑞尔，需行李员搬行李 1000 瑞尔 / 间房；大部分酒店有免费计算机可供上网，个别酒店上网需付费，费用约 3 美元 / 小时（参考价）。

（2）酒店房间内小冰箱里的食物不含在团费中，如享用这些食物，请离店时到前台付费。

（3）酒店房间内电话拨打市内、长途请自觉付费。建议使用个人电话或在当地买电话卡。

（4）建议您入住酒店后，即索取酒店名片（上面有酒店的名称、地址、电话），并记下领队或其他团员的房间号码，外出时随身携带，以备急用；如遇紧急事件，亦可与前台联系。

（5）入住酒店后，首先检查一下房间内的各种设施、电器开关、遥控器是否完好，如有损坏，请立即报告出境旅游领队，以免离店时被误认为客人损坏；请爱护酒店设施，烟灰和烟头不能丢在地毯上（注意：有些国家全境公共场所禁烟，包括酒店房间内），如有损坏，则需客人赔偿。

（6）房间里的热水仅供洗浴，不可饮用；沐浴时，须拉拢浴帘并将其底襟放在浴缸内，以防溅湿地面；谨防滑倒跌伤；请勿在窗外或阳台上挂晾衣物。

（7）酒店各房间之间可以免费通电话；向酒店外打电话（价格较贵）、上网通信、洗衣服、饮食房间内小吧台或冰箱里的食品饮料，都需要在客人离店时，提前到酒店前台付款结账。

（8）房间里的冷气需要客人自行调节，睡觉前应将室温调高一些，以防贪凉感冒。

（9）进房间后，把搭链扣上；听到敲门，弄清来者身份，再打开搭链，非本团人员或服务人员不能随便让其进入房间内；您的周围如发现可疑的人或事一定要告知管理人员。

（10）退房时不要把项链、钱包、手机等物品遗忘在枕下或洗漱间，保管好钥匙，锁好房门。

（11）夜间晚归一定要走酒店的主要出入口；返回房间时如发现门开着或未上锁，不要进门，应立即报告出境旅游领队或当地导游。

（12）重要物品请勿置于房内，宜寄放于酒店前台保险箱。

2. 执行任务

1）实训条件

可模拟办理酒店入住的专业实训室，能够通过网络实现信息发布和成果展示。如果暂时不具备以上条件，也可以在能上网的多媒体教室进行。

学生 4~5 人一组，分别担任出境领队、地陪、酒店前台以及游客。如果时间允许，每组成员可轮流扮演不同角色，重复实训内容，巩固实训效果。

2）实训步骤

第一步，"出境旅游领队""境外地陪"在酒店前台办理入住手续。

第二步，"境外地陪"介绍入住酒店的基本情况。

第三步，在"境外地陪"的协助下，"出境旅游领队"按团队分房表进行分房。

第四步，巡查房间并处理"游客"所反映的相关问题。

提升训练

如果分房之后，有一位游客提出更换房间的要求，但没有其他游客愿意调换，而且酒店无法提供更多的客房，你将如何处理？

3. 成果展示

实训任务完成后，每个小组用 PPT 展示酒店基本情况介绍以及实训过程（可插入实训助理录制的视频）。陈述时，小组中每位学生都要发言，发言主要阐述自己在实训中所承担的角色以及所完成的内容。每小组的展示及陈述，既要体现小组个人的作用，又要体现团体任务的完整性。

本任务成果实行过程性评价，分个人自评、小组自评、小组互评以及教师评价，分别占 10%、20%、30%、40%。

七、任务拓展

为了达到举一反三、巩固提高的目的，配合以上实训任务，给出 3 个拓展任务，任选其中一个作为课后训练任务。完成并成功提交的作品，将计入平时成绩。

拓展任务 1

在旅行社实训平台上找一条日本游或韩国游实训线路，根据准备好的团队分房表、酒店基本情况介绍等材料，分组进行"入住酒店服务"拓展训练。

拓展任务 2

找一家旅游网站，选择一条港澳旅游线路，根据线路自行准备分房表、酒店基本情况介绍等材料，分组进行"入住酒店服务"拓展训练。

拓展任务 3

找一家校企合作旅行社，选择一条澳新旅游线路，根据线路向合作企业索要团队分房表、酒店基本情况介绍等材料，分组进行"入住酒店服务"拓展训练。

任务三 带领团队游览观光

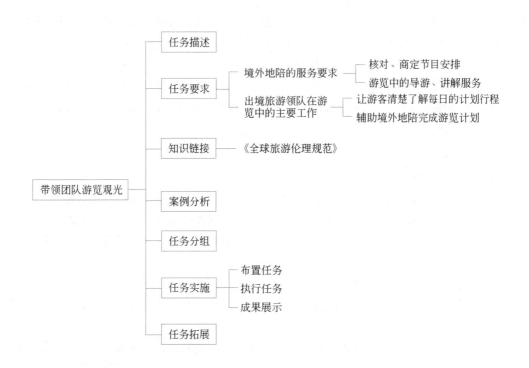

一、任务描述

领队担负着"督促接待社及其导游按约定履行旅游合同"的责任，应积极配合境外地陪的工作，确定旅游行程表，及时反映游客的意见和要求，预防和处理游览过程中的突发事件，确保旅游计划的顺利实施。

二、任务要求

1. 境外地陪的服务要求

1）核对、商定节目安排

旅游团开始参观游览之前，境外地陪应与出境旅游领队核对、商定本地节目安排，并及时通知到每一位游客。

2）游览中的导游、讲解服务

（1）出发前，境外地陪应提前 10 分钟到达集合地点，并督促司机做好出发前的各项准备工作；境外地陪应请游客及时上车；上车后，应清点人数，向游客报告当日重要新闻、天气情况及当日活动安排，包

微课：境外就餐及游览时领队服务

括午、晚餐的时间、地点。

（2）在前往景点的途中，境外地陪应向游客介绍本地的风土人情、自然景观，回答游客提出的问题。

（3）抵达景点前，境外地陪应向游客介绍该景点的简要情况，尤其是景点的历史价值和特色。

（4）抵达景点时，境外地陪应告知在景点停留的时间，以及游览结束后集合的时间和地点；境外地陪还应向游客讲明游览过程中的有关注意事项。

（5）抵达景点后，境外地陪应对景点进行讲解。讲解内容应繁简适度，应包括该景点的历史背景、特色、地位、价值等方面的内容；讲解的语言应生动，富有表达力。

（6）在景点导游的过程中，境外地陪应保证在计划的时间与费用内，游客能充分地游览、观赏；做到讲解与引导游览相结合，适当集中与分散相结合，劳逸适度，并应特别关照老弱病残的游客；应注意游客的安全，要自始至终与游客一起活动，并随时清点人数，以防旅游者走失。

2. 出境旅游领队在游览中的主要工作

1）让游客清楚了解每日的计划行程

（1）抵达目的地首日，出境旅游领队与境外地陪应将本地的计划行程告知游客。由于旅游团在目的地的游览观光常会因为交通、天气等原因进行调整，未必会完全按照行程表进行，对此应事先告知，而且经过出境旅游领队与境外地陪协商调整后的日程需及时通知到每一位游客。

（2）每天上车后第一件事情就是告诉游客当日的行程，并且在一天之中要多次提及。例如，在午后，对当日下午的行程应再予以重复，以便游客始终对行程有清晰的认知和遵循计划的意识。

（3）对次日行程要提前预告。当天游览结束后，出境旅游领队或境外地陪应该提前将次日的全部行程、出发时间和注意事项告诉游客，特别是晚上有活动安排返回酒店时间很晚的时候，更应该着重提醒游客。

2）辅助境外地陪完成游览计划

（1）出境旅游领队应协助境外地陪完成对旅游景点的讲解工作。如果境外地陪对景点的部分内容讲解不够充分，或者对涉及的人名、地名的中文翻译不够清楚，出境旅游领队可在旁边轻声提醒地陪。

（2）在游览过程中，出境旅游领队和境外地陪要告诉游客每一处景点的停留时间，参观游览结束后集合的时间和地点，以及游览时的注意事项。在境外地陪率领团队向前行进并进行现场讲解时，出境旅游领队应随时清点人数，以防游客走失。因而，出境旅游领队的站位应始终在团队的最后，与境外地陪形成"首尾呼应"。

三、知识链接

《全球旅游伦理规范》（*Global Code of Ethics for Tourism*）是联合国世界旅游组织（United Nations World Tourism Organization, UNWTO）在 1985 年《旅游权利法案和旅游者守则》（*Tourism Bill of Rights and Tourist Code*）基础之上，于 1999 年 10 月颁布的规范性文

件，这个规范横跨了经济与社会的交接处，所以它也是全面理解旅游对社会发展贡献的经典的国际文献。其具体内容有以下十条。

第一条，旅游：对促进人民和社会之间相互了解与尊重的贡献。

（1）抱着对不同宗教信仰、哲学观点和伦理观念容忍和尊重的态度，了解并促进和人性一样的伦理标准，既是负责任旅游的基础，又是负责任旅游的归宿；旅游发展中的利益相关者和旅游者本身都应当遵守各个民族——包括那些少数民族和土著民族的社会文化传统和习俗，并承认其价值；

（2）旅游活动的开展应当与东道地区和国家的特征与传统保持一致，并尊重其相关规定、惯例和习俗；

（3）东道社区作为一方，当地专业人员作为另一方，都应当熟悉并尊重到访的旅游者；了解有关他们生活方式、兴趣和期望的情况；对专业人员的教育和培训有助于促进热情友好的接待；

（4）保护旅游者和来访者及其财物是政府机构的任务；这些机构必须特别关注外国旅游者的安全，因为他们特别容易受到伤害；它们应当根据旅游者的需要，促进信息、预防、安全、保险和援助等特定工具的利用；任何对旅游者或旅游从业人员的攻击、侵犯、绑架或威胁，以及对旅游设施和对文化或自然遗产要素的恶意破坏都应当依据他们各自国家的法律给予严厉的谴责和惩罚；

（5）在旅游过程中，旅游者和访问者不应当从事任何犯罪行为，或者从事任何根据到访国家的法律被认为是犯罪的行为，要禁绝那些被当地人感到是冒犯和伤害的行为，或者可能会破坏当地环境的做法；不从事任何有关违禁药品、武器、古董、受保护的物种和产品以及危险品和根据国家规定禁止物品的交易活动；

（6）旅游者和访问者——甚至在旅行出发之前——有责任熟悉他们准备访问国家的特点；他们必须知晓任何离开他们惯常环境外出旅游的过程中所固有的健康与安全方面的风险，并尽量做到将这些风险降到最低的程度。

第二条，旅游：个人与集体满足的工具。

（1）旅游是一种最经常和休息、放松及健身相联系且接近文化与自然的活动，它应当作为一种实现个人和集体满足的特殊方式进行规划和从事；当怀着一种非常开放的观念从事旅游活动时，它便成为自我教育、相互容忍和了解不同人民和文化之间的合理差异及其多样性的一种不可替代的因素；

（2）旅游活动应当尊重男女之间的平等；应当促进人权，特别是促进大多数易受伤害的群体，尤其是儿童、老人、残疾人、少数民族和土著民族的个人权利；

（3）对人的任何形式的不正当利用，特别是性方面，尤其是对儿童在性方面的利用，是与旅游的根本宗旨相冲突的，是对旅游的否定；根据国际法，这种行为应当在所有有关国家的通力合作下予以坚决打击，应当受到到访国家和这些行为实施者国家的国家立法机构的严厉惩罚，即使是这些行为发生在国外，也决不留情；

（4）为宗教、健康、教育和文化或语言交流等目的所进行的旅行是非常有益的旅游形式，应当予以鼓励；

（5）将旅游者交流的意义、这些交流带来的经济、社会和文化等方面的利益以及它们的风险引入教育机构的课程中的做法应当予以鼓励。

第三条，旅游：可持续发展的因素。

（1）所有旅游发展的利益相关者，应当抱着实现良好的、不间断的和可持续的经济增长以平等地满足当代和未来代人需要和愿望的观点，保护自然环境和资源；

（2）所有有助于节约稀有和珍贵的资源——特别是水资源和能源——并尽量避免废弃物产生的旅游开发形式都应当优先考虑并受到国家、区域和地方政府的鼓励；

（3）应当设法错开旅游者和访问者流动——特别是由于带薪假期和学校假期所造成的那些流动——的时间和空间，以便更加均衡地进行假期分配，从而减少旅游活动对环境的压力，增强其对旅游业和当地经济的有益的影响；

（4）旅游基础设施的设计和旅游活动的安排应当有助于保护由生态系统和多样化构成的自然遗产和濒临危险的野生生物物种；旅游发展的利益相关者，尤其是专业人员，当他们的活动在一些特别敏感区域——即开辟为自然保留区或保护区的沙漠、极地或高山区域、沿海区域、热带森林或湿地——进行时，应当同意对他们的活动加以控制或限制；

（5）自然旅游和生态旅游被认为特别有利于强化和提高旅游的地位，但是它们必须尊重自然遗产和当地人民，不超越其活动场地的承载力。

第四条，旅游：人类文化遗产的利用者及改善这些遗产的贡献者。

（1）旅游资源属于全人类的共同遗产；资源所在领土的社区对它们有特定的权利和责任；

（2）旅游政策的制定与旅游活动的开展应当尊重艺术、考古和文化遗产，应对这些遗产加以保护，代代相传；应当特别精心地保护和改善纪念物、殿堂和博物馆以及考古与历史遗迹，而这些场所必须广泛地向旅游者开放；鼓励私人拥有的文化财产和纪念物在尊重其所有权的前提下向公众开放，同时也鼓励宗教建筑物在不妨碍正常宗教活动的前提下向公众开放；

（3）从文化场所和纪念物接待访问中所获得的资财，至少有一部分，应当用来维护、保护、开发与改善这一遗产；

（4）旅游活动的规划应当使传统的文化产品、工艺品和民俗得以生存和繁荣，而不是使其退化或变得千篇一律。

第五条，旅游：一项对东道国家和社区的有益活动。

（1）当地人民应当与旅游活动相联系，平等地分享这些活动的经济、社会和文化的利益，特别是分享由于这些活动的开展所创造的直接和间接就业方面的利益；

（2）旅游政策的实施应当有利于提高到访区域人民的生活水平和满足他们的需求；旅游度假地和住宿设施的规划和建筑设计的方法与其经营的宗旨应当是尽量与当地经济和社会结构紧密结合在一起；在技艺相同的情况下，当地劳动力应当享有优先权；

（3）要特别关注沿海区域和岛屿地区以及易于受到破坏的农村和山区的特殊问题，因为对这些区域来说，在面临传统经济活动衰退情况下，旅游经常是得以发展的难得的机会；

（4）旅游专业人员，特别是投资者，在政府制定的规章制度的控制下，应当研究其开发项目对环境和自然状况的影响；另外，他们还应当尽量清晰客观地提供有关其未来活动项目和可以预见的影响方面的信息，并与有关公众就其内容进行对话。

第六条，旅游发展中利益相关者的义务。

（1）旅游专业人员有义务向旅游者提供关于他们访问的目的地以及旅行、接待和逗留方面条件的客观而真实的信息；他们应当确保，在承诺所提供服务的性质、价格和质量以及在他们一方单方面违反合同时的资金赔偿等方面不存在理解上的困难；

（2）旅游专业人员，在他们的职权范围内应当与政府合作，关注那些寻求他们服务的人们的安全保护、事故预防、健康保护和食品安全；同样，他们应当保证有适宜的保险和援助系统；他们应当接受国家法规中阐明的报告义务，在不能履行合同义务时应当作出适当的赔偿；

（3）旅游专业人员，在他们的职权范围内，应当努力使旅游者在文化和精神上得到满足，并在其旅游过程中，允许他们信奉他们的宗教信仰；

（4）客源国和东道国的公共机构，应当与有关专业人员和其协会组织合作，保证在组织该旅游活动的企业破产时有送返旅游者的必要机制；

（5）政府有权利和责任，特别是处于危机的情况下——通告其公民关于他们到国外旅行时可能会遇到的困境甚至危险的信息；不过，他们的责任是，在发布这些信息时避免以不公正或夸大其词的方式妨碍东道国家的旅游业和他们自己国家经营者的利益；旅游劝告的内容应当事先与东道国家的当局和有关的专业人员商讨；所制定的建议应当严格地与所面临形势的严重性相符合，并仅限于不安全情况出现的地理区域；一旦恢复正常，这些建议应当予以修正或取消；

（6）新闻记者，特别是专业的旅游新闻记者及其媒体，包括使用现代电子通信工具的人在内，应当公正而均衡地发布关于可能会影响旅游者流动事件和形势的信息；他们还应当向旅游服务的消费者提供准确可靠的信息；另外，应当开发新的通信和电子商务技术，并将其运用到这一目的上；就媒体而言，他们不应以任何方式宣传性旅游。

第七条，旅游的权利。

（1）能够直接地拥有发现与享受地球资源的愿望是人世间所有人都平等享有的权利；日益广泛地参与国内和国际旅游应当视为自由时间持续增长的最好体现之一，对此不应当设置障碍；

（2）普遍的旅游权利必须视为休息与休闲权利的必然结果，这种休息和休闲的权利包括《国际人权宣言》第 24 条和《国际经济、社会和文化权利公约》第 7 条中所保证的工作时间和周期性带薪假期的合理限制；

（3）社会旅游，特别是社团性的旅游，有助于人们广泛参加休闲、旅行和度假活动，应当在公共机构的支持下予以发展；

（4）应当鼓励和促进家庭、学生和老年旅游以及为残疾人组织的旅游活动。

第八条，旅游者运动的自由。

（1）旅游者和访问者，遵守国际法和国家的法规并依据《国际人权宣言》第 13 条的规定，从在自己的国家内和在国家之间自由旅行中受益；他们在过境、进入逗留地点和进入旅游和文化场所时不应当办理过于烦琐的手续和遭受歧视；

（2）旅游者和访问者应当能够参与所有形式的——国内的和国际的——交流；他们应当从及时而方便地享受当地行政、法律和健康服务中受益；他们应当依据现行的外交公约自由地与本国领事代表接触；

（3）旅游者与访问者，在关于他们个人数据和信息的机密方面，特别是这些信息以电子的方式储存时，应当享有和到访国家的公民一样的权利并从中收益；

（4）事关跨越边境的行政管理程序，无论其程序属于国家的权限还是源自国际协议，诸如签证和健康及海关手续等，都应当尽量适宜，以便能使旅行得以最大限度的自由，广泛地参与国际旅游；应当鼓励国家集团之间达成协议，统一和简化这些程序；损害旅游业和影响其竞争力的特别税费应当逐渐消除或修订；

（5）只要出发地国家的经济形势允许，旅游者应当能够获得他们旅游所需要的可兑换货币的数额。

第九条，旅游业从业人员和企业家的权利。

（1）旅游业和相关活动中领取薪金和自雇从业人员的根本权利应当在国家和地方政府——本国的政府，特别是东道国的政府的监督下得以保证，考虑到特别是与他们活动的季节性、行业的全球性和其工作性质经常要求他们在灵活性方面应有特殊限制条件；

（2）从旅游业和相关活动中领取薪金和自雇从业人员有权利和义务获得相应的初始培训和继续培训；他们应当得到充分的社会保护；就业的不稳定性应当尽量予以限制；特别与他们社会福利有关的特定地位应当向该部门的季节性职工提供；

（3）任何自然人和法人，只要具有必要的能力和技能，应当有权根据现行国家法律在旅游领域中开展专业活动；企业家和投资人——特别是在中小企业范围内——应当在最少的法律或行政限制下有权自由地进入旅游部门；

（4）向来自不同国家的管理人员和工人——无论其是否领取薪金——提供的经验交流活动有利于促进世界旅游业的发展；这些活动在与现行国家法律和国际公约保持一致的前提下，应当尽量鼓励；

（5）作为在国际交流的开展与急剧扩大中一个不可替代的关联因素，旅游行业的跨国企业不应当利用它们有时所占据的主宰地位；它们应当避免成为人为地强加于东道社区的文化和社会模式的工具；他们自己应当参与当地的发展，避免通过将其利润或诱发的进口物品过多地调回本国的方法减少它们对其所在国家的贡献；

（6）伙伴关系和客源国和接待国之间均衡关系的建立促进旅游的可持续发展，促进旅游增长利益的平等分配。

第十条，全球旅游伦理规范原则的实施。

（1）旅游发展中公营和私营部门的利益相关者应当同心协力实施这些原则，并监测其实际执行状况；

（2）旅游发展中的利益相关者应当承认那些在旅游促进与发展、人权保护、健康环境等领域有管辖权和与国际法一般准则有一定关联的国际机构——其中世界旅游组织位居其首和非政府机构的作用；

（3）还是这些利益相关者，在事关运用或解释全球旅游伦理规范中出现任何争议时，应当表示愿意向通常称作"世界旅游伦理规范委员会"公正无偏见的第三方请求调解。

四、案例分析

先拾金不昧后下海救人

2019年3月31日，正在土耳其旅游的陈军在欣赏完当地石窟美景后返回停车场，正当他放下行李准备上车时，突然在车后方发现了一个钱包，里面装有1.5万多土耳其里拉和其他一些物品。热心的陈军并没有因为语言不通而置之不理，在导游的帮助下，他第一时间联系了失主。得知失主距离比较远，一时走不开，在异国他乡的陈军便决定自己开车将钱包送还失主。

到达失主所在的黑海后，就在陈军和导游焦急地准备联络失主时，突然看见远处海面一个人力滑翔伞掉到海里。起初陈军并没有在意，他以为这是滑翔伞爱好者故意跳入海中。直到后来听到落水者"help me"（救救我）的呼救声和海面上挣扎挥舞的双手，他这才意识到出事了。陈军立刻放下手中的物品，和随行的导游迅速跳入冰冷的海水中，拼命向落水者游去。到达落水者附近后，他们死死地抓住伞绳，防止落水者被汹涌的海浪冲到远处。进水后的滑翔伞又大又沉，随着海浪潮起潮落，巨大的滑翔伞在浪潮中将陈军几人拉扯得筋疲力尽，陈军只好返回岸边向游人求助。最终在大家的帮助下，陈军等人将落水者拉回岸边。

在救人期间，为了避免让落水者和滑翔伞再次冲回海里，陈军站在海水里使劲拉住落水者和滑翔伞，他的右脚腕被滑翔伞绳牢牢缠住。随着海水起伏绳子来回摩擦，他的脚踝被勒出了一圈深深的血痕。陈军用脚尖勉强挪到海滩上，把沙子拍掉后，才发现脚踝上深深的血痕。"救人那会儿顾不上，上岸后才感觉到脚腕非常痛，脚都不能落地了。"陈军说。

看着落水女子被送上救护车，陈军才放心离开。此时，认领钱包的失主也已赶到，并拿出500土耳其里拉向陈军表示感谢，而陈军婉言谢绝了。失主伸出大拇指说："中国人very good！"陈军笑着摆手道："不用谢，助人为乐是我们中华民族的传统美德！"

"我钦佩他的行为，看到陌生人遇难，面对寒冷的海水没有丝毫犹豫，直接就冲下去了。"来自北京的游客王宇嘉目睹了陈军救人的全过程。看见同胞在国外见义勇为，让同为中国人的他感到无比自豪。

来自意大利的导游萨米激动地表示，能和中国人一起救人，让他感到非常自豪！当地旅游公司的工作人员向陈军表示感谢："感谢您，让土耳其人民见识到中国人无私的见义勇为精神！"

离开土耳其上飞机时，面对送别的外国朋友的赞誉，陈军谦虚地向他们说道："履行社会责任和义务，是做人的根本。因为，我是中国人，我来自美丽的中国！"陈军在异国他乡助人为乐、见义勇为的善举彰显了中华民族的传统美德，让世界感受到来自中国的正能量！

4月5日，陈军在土耳其拾金不昧、见义勇为的事迹在网络上传播，受到了全国广大网友的关注和点赞。随后，《人民日报》《中国之声》《陕西日报》《西安晚报》《咸阳日报》等主流媒体相继进行了宣传报道。

（资料来源：文旅中国.先拾金不昧后下海救人[EB/OL].https://baijiahao.baidu.com/s?id=1654308445531527281&wfr=spider&for=pc（2019-12-30）[2022-09-01].）

简析：助人为乐、见义勇为是中华民族的传统美德，也是社会主义核心价值观的内在要求。陈军在土耳其拾金不昧又见义勇为的行为，不仅展现了中国的传统美德、文化根脉，蕴含着中华文明的文化精髓，具体生动地诠释了雷锋精神，更彰显了中华民族的胸怀、品格与文化自信，展示了中国人民崇德向善勇敢正直的文化标识民族特性。

五、任务分组

角色分配与编组：本任务有出境旅游领队、境外地陪以及游客等角色，可增设 1 位实训助理。建议 3~4 名学生为一组完成"带领团队游览观光"的学习，每名学生轮流担任不同角色。

六、任务实施

1. 布置任务

出境旅游领队小张带领 12 人的"泰国 10 日游"团队，在泰国地陪吴某的陪同下按行程进行游览，行程如表 3-2 所示。在游览过程中，游客一致提出需要增加浮潜活动，他与泰国地陪吴某协商，在保证游览行程的基础上，妥善解决此问题。

表 3-2　泰国旅游行程表

日　期	目　的　地	时　间	行　程	备　注
2011/8/5（周五）	北京—曼谷	19:35—23:40	中国国航 CA979 北京—曼谷	
			拿地图、换小额泰铢、购买电话卡	
			金银花园素万那普机场酒店住宿	不含早餐，机场接送
2011/8/6（周六）	曼谷—普吉—PP	7:50—9:20	亚航 FD3023 曼谷—普吉	
			购买往返 PP 岛船票、预订机场关机	
			帆船商场 JUNGCEYLON、巴东海滩看日落	
		19:30—21:30	Fantasea SHOW（1900 铢 / 人含自助）	
			7Q 酒店住宿	不含早餐
2011/8/7（周日）	普吉—PP	8:30—10:00	普吉岛—PP 岛大船	
			预订下午南边岛屿出海	
			海上观日落	
			PP 岛卡巴娜酒店住宿	含早餐
2011/8/8（周一）	PP		预订包船北边岛屿出海	
			普吉海滩看日落 / 皮划艇观日落 / 日落点看日落	
			PP 岛卡巴桃酒店住宿	含早餐
2011/8/9（周二）	PP—普吉—清迈		观景点 1、2 观 PP 岛全景	
			大树下喝水果沙冰	
		14:30—16:00	PP 岛—普吉岛大船	
		20:15—22:15	亚航 FD3976 普吉—清迈	
			荣颂歌酒店住宿	含早餐

续表

日 期	目 的 地	时 间	行 程	备 注
2011/8/10（周三）	清迈		城市徒步、预订素贴山半日游、预订骑象一日游	
			素贴山半日游	
			逛夜市	
			荣颂歌酒店住宿	含早餐
2011/8/11（周四）	清迈		骑大象一日游行程	
			体验 THAI MASSAGE	
			荣颂歌酒店住宿	含早餐
2011/8/12（周五）	清迈—曼谷		城市徒步、清迈寺院浏览	
		14:35—15:45	亚航 FD3235 清迈—曼谷	
			考山路逛街、咨询水上市场项目	
			福特维尔宾馆住宿	不含早餐
2011/8/13（周六）	曼谷		水上市场（视情况）	
			大王宫、玉佛寺、郑王庙、卧佛寺	
			曼谷夜市	
2011/8/14（周日）	曼谷—北京	1:00—6:00	中国国航 CA980 曼谷—北京	

2. 执行任务

1）实训条件

模拟旅行社实训室，布置 15 个以上机位，装有旅行社管理实训平台，能上网、发布和提交作业，能完成实训成果展示。如果暂时不具备以上条件，也可以在能上网的计算机房进行。

学生 3~4 人一组，分别担任出境旅游领队、境外地陪以及游客。如果时间允许，每组成员可轮流扮演不同角色，重复实训内容，巩固实训效果。

2）实训步骤

第一步，分组模拟"带领团队游览观光"（假设游览点是普吉岛）。

第二步，"游客"提出增加浮潜活动。

第三步，"出境旅游领队""境外地陪"协商。

第四步，公布解决方案。

第五步，处理"游客"所反映的相关问题。

？提升训练

如果在游览的过程中，有游客提出来有私事需要办理，不随团活动，作为出境旅游领队，你怎么处理？

3. 成果展示

实训任务完成后，每个小组用 PPT 展示"带领团队游览观光"以及实训过程（可插入实训助理录制的视频）。陈述时，小组中每位学生都要发言，发言主要阐述自己在实训中所承担的角色以及所完成的内容。每小组的展示及陈述，既要体现小组个人的作用，又要体现团体任务的完整性。

本任务成果实行过程性评价，分个人自评、小组自评、小组互评以及教师评价，分别占 10%、20%、30%、40%。

七、任务拓展

为了达到举一反三、巩固提高的目的，配合以上实训任务，给出 3 个拓展任务，任选其中一个作为课后训练任务。完成并成功提交的作品，将计入平时成绩。

拓展任务 1

在旅行社实训平台上找一条日本游或韩国游实训线路，根据准备好的游览行程表及相关景点材料，分组进行"带领团队游览观光"拓展训练。

拓展任务 2

找一家旅游网站，选择一条港澳旅游线路，根据线路自行准备旅游行程表及相关景点材料，分组进行"带领团队游览观光"拓展训练。

拓展任务 3

找一家校企合作旅行社，选择一条澳新旅游线路，根据线路向合作企业索要旅游行程表及相关景点材料，分组进行"带领团队游览观光"拓展训练。

任务四　协同安排用餐

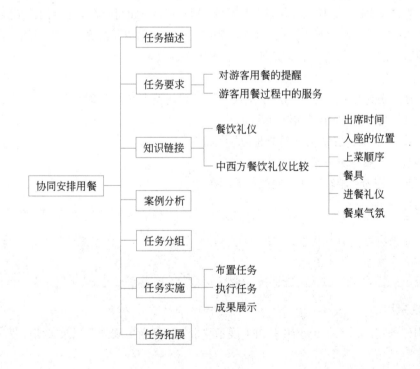

一、任务描述

安排游客用餐时，领队应在就餐前介绍当地的用餐礼仪和特色菜肴，引导游客就座并告知餐厅的相关设施和自费项目。就餐过程中与地陪一起巡视几次，及时解决游客提出的各类问题，防止浪费食物等不文明情况的发生。

二、任务要求

1. 对游客用餐的提醒

（1）出境旅游领队应当将目的地国家（地区）的一些用餐规矩告诉游客，例如，是否允许自带酒水等事项。

（2）在吃自助餐时，一次不要拿太多，拿的食物一定不要浪费。

（3）用餐过程中不能大声喧哗。

（4）告知餐厅的一些特别规定，如是否允许吸烟等。

2. 游客用餐过程中的服务

（1）领队应随时走动，看游客是否需要添饭，菜量是否合适。

（2）游客如需购买啤酒、饮料，出境旅游领队应提供语言上的帮助。

（3）旅游团队吃饭速度较快，出境旅游领队应适应这种节奏。

（4）出境旅游领队通常会被安排与境外地陪一起用餐，在照顾完游客后，要把握好进餐时间，同时防止游客吃完饭后走失走散。

三、知识链接

1. 餐饮礼仪

餐饮礼仪是指人们在赴宴进餐过程中，根据一定的风俗习惯约定俗成的仪式和行为，在仪态、餐具使用、菜品食用等方面表现出的自律和敬人的行为，是餐饮活动中需要遵循的行为规范与准则。其基本原则是守礼自律、诚信友善、尊敬他人、宽容豁达、谦恭适度、入乡随俗等。

2. 中西方餐饮礼仪比较

（1）出席时间。中国人有多样化的时间观念，而西方人时间观念比较单一。在西方国家，各种活动都按预定的时间开始，迟到是很不礼貌的。正式的宴会要求准时到达，10分钟后仍不到者，将会被视为不合礼仪，是对主人及其他客人的不尊重。

（2）入座的位置。中国一般是客齐后导客入席，以左为上，视为首席，相对首座为二座，首座之下有三座，二座之下为四座。在西方，一般来说，面对门的离门最远的那个座位是女主人的，与之相对的是男主人的座位。女主人右边的座位是第一主宾席，一般是位先生，男主人右边的座位是第二主宾席，一般是主宾的夫人。女主人左边的座位是第三主宾席，男主人左边的座位是第四主宾席。

（3）上菜顺序。在中国，特别是在广东省，第一道菜是汤，紧接着是其他菜和主食（如米饭），随后是餐酒，最后一道是水果，用来促进消化；在西方国家，上菜顺序一般是头盘、汤、主菜、蔬菜，最后是甜点和热饮。

（4）餐具。在中国，餐具较简单，一般有杯子、盘子、碗、碟子、筷子、羹匙等几种。而西方分有刀、叉、匙、杯、盘等。刀又分为食用刀、鱼刀、肉刀、奶油刀、水果刀；叉又分为食用叉、鱼叉、龙虾叉；茶杯、咖啡杯为瓷器并配有小碟，水杯、酒杯多为玻璃制品。

（5）进餐礼仪。中餐的进餐礼仪体现一个"让"的精神，开始用餐时，所有的人都会等待主人，只有当主人请大家用餐时，才表示宴会开始，而主人一般要先给主宾夹菜，请其先用。当有新菜上桌时，请主人、主宾和年长者先用以示尊敬；西餐进餐礼仪传达的是一种"美"的追求，整个进餐过程不但要美味，更要悦目、悦耳。进餐时不能发出不悦耳的声音，相互间交谈要轻言细语，不能高声喧哗。

（6）餐桌气氛。西方人平日好动，挥手耸肩等形体语言特别丰富，但一到餐桌上便专心致志地、静静地去切割自己的盘中餐。中国人平日好静，一上餐桌，便滔滔不绝，相互让菜、劝酒。中国人餐桌上的闹与西方餐桌上的静反映出了中西饮食文化上的根本差异。中国人以食为人生之至乐，所以在餐桌上人们尽情享受这美味佳肴。餐桌上的热闹反映了食客发自内心的欢快。

四、案例分析

文明一小步，向前一大步

在 2019 年 5 月日本双飞旅游团中，游客王婕在团期间得到了其他游客的一致赞美和认可。在团期间王女士的文明行为就影响着周边的人。在到达日本第一天的时候大家有幸看到花魁游街，团上的客人自然十分激动纷纷指着花魁要求合照王女士善意提醒其他游客在日本用手指他人是十分不礼貌的行为，不经过他人同意而强行合照更是一种不礼貌行为。第二天在日本寺庙游玩时批评乱写乱画等不文明行为。她认为爱护环境要从每位游客做起，不在文物古迹上涂刻，不攀爬触摸文物，拍照摄像遵循规定等为其他游客、为后代留下一片美好天地。之后她还告诉游客参观日本寺院的时候，需在投币箱里投一枚钱币，然后双手合拢祈祷。只在被允许的区域内拍照。如果您不确定标识牌上的内容，可以问一下当地人，不要在寺庙中拍照。晚上用餐的时候，她暖心提醒其他游客在传统的日本餐厅里，在进门前须脱鞋，别忘了穿上干净袜子。在用餐的时候应避免谈论洗手间或令人倒胃口的话题，用餐后，把使用过的餐具放回用膳开始的位置，包括把餐碗的盖盖好，把筷子放回筷子盒或纸袋。饭前或饭后都要感谢店主，这是餐桌礼仪。文明一小步，向前一大步。王女士在接下的几天行程中也深深地影响着我们，她为大家普及很多的日本文化和民风习俗让大家对日本有了更加深入的了解，同时也避免了很多麻烦，如在日本是需要靠左行走或驾驶、停车，乘坐电梯时东京应该靠左站，大阪靠右边。王女士的文明事迹更是数不胜数！原来王女士在退休之前是一名语文老师，她所带的班级也多次被评为"优秀班集体"。2014 年还被评为"青岛市文明班"。王老师所带的班级多次被评为"先进文明班级"。王老师的文明行为不仅在学校中影响着班级学生，在日常生活中也影响着周边的人。

在 2018 年 6 月，王老师也报团去泰国游玩，团内有位阿姨看到街上有很多的僧人，尤其是看到一个可爱的小沙弥想前去合照。王老师看见后赶忙制止并告诉其他团友泰国被称为"黄袍佛国"。超过九成泰国人信奉佛教，日常生活亦深受影响。泰国保护佛教的法律尤其严格，佛教徒的地位很高。在泰国不能用手指僧侣。女性不许与僧侣握手。在汽车上不可与僧侣邻坐。晴天路遇僧侣时，必须绕开僧侣的身影。因为佛教是泰国道德礼教的"准则"，维系社会和谐及推动艺术的原动力……

千学万学学做人，说的就是应先学做人，学做文明人，学做社会人，争做文明公民，从我做起，从每一件小事做起，让文明礼仪之花在生活中处处盛开，让文明行为在生活中处处可见！

（资料来源：文旅中国.文明一小步，向前一大步 [EB/OL].https://baijiahao.baidu.com/s?id=1654308445531527281&wfr=spider&for=pc（2019-12-30）[2022-09-01].）

简析：中国有"礼仪之邦"的文化传统，"不知礼，无以立"。一个社会的文明注意力越集中，社会的文明共识就会越多，文明的势能就会越大。文明的铸造从来都是滴水穿石的过程，携手同行，珍惜每一分文明的注意力，一个礼仪之邦就会复兴。

五、任务分组

角色分配与编组：本任务有出境旅游领队、境外地陪、餐厅服务人员以及游客等角色，可增设 1 位实训助理。建议 4~5 名学生为一组完成"协同安排用餐"的学习，每名学生轮流担任不同角色。

六、任务实施

1. 布置任务

出境旅游领队小张带领 12 人的"日本 6 日游"团队抵达东京，按照既定的计划，午餐在东京某家寿司店进餐，他向游客讲解了寿司店的传统规矩之后带领大家就餐。

> 📖 **任务知识　日本寿司店的传统规矩**
>
> **1. 寿司饭不能蘸酱油**
>
> 吃寿司的工具没有太严格的限制，用手或者筷子都可以。但是有一点需要注意，那就是寿司饭坚决不能蘸着酱油吃，这样的吃法有违礼节，而且酱油会影响寿司本身的味道。
>
> **2. 军舰卷的正确吃法**
>
> 比较推荐的方法有两种，其一是滴上酱油后吃，其二就是请寿司厨师使用刷子涂抹酱油后吃。错误的方法则是使用醋姜替代刷子涂抹酱油，这种做法在礼节上也是不正确的。
>
> **3. 吃寿司时座席的上座在哪个位置**
>
> 基本上，寿司店的最上座是在店主人的正对面，因为这个位置便于与店家或者寿司厨师交流，因此如果带着贵宾去吃寿司，最好将这个座位让给对方。
>
> **4. 点寿司的顺序**
>
> 点寿司的顺序也是很有讲究的，先后顺序大体如下。
>
> （1）比较清淡的白肉以及鲜味十足贝类。
>
> （2）味道浓厚且有光泽的鱼类以及金枪鱼。
>
> （3）比较甘甜的鳗鱼以及煎蛋卷。
>
> 当然，上述的先后顺序只是原则上的规定，并非绝对，但是有一种寿司必须放在

最后点，那就是"卷寿司"，这属于硬性规定。如果在最后感觉没吃饱的话，就可以点一些卷寿司。

除了上述规矩礼节外，还有一些其他的细节需要注意，比如"不能只点自己喜欢的寿司""寿司厨师做好寿司后不能长时间放置，应该立即吃掉""进寿司店前最好不要喷太浓的香水""最好不要在店里随意拍照"等。

2. 执行任务

1）实训条件

模拟旅行社实训室，布置15个以上机位，装有旅行社管理实训平台，能上网、发布和提交作业，能完成实训成果展示。如果暂时不具备以上条件，也可以在能上网的计算机房进行。

学生4~5人一组，分别担任出境旅游领队、境外地陪、寿司店服务人员以及游客。如果时间允许，每组成员可轮流扮演不同角色，重复实训内容，巩固实训效果。

2）实训步骤

第一步，"出境旅游领队"讲解寿司店的传统规矩。

第二步，"游客"入座就餐。

第三步，"服务员"按程序上餐。

第四步，"出境旅游领队"处理"游客"在用餐过程中产生的问题。

提升训练

如果在就餐的过程中，有游客拿出自带的酒水，但寿司店不允许自带酒水，出境旅游领队该怎么协调处理？

3. 成果展示

实训任务完成后，每个小组用PPT展示就餐餐馆基本情况介绍以及实训过程（可插入实训助理录制的视频）。陈述时，小组中每位学生都要发言，发言主要阐述自己在实训中所承担的角色以及所完成的内容。每小组的展示及陈述，既要体现小组个人的作用，又要体现团体任务的完整性。

本任务成果实行过程性评价，分个人自评、小组自评、小组互评以及教师评价，分别占10%、20%、30%、40%。

七、任务拓展

为了达到举一反三、巩固提高的目的，配合以上实训任务，给出3个拓展任务，任选其中一个作为课后训练任务。完成并成功提交的作品，将计入平时成绩。

拓展任务1

在旅行社实训平台上找一条韩国游实训线路，根据准备好的就餐座次表、就餐餐馆介绍以及韩餐介绍材料，分组进行"协同安排用餐"拓展训练。

拓展任务 2

找一家旅游网站,选择一条港澳旅游线路,自行准备好就餐座次表、就餐餐馆介绍以及港餐介绍材料,分组进行"协同安排用餐"拓展训练。

训练时穿插一个突发情况。团内一游客是一个人出来旅游的,吃饭时和 3 个三口之家拼成一桌,但菜一上桌他就傻了眼,那三大家子像约好了,舞着筷子气势汹汹直奔桌上的"主题"。几分钟后,他们的饭碗堆成了小山,每个人的饭碗和盘子之间的桌布上都留了一片汤水滴过的狼藉,只留那单独的一人目瞪口呆地守着一碗白饭、一盘青菜。对此,出境旅游领队应如何处理?

拓展任务 3

找一家校企合作旅行社,选择一条澳新旅游线路,根据线路向合作企业索要就餐座次表、就餐餐馆介绍以及西餐介绍材料,分组进行"协同安排用餐"拓展训练。

就餐之初,穿插一个小插曲。旅游团在西餐厅就餐,团里有几名游客是第一次吃西餐。他们正襟危坐在餐桌前,感觉十分新鲜。当服务员为每一位客人倒酒时,一游客把餐巾拿起来系在了脖子上,另一名中国游客便对他开起了玩笑:"别瞎整了,这哪里是吃西餐,整个一理发刮脸!"此言一出,餐桌边的游客全都笑了起来,有的一边笑,一边拍起了桌子。服务员以为自己做错了什么事,停止了斟酒,愣在一旁。听到这边大声哄笑,周围就餐的外国人也不知道这里发生了什么,纷纷投来惊异的目光。对此,出境旅游领队应如何处理?

任务五 指导完成购物

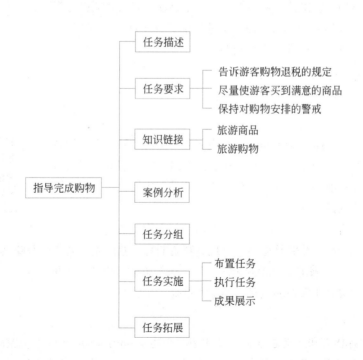

一、任务描述

出境旅游领队指导游客完成购物的服务，包括向游客介绍本地商品的特色，向游客讲清购物停留时间，向游客介绍购物的有关注意事项，随时向游客提供在购物过程中所需要的服务，如语言翻译、介绍托运手续等。

二、任务要求

1. 告诉游客购物退税的规定

（1）出境旅游领队应当了解目的国的退税规定，提前向游客介绍。例如，欧洲退税的简单要求是：在有退税标志的商店购物，购物要超过一定的限额，开具退税专用发票，盖有海关印章。

（2）在游客购物过程中，提醒游客不要忘记索要发票。

微课：境外购物及观看
演出领队服务

2. 尽量使游客买到满意的商品

（1）尽可能地在购物时间上予以保证，并在游客挑选时给予帮助。

（2）对于抛售伪劣商品、不提供标准服务的商家，出境旅游领队应出面交涉，维护游客权益。

（3）若游客需要退换商品，出境旅游领队及境外地陪应予以协助办理。

（4）若遇小贩强拉强卖商品时，出境旅游领队有责任提醒游客不要上当受骗。

3. 保持对购物安排的警惕性

（1）出境旅游领队应监督境外地陪将安排购物的次数限定在行程规定的范围之内，如果境外地陪拟增加购物次数，须事先与出境旅游领队商议并征得游客同意。

（2）适当关注游客的购物过程，及时阻止不当行为。

（3）关注购物场所的环境安全问题。

三、知识链接

1. 旅游商品

旅游商品（tourism commodity）是指在旅游地区和城市有当地特点和特色的商品。它与旅游者的吃、住、行、游、购、娱等要素有着紧密联系，是旅游业的重要组成部分。旅游商品与旅行社、交通、饭店被称为旅游业的四大支柱行业。

微课：澳大利亚篇购物

旅游商品行业的主要类别有：工艺美术品、文物及仿制品、风味土特产、旅游纪念品、旅游日用品、有地方特色的轻工业产品、其他旅游商品。

旅游商品承载了满足旅游者购物需求和传播旅游地形象的双重价值。纪念性、艺术性、实用性、收藏性等是旅游商品应具备的基本特征。

2. 旅游购物

旅游购物有狭义和广义之分。狭义的旅游购物（tourism shopping）是旅游或旅游业的一个领域或要素，指游客为了满足自身需要而购买、品尝，以及在购买过程中的观看、娱乐、欣赏等行为。

广义的旅游购物是指游客在旅游目的地或在旅游过程中购买商品的活动以及在此过程中附带产生的参观、游览、品尝、餐饮等一切行为。旅游购物不是单纯的购买商品的行为，这与日常生活中的购物不同，其中包括了与旅游相关的休闲娱乐等活动，通常与特产店、景区门票、酒店住宿组合在一起。旅游购物作为一种旅游行为，对当地社会文化、经济领域以及旅游政策等都产生影响。

四、案例分析

尊老爱幼　传播文明的旅游者

珠海华美达国际旅行社是一家专门为中老年游客服务的旅行社，接待的游客也多是中老年客人，大多数游客都能按照旅行社要求遵守文明出行规定，叶顺英游客就是其中的优秀者。

叶顺英是华美达的常客，她为人正直、做事认真，每次参团出游期间都会严格遵守当地法律法规，以身作则守文明，讲礼仪，还积极劝导其他团友的不文明行为，热心帮助团友，是一名文明游客。

记得一次团上有位老年团友在出游期间身体不适，但又不想放弃参观旅游景点的机会，叶顺英知道后主动前往仔细询问老人的身体情况，极力劝说老人尽快就医检查，并自愿放弃参观旅游景点陪同赴医院检查。到达医院检查发现老年团友显现中风症状，幸亏就医及时，无生命危险。事后老年团友及家属都说：虽然没有完成整个旅行，但认识了她这样的团友，是他们莫大的荣幸。

还有一次在墨西哥旅游中，有团友不慎将随身物品掉入海里，非常着急。见此场景，水性好的叶顺英马上潜水帮助打捞，令团友非常感激。在秘鲁旅游期间，她积极为大家准备食物，让团友在国外也能享受到中餐。旅游中，她会帮助生病的团友背行李，主动为单独游客拍照，劝解导游和游客之间的误会，批评乱写乱画的不文明行为。她认为爱护环境要从每位游客做起，为其他游客、为后代留下一片美好天地。作为国人在国外旅游时，要表现出中国人的优秀品质和高尚教养，用文明言行赢得外国人的尊重。

2018年"十一"旅游高峰期，她参加了赴俄罗斯旅游团。在9天行程中，她表现出当代中国人的文明素质和良好风貌。一位老年团友因品尝俄罗斯伏特加酒过量，不胜酒力，她主动承担起照顾老人的任务。协助老年团友乘车回酒店，在确认没有任何的风险的前提下，将团友妥善安顿好才悄悄离开。在返程过程中，因俄罗斯航空宣布倒闭，导致回国飞机停航。11位国内团友被滞留俄罗斯机场，年龄最大的60岁，最小十几岁。她挺身而出，承担起沟通协调工作，协助领队与国内、国外导游以及机场、海关方面进行沟通，并不断安抚情绪激动的团友保持耐心。国内旅行社安排滞留团友在机场贵宾休息厅休息期间，她主动将沙发让给年龄较大的团友，自己则在宽度仅有1.5米的窄椅上蜷缩了一个通宵。

在圣彼得堡游览期间，她发现有其他团队游客将装有千元现金及重要证件的钱包落在餐厅，在多次询问之下仍未找到失主。她将钱包交给酒店前台，并要求圣彼得堡导游在微信导游群里发布钱包失主姓名、籍贯等信息，确保钱包最终安全回到失主手中。她这种勇于担当、拾金不昧、乐于助人的高尚品质，表现了一个文明古国礼仪之邦游客所应有的素质和风范。像她这样胸怀大爱，热情无私的游客就是"中国好游客"，就是"文明旅游达人"。

（资料来源：文旅中国.尊老爱幼传播文明的旅游者 [EB/OL]. https://baijiahao.baidu.com/s?id=1654308445531527281&wfr=spider&for=pc（2019-12-30）[2022-09-01].）

简析：游客个人在出境游之前备好功课，"入乡随俗"，自觉规范自己的行为，做胸怀大爱、热情无私的"中国好游客"。

五、任务分组

角色分配与编组：本任务有出境旅游领队、境外地陪、商店服务人员以及游客等角色，可增设 1 位实训助理。建议 4~5 名学生为一组，每名学生轮流担任不同角色。

六、任务实施

1. 布置任务

出境旅游领队小张带领前往俄罗斯旅游的团队抵达莫斯科，按照旅游行程，他带领团队到古姆百货商场购物。

为了能顺利完成实训任务，任课教师为每组学生准备一份俄罗斯购物攻略。

> 📖 **任务知识　俄罗斯购物攻略**
>
> 俄罗斯的轻工业不太发达，我们国产的商品通过各种方法到达了俄罗斯市场，所以给大家提几点切实的意见。
>
> （1）衣服不要在俄罗斯买，基本是国产的。
>
> （2）俄罗斯人大多是到中国买皮草，所以在俄罗斯买皮草同样不理智。
>
> （3）俄罗斯套娃是手工雕刻的，没有量产的，价格非常高。
>
> （4）咖啡、巧克力、奶粉、糖、奶酪、瓜子等产品是推荐的。
>
> （5）关于紫金，国际黄金价格有时下跌，而紫金却 400 多元一克，大家可以量力而为，不过俄罗斯紫金的款式还是非常不错的。
>
> （6）关于俄罗斯酒，大家最好到俄罗斯免税店购买。
>
> （7）俄罗斯锡器工艺已有 300 多年历史，锡富有光泽、无毒、不易氧化变色，具有很好的杀菌、净化、保温、保鲜效用，生活中也常用于食品保鲜、罐头内层的防腐膜等。

2. 执行任务

1）实训条件

模拟旅行社实训室，布置 15 个以上机位，装有旅行社管理实训平台，能上网、发布和提交作业，能完成实训成果展示。如果暂时不具备以上条件，也可以在能上网的计算机房进行。

学生 3~4 人一组，分别担任出境旅游领队、商店服务人员以及游客。如果时间允许，每组成员可轮流扮演不同角色，重复实训内容，巩固实训效果。

2）实训步骤

第一步，"出境旅游领队"向"游客"介绍俄罗斯购物注意事项。

第二步，"游客"与"商店服务人员"进行沟通交流。

第三步，"出境旅游领队"协助"游客"处理购物过程中产生的问题。

提升训练

有一位游客购买了口红，回到车上想试用时发现拿错了。她回到商店要求退换，但柜台认为责任不在自己，因此不给退换，出境旅游领队该怎么办？

3. 成果展示

实训任务完成后，每个小组用 PPT 展示自己的购物实训安排以及实训过程（可插入实训助理录制的视频）。陈述时，小组中每位学生都要发言，发言主要阐述自己在实训中所承担的角色以及所完成的内容。每小组的展示及陈述，既要体现小组个人的作用，又要体现团体任务的完整性。

本任务成果实行过程性评价，分个人自评、小组自评、小组互评以及教师评价，分别占 10%、20%、30%、40%。

七、任务拓展

为了达到举一反三、巩固提高的目的，配合以上实训任务，给出 3 个拓展任务，任选其中一个作为课后训练任务。完成并成功提交的作品，将计入平时成绩。

拓展任务 1

在旅行社实训平台上找一条韩国游实训线路，根据准备好的"韩国购物攻略"等材料，分组进行"指导完成购物"拓展训练。

拓展任务 2

找一家旅游网站，选择一条港澳旅游线路，自行准备好"香港特别行政区购物攻略"等材料，分组进行"指导完成购物"拓展训练。

在演练中，穿插一个突发情况，一位游客在购物店花费 2 万元购置了一对翡翠手镯，但很快又后悔要求退货。

拓展任务 3

找一家校企合作旅行社，选择一条澳新旅游线路，根据线路向合作企业索要"新西兰购物攻略"等材料，分组进行"指导完成购物"拓展训练。

在演练中，穿插一个突发情况，境外地陪带领游客刚进购物店，购物店人员就反锁大门，这时，出境旅游领队该作出怎样的反应以保证游客的购物安全？

任务六　带领团队观看演出

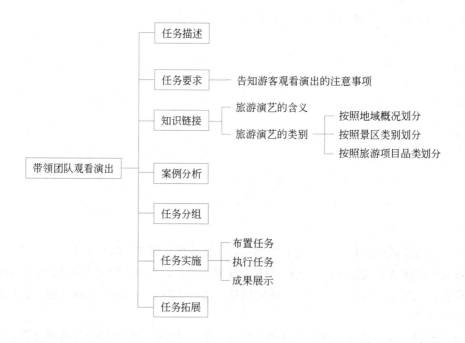

一、任务描述

旅游团观看演出，出境旅游领队及境外地陪应提前告知注意事项，简单介绍节目内容及其特点，按演出要求引导游客入座，并视情况妥善处理游客提出的要求。

二、任务要求

出境旅游领队和境外导游要预先了解并告知游客观看演出时是否允许拍照、摄像；一些正规的芭蕾舞、歌剧等演出，对观众的着装会有一定要求，须提前告知；国外剧场通常不允许观众在观看演出时吃零食、喝饮料，对此要特别提醒游客，以免因此而受罚。境外的演出项目一般都是外语字幕或使用外语进行表演、解说，出境旅游领队和境外导游要预先了解节目的内容及其特点，在赴演出现场的途中或入场前，向游客作简要介绍。

进入演出场所时，出境旅游领队要与境外导游一起引导游客对号入座，重申注意事项，保持现场安静。演出开始后，出境旅游领队要注意周边环境和游客动向。在旅游团观看节目过程中，出境旅游领队及境外导游应自始至终坚守岗位。也就是说，出境旅游领队不能以曾经多次观看演出为借口，擅自离开岗位。

三、知识链接

1. 旅游演艺的含义

旅游演艺（tourism performance）又称旅游演出，迄今为止学术界对于这一概念并无定论。根据朱立新对此的研究,我们将其定义为"以异地观众为主要观赏对象的演艺活动"。(中国当代的旅游演艺 [J]. 社科纵横,2010(25):96-99)但是,在此基础上,有几个要点需要补充:首先,旅游演艺的活动范围主要在旅游景区内,但不局限于此,旅游地主要针对游客的演出都可称作旅游演艺;其次,旅游演艺有专门的演出人员以及特定的演出场所(含剧院、酒店、大型广场等);最后,旅游演艺的演出内容主要是表现该地区历史文化或民俗风情。在不同的发展阶段,旅游演艺的实现条件会有所改变,如现阶段主流旅游演艺大范围地引入现代化的声、光、电技术,满足游客对规模型阵容的视觉要求。

2. 旅游演艺的类别

1)按照地域概况划分

(1)山水地貌旅游演艺,即依托某一自然旅游资源而产生的演出项目,比如海滩、湖泊、山地、草原等。

(2)城市旅游演艺,即以城市风貌、文物古迹、历史文化为主要内容,为展现某一城市独特的旅游价值而设定的演出项目,一定程度上成为城市名片而被人熟知。

(3)宗教旅游演艺,即以宗教传习过程中留下的有形或无形的文化遗产为内容的演艺。

2)按照景区类别划分

(1)自然景观旅游演艺,是指以自然的山水景观和美丽的大自然为背景,并根据其特色做出相应的调整,色彩与光影的配合运用得恰到好处,给每位欣赏者更加真实的美感与享受。

(2)文化遗址旅游演艺,即以历史人文环境为背景,往往附着在固定的地点,构成特殊的文化景观。

(3)园区场馆旅游演艺,主题公园、游乐园、海洋馆等目前也是备受游客青睐的地方,在此安排演艺是为了吸引更多的游客,从而产生更大的经济和传播效益。

(4)节庆活动旅游演艺,是指伴随博览会、狂欢节和艺术节等活动进行的演艺。

3)按照旅游项目品类划分

(1)民俗歌舞表演:旅游的一个重要目的就是感受风土人情与民间情怀,因此展现民俗的歌舞表演成为旅游当中的一种重要演出形式。以歌舞形式表现民俗文化,无疑是最具吸引力的旅游节目。表现的内容可以是民俗的各个方面,如饮食、婚丧、服饰等。对于民俗文化的演绎阐释,可以让旅游者真切地感受到文化的空间差异与时代差异。

(2)曲艺杂技表演:传统戏曲往往因为唱腔、唱词的审美与快节奏的现代社会不相符而影响受众的广度,融入戏曲文艺表演的旅游项目却在一定程度上弥补了这一缺陷。

(3)话剧卡通表演:这类表演主要在大型主题公园内呈现,是在每日固定时段出现的卡通人物游行以及娱乐小品表演。

四、案例分析

传播文明的旅游达人

黄习芝今年 77 岁,喜欢旅游。截至目前,除了宁夏外,其他省、自治区、直辖市都去过,还去了十几个国家,于是,黄奶奶经常被人们称为旅游达人。

一开始旅游,她是为了完成老伴的遗愿。老伴已经去世 20 多年了,但黄奶奶每次出行都带着老伴的照片，走遍祖国的大好河山和世界各地。每到一地，她都要给老伴"讲"祖国的变化，世界的发展，"讲"旅游过程中的开心事。渐渐地，她也爱上了旅游。

每走一地，她都拍下了不少好的照片，优美的视频，制作成微信美篇，发送给在国外的孙子，告诉他，祖国的变化和祖国的强大。通过旅游过程中的所见所闻所感，教育子孙们，一定要热爱祖国，热爱人民。

在欣赏旅途风光的同时，黄奶奶也将国人文明旅游的形象树立了起来，积极主动地加入宣传文明旅游的行列中。有一次，她去越南旅游，由于热情地帮助当地旅行社解决了许多困难，被当地评为"友好使者"，为中国人争了光添了彩。

还有一次去西藏旅游时，她看到有一位 80 岁的外国老人，身患残疾，加上高原反应，状态堪忧。但她一直搀扶着这位老人，并把自己预防高原反应的药品给老人吃。这位外国老人非常感动，说中国人真好，个个都是活雷锋。实际上，黄奶奶自己也有 70 多岁了，高原反应也很厉害，但为了这位外国老人，她把方便让给他人，体现了中国游客良好的精神面貌，表现了一个文明古国，礼仪之邦的游客，所应有的素质和风范。

黄奶奶的旅游环保意识也非常强，不论到哪儿旅游，身上都带垃圾袋，不但自己从来不乱丢东西，而且经常把看到的垃圾捡到口袋里，丢到垃圾桶去，受到了游客们的高度赞扬。

她每到一地，还热情地向游客们倡导"中国公民文明旅游公约"，自觉践行"文明行为规范"。在境外旅游期间，如看到国内的游客有些不文明行为，会主动提醒告知对方"这样做是不文明的，有损中国人的形象"。她以实际行动让旅游与文明同行。

（资料来源：文旅中国 . 传播文明的旅游达人 [EB/OL]. https://baijiahao.baidu.com/s?id=1654308445531527281&wfr=spider&for=pc（2019-12-30）[2022-12-01]. ）

简析： 出境旅游需要尊重当地习俗与生活习惯，这既需要个人文明素养的提升，也需要通过制度规范、领队劝诫、警示教育等方式，多管齐下，规范每一个个体的行为。

五、任务分组

角色分配与编组：本任务有出境旅游领队、境外地陪、剧场工作人员以及游客等角色，可增设 1 位实训助理。建议 4~5 名学生为一组，每名学生轮流担任不同角色。

六、任务实施

1. 布置任务

出境领队小张带领 16 人的旅游团队抵达美国纽约，按照行程安排，他们将到百老汇（Broadway）观看歌剧《灰姑娘》（由歌剧大师罗西尼根据童话故事《灰姑娘》改编而成，故事情节经哲学大师阿里欧多罗妙手施为后，摇身一变成为一部不时让人莞尔一笑，夹杂对拜金讽刺的歌喜剧。剧中最重要的人物是贯穿全场的哲学家阿里多洛，以麦尼费肯和两姐妹柯琳娜和泰咪作为反面教材，来表现灰姑娘心中无私的美德和纯洁的心灵才是人类最大的财富。罗西尼巧妙地使用歌剧特有的演绎手法，把人物内敛或浮夸的个性表现得活灵活现）。

任务知识　歌剧

歌剧（opera）是一门西方舞台艺术，简单而言就是主要或完全以歌唱和音乐来交代和表达剧情的戏剧（是唱出来而不是说出来的戏剧）。歌剧在 17 世纪初，即 1600 年前后，出现在意大利佛罗伦萨，源自古希腊戏剧的剧场音乐。歌剧的演出和戏剧一样，都要凭借剧场的典型元素，如背景、戏服以及表演等来呈现。

较之其他戏剧不同的是，歌剧演出更看重歌唱和歌手的传统声乐技巧等音乐元素。歌手和合唱团常有一队乐器手负责伴奏。有的歌剧只需一队小乐队，有的则需要一支完整的管弦乐团。有些歌剧中会穿插舞蹈表演，如不少法语歌剧都伴有一场芭蕾舞表演。歌剧被视为西方古典音乐传统的一部分，因此和经典音乐一样，流行程度不及当代流行音乐，而近代的音乐剧被视为歌剧的现代版本。

歌剧从意大利继而传播到欧洲各国，而德国的海因里希·许茨、法国的让-巴普蒂斯特·吕利和英格兰的亨利·珀赛尔分别在自己的国家开创了 17 世纪歌剧的先河。一直到 18 世纪，意大利歌剧依然是欧洲的主流音乐。

意大利歌剧的主流一直是正歌剧，直至格鲁克在 18 世纪 60 年代推出"革新歌剧"以对抗正歌剧的矫揉造作。18 世纪著名的歌剧巨匠莫扎特，少年时先以正歌剧起家，继而以意大利语喜歌剧风行各地，尤以《费加罗的婚礼》《唐·乔望尼》和《女人皆如此》为人称颂。而莫氏倒数第二部歌剧《魔笛》（最后一部为《狄多王的仁慈》），更是德语歌剧的代表性作品。

19 世纪初期是美声风格歌剧的高峰期，以罗西尼、多尼采蒂和贝利尼等人的歌剧为代表，时至今日，依然常见于舞台。与此同时，贾科莫·梅耶贝尔的歌剧作品则成了法式大歌剧的典范，并风行全法。

19 世纪中后叶则被誉为歌剧的"黄金时期"，其中理查德·瓦格纳和朱塞佩·威尔第在德国和意大利各领风骚。而黄金时期过后的 20 世纪初，西欧歌剧继续演变出不同风格，如意大利的写实主义代表贾科莫·普契尼和德国的当代歌剧家理查德·施特劳斯的作品。而在整个 19 世纪，在中东欧地区，尤其是俄罗斯和波希米亚，国民乐派的崛起造就了当地和西欧平行发展的歌剧作品。

整个 20 世纪，现代风格元素常被尝试混入歌剧当中，如阿诺德·勋伯格和阿尔班·贝尔格的无调性手法和十二音阶作曲法，以伊戈尔·斯特拉文斯基为代表的新古典主义音乐，以及菲利普·格拉斯和约翰·亚当斯的简约音乐。随着录音技术的改善，像恩里科·卡鲁索等歌手成为歌剧圈外人士所知的名字。随着 20 世纪科技的进步，歌剧也会在电台和电视上播放，也出现了为广播媒体而写的歌剧。

任务知识　观看歌剧须知

歌剧起源于 17 世纪的意大利佛罗伦萨。歌剧中的独唱、大合唱、重唱、灯光、美术设计、管弦乐、走步以及舞蹈等元素互相结合，成为最受欢迎而又让人神魂颠倒的表演艺术。

　　观看歌剧时，衣着要干净整洁，着装正式，不能穿短裤、拖鞋、无领子的上衣。天冷可以穿羽绒服或大衣，到了之后脱下来存柜里即可。

　　不要迟到，序曲响起就只能在外面等到幕间休息或者换场的时候进场。

　　可以向工作人员要场刊，提前了解剧情。

　　座位前面有小屏幕，可以自选字幕语言，比较陌生的剧目先看剧情和唱词再去听，可以事前上网找完整的唱词和翻译。

　　一般歌剧开场，指挥进场全场会鼓掌。

　　可以在指挥上场之前或者幕间和谢幕的时候拍照。

2. 执行任务

1）实训条件

　　在多媒体教室，学生 4~5 人一组，分别担任出境旅游领队、境外导游、剧场工作人员以及游客，可增设 1 位实训助理。如果时间允许，每组成员可轮流扮演不同角色，重复实训内容，巩固实训效果。

2）实训步骤

　　第一步，"出境旅游领队"或"境外导游"简单介绍歌剧《灰姑娘》。

　　第二步，"出境旅游领队"或"境外导游"通过互动的方式与"游客"说明观看歌剧的注意事项。

　　第三步，在"剧场工作人员"的协助下，"出境旅游领队"和"境外导游"引导"游客"入座。

提升训练

　　一游客在观看歌剧《灰姑娘》的过程中，向出境旅游领队提出要上厕所，但是半小时过去了，游客还没有回来。眼看歌剧就要结束了，出境旅游领队和境外导游怎么处理这一问题？

3. 成果展示

　　实训任务完成后，每个小组用 PPT 展示"带领团队观看演出"的流程以及实训过程（可插入实训助理录制的视频）。陈述时，小组中每位学生都要发言，发言主要阐述自己在实训中所承担的角色以及所完成的内容。每小组的展示及陈述，既要体现小组个人的作用，又要体现团体任务的完整性。

　　本任务成果实行过程性评价，分个人自评、小组自评、小组互评以及教师评价，分别占 10%、20%、30%、40%。

七、任务拓展

　　为了达到举一反三、巩固提高的目的，配合以上实训任务，给出 3 个拓展任务，任选其中一个作为课后训练任务。完成并成功提交的作品，将计入平时成绩。

拓展任务 1

在模拟旅行社实训室或模拟导游实训室放映一个芭蕾舞剧，全班学生按要求分成4~5人的体验小组，分别担任出境旅游领队、境外导游、剧院工作人员、观影游客等，对"带领团队观看演出"任务进行拓展训练。

拓展任务 2

在学校大礼堂，全班学生自行准备一场与旅游相关的1小时左右的综合娱乐节目。学生按要求分成4~5人的体验小组，分别担任出境旅游领队、境外导游、演出场所工作人员、游客等，对"带领团队观看演出"任务进行拓展训练。

拓展任务 3

有条件的学校，可以安排学生参加一次国外友好城市演出团体赴本市的交流演出，全班学生以"旅游团"的形式组团体验。学生按实训要求4~5人一组，分担出境旅游领队、境外导游、场所工作人员以及游客等不同角色，对"带领团队观看演出"任务进行拓展训练。

任务七 境外游览中问题的处理

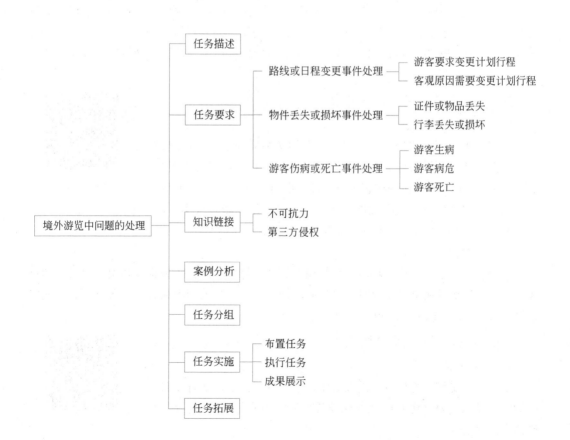

一、任务描述

领队在实际带团过程中，可能会遇到一些突如其来的问题，比如路线或日程变更、物件丢失、游客伤病或死亡等，这需要在采取针对性预防措施的前提下，沉着冷静地处理好各类问题和事故。

二、任务要求

1. 路线或日程变更事件处理

1）游客要求变更计划行程

若遇到这种情况，出境旅游领队原则上不能同意。因为出境旅游领队的任务就是要按照合同执行。特殊情况报组团社，由组团社来决定日程是否改变。

微课：领队服务的
准则与技巧

2）客观原因需要变更计划行程

旅游过程中，如因客观原因需要变更路线或日程时，出境旅游领队应向旅游团做好解释工作，并及时将游客的意见反馈给组团社和接待社，并根据组团社或接待社的安排做好工作。

一般在《出境旅游合同》中有规定，行程中因不可抗力或不可归责于出境游组团社的原因，导致无法按照约定线路、交通、食宿等标准继续履行合同的，组团社可在征得团队内 2/3 以上成员同意后，对相应内容予以变更。因变更而超出的费用，由游客承担，节省的费用应当返还给游客。对由于航班延误或取消、第三方侵权等不可归责于组团社的原因，导致游客人身、财产受到损害的，组团社不承担责任，但应当积极协助解决游客与责任方之间的问题。

2. 物件丢失或损坏事件处理

1）证件或物品丢失

当游客丢失证件或物品时，出境旅游领队和境外导游人员应详细了解丢失情况，尽力协助寻找，同时报告组团社或接待社，根据组团社或接待社的安排协助游客向有关部门报案，补办必要的手续。

微课：突发性事件的处理——物品安全

如游客将客票遗失，出境旅游领队需要立即陪同游客报案，取得遗失证明。然后办理挂失手续，根据有关规定处理客票事宜。

2）行李丢失或损坏

当游客的行李丢失或损坏时，出境旅游领队应详细了解丢失或损坏情况，积极协助查找责任者。当难以找出责任者时，出境旅游领队应尽量协助当事人开具有关证明，以便向投保公司索赔，并视情况向相关部门报告。

3. 游客伤病或死亡事件处理

1）游客生病

游客意外受伤或患病时，出境旅游领队应及时探视。如有需要，出境旅游领队应陪同患者前往医院就诊。病情不明的情况下，严禁擅自给患者用药。

微课：突发性事件的处理——人身安全

2）游客病危

游客病危时，出境旅游领队应立即协同境外地陪或亲友送病人去急救中心或医院抢救，或请医生前来抢救。患者如是某国际急救组织的投保者，出境旅游领队还应及时与该组织的代理机构联系。在抢救的过程中，出境旅游领队应要求患者亲友在场，并详细地记录患者患病前后的症状及治疗情况。出境旅游领队应随时向当地接待社及国内组团社反映情况，应通过组团社及时通知患者亲属，同时妥善安排好旅游团其他游客的活动。

3）游客死亡

导致游客死亡的原因会有多种，伤病、交通意外、自然天灾等，不管何种原因，凡出现游客死亡的事件，出境旅游领队都应该作为重中之重的大事对待，尽全力处理。按照日本旅行社关于每组织 5 万名游客出游就会出现 1 例死亡的概率统计，同时参照实际情况，旅游团中出现游客死亡，应该在预想之内，并应有相应的处理预案。

微课：突发性事件的处理——
户外活动中事故的处理

出现游客死亡的情况时，出境旅游领队应立即向组团社汇报，并通过境外地陪立即向当地接待社报告，由当地接待社按照有关规定做好善后工作。同时，出境旅游领队应稳定其他游客的情绪，并继续做好旅游团的带团工作。如游客是非正常死亡，出境旅游领队应与境外地陪一起商量，注意保护现场，及时报告当地有关部门。

三、知识链接

1. 不可抗力

所谓不可抗力（force majeure），是指合同订立时不可预见、不可避免并不可克服的客观情况。包括自然灾害、如台风、地震、洪水、冰雹；政府行为，如征收、征用；社会异常事件，如罢工、骚乱等方面。

微课：突发性事件的处理——
自然灾害的应急处理

不可预见性是指合同当事人对于不可抗力事件的发生根本无法预见。如果能预见，或应该能够预见，则不构成不可抗力，例如，某船运送客人从一海港到另一海港，船长出海前未了解天气预报即开船，结果遇上风暴使乘客权益受损，该风暴就不是不可抗力。因为作为船长出海前应了解一下当天的天气预报，而天气预报已对该风暴作了预告，船长能够预见，却由于疏忽未注意，应当承担责任。

不可避免性，就是灾害发生时，采取任何措施都无法规避、免除被损害的结果。也就是说，即使出现了不可预见的灾害，如果造成的后果是可以避免的，那么也不构成不可抗力。例如，船在海上遇到风暴，附近就有避风港但不开进去致使乘客权益受损，也需承担责任。

所谓不可克服性，是指当事人对该事件的后果无法加以克服，即毫无办法加以阻止。譬如政策的变化、国家出现政权的交替等。

2. 第三方侵权

第三方侵权即间接侵权，是指除双方当事人之外的、在法律关系或法律诉讼关系中与标的或法律诉讼有关的第三人侵犯当事人权利的行为。例如，游客在国外跟团旅游过程中，

被小偷盗窃了钱物。

四、案例分析

因台风受困又因回程机票遇纠纷　济南一旅游团滞留韩国

商报济南消息（记者张舒）昨日下午6点多，网友"?博拉汉_不孤单"连续发布多条微博向本报求助，称自己所在的赴韩五日旅游团因人为原因被滞留仁川机场。原因是游客与旅行社就机票费用问题未达成一致，且旅行社在未与游客沟通的情况下，单方面取消当日行程。

游客陈先生介绍说，7月30日旅行团按计划出发，当天抵达首尔，住了一晚后于31日全团赴济州岛。但由于抵达济州岛后恰巧遭遇台风机场封闭，游客滞留至昨日才从济州岛返回首尔。

昨日，当旅行团返回首尔后，事情再起波澜。原定计划返回首尔后，游客们还有参观青瓦台、游览游乐场和自行购物三个环节，但导游突然表示，由于之前游客与旅行团签订的是五天合同，现在合同超期，返回济南的机票钱旅行社不再全额负责，而是需要游客自己和旅行社各出一半。

陈先生称，旅行团的成员们都不能接受这个条件，希望旅行社继续履行原定合同，但导游与旅行社进行沟通后未能达成一致。于是旅行团就此滞留在首尔的仁川机场，且首尔原定的旅游景点也全部取消。后来通过游客们自己协调，韩国落地接待的旅行社表示，愿意替游客出那另一半的机票钱。但组团社此时却表示，机票所有费用都应由游客自行承担，旅行社不再承担责任。

截至昨晚7点半，陈先生一行已在机场滞留超过8小时。面对没人来管、长时间不吃不喝的情形，同行游客中有人情绪激动。

记者随后致电嘉华国旅环山路店的客服人员，该客服人员称自己知道旅行团被滞留的事情，但自己属于前台，此事需要旅行社的操作部门解决。昨晚7点48分，最早在微博上曝出此事的网友"?博拉汉_不孤单"更新微博，称嘉华旅游的董事长已承诺当晚的食宿和次日的机票旅行社可以负担一半费用。

（资料来源：张舒.因台风受困又因回程机票遇纠纷　济南一旅游团滞留韩国[EB/OL].http://sd.dzwww.com/sdnews/201408/t20140806_10784563.htm（2014-08-06）[2022-09.30].）

简析：因为不可抗力等不可控因素导致旅游行程更改的情况，旅行社的做法是符合相关规定的。天气的变化和航班的延误不属于旅行社责任。但台风消失后，旅行社需要继续履行与游客签订的旅游合同，将接下来未完成的行程顺延，这是旅行社必须履行的义务。所以返回首尔后自行取消景点游览是不符合相关规定的。

五、任务分组

角色分配与编组：本任务有出境旅游领队、境外地陪、游客、其他工作人员等角色，可增设1位实训助理。建议4~5名学生为一组完成"境外游览中问题的处理"的学习，每名学生轮流担任不同角色。

六、任务实施

1. 布置任务

出境旅游领队小张带领 27 人的"欧洲八国游"团队在早晨 8 点左右抵达离法国巴黎戴高乐机场不远的 Campanile 酒店，当他们正在从旅游大巴上取下行李时，遭遇 5~10 人犯罪团伙的集体抢劫。数件行李及部分游客的护照被抢走，两名游客和境外地陪受轻伤。

为了能顺利完成实训任务，任课教师为每组学生准备好欧洲八国旅游行程表及相关材料。

📖 **任务知识　欧洲八国旅游行程**

第一天：从北京出发，晚上 10 点在机场集合集体办理登机手续。

第二天：北京—布鲁塞尔—巴黎。HU4910120/0555，清晨抵达比利时首都布鲁塞尔，抵达后市区观光（共 1 小时），随后驱车前往巴黎，入住酒店。

第三天：早餐后在巴黎市区观光（共 3 小时），游览埃菲尔铁塔、凯旋门、香榭丽舍大道、协和广场。随后安排歌剧院自由活动时间，约 4 小时。

第四天：巴黎—卢森堡。在酒店早餐后参观法国国家艺术宝库——卢浮宫（90 分钟入内参观），随后安排奥斯曼大道自由活动，约 2 小时，充分享受花都的浪漫情怀。随后驱车前往卢森堡。

第五天：卢森堡—因特拉肯。早餐后开始市区观光（共 1 小时）；游览大公馆（外观）和风景优美的大峡谷，随后前往美丽的瑞士小镇因特拉肯。

第六天：因特拉肯—意大利小镇。酒店早餐后，在因特拉肯自由漫步约 2 小时，随后前往佛罗伦萨，途经风景如画的图恩湖。

第七天：意大利小镇—佛罗伦萨—罗马。在酒店早餐后，前往佛罗伦萨市区观光。

第八天：罗马—博洛尼亚。在酒店早餐后前往罗马市区观光（共 2 小时）；参观纪念意大利独立的阵亡将士纪念堂（车览）、斗兽场（外景），古罗马市集废墟，君士坦丁凯旋门，在许愿池前自由拍照。随后去梵蒂冈游览（入内参观 1 小时）。

第九天：博洛尼亚—威尼斯—奥地利小镇。在酒店早餐后，乘船到威尼斯本岛，抵达后参观糅合拜占庭、歌德、东方风格为设计主调的圣马可教堂，以及威尼斯共和国总督的居所道奇宫（外观）、叹息桥的历史陈迹。随后在有"欧洲会客厅"之称的圣马可广场自由活动约 2 小时。

第十天：奥地利小镇—维也纳。在酒店早餐后，前往维也纳观光。参观贝多芬广场、举世闻名的文艺复兴式建筑——欧洲三大歌剧院之一的维也纳国家歌剧院（外观），莫扎特雕像、英雄广场，造访外建筑美轮美奂的美泉宫（外观）。

第十一天：维也纳—布拉格。在酒店早餐后，造访多姿多彩的布拉格。拜访老城广场，沿着查理街走向查理大桥，参观建造于 9 世纪的布拉格古城堡，亦是现今捷克总统府所在地。瓦斯拉夫广场自由漫步。

第十二天：布拉格—柏林—北京，HU4901930/1015+1。早餐后前往德国首都柏林，抵达后开始市区观光。长达 1.6 公里的菩提树下大街是欧洲著名的林荫大道。大街西端是按照雅典卫城城门式样建造的勃兰登堡门。参观柏林的国会大厦（外观），它是联邦议会所在地。参观凯旋柱、柏林墙、威廉纪念教堂和总统府。

之后前往机场准备搭乘国际航班返回北京。

2. 执行任务

1）实训条件

在多媒体教室，学生 4~5 人一组，分别担任出境旅游领队、境外地陪、游客以及相关工作人员。如果时间允许，每组成员可轮流扮演不同角色，重复实训内容，巩固实训效果。

2）实训步骤

第一步，"出境旅游领队"与"境外地陪"及时报警，并安排伤者送医。

第二步，"出境旅游领队"与"境外地陪"统计损伤情况，分别报告组团社和接待社。

第三步，"出境旅游领队"联系使馆，补办被抢证件。

第四步，处理后续问题，安抚"游客"情绪。

提升训练

出现被抢、受伤事故后，正常的行程肯定会受到一定的影响。出境旅游领队如何根据这一情况灵活调整行程安排，尽量在有限的时间内，将行程内的精华景点都参观到？

3. 成果展示

实训任务完成后，每个小组用 PPT 展示"境外游览中问题的处理"以及实训过程（可插入实训助理录制的视频）。陈述时，小组中每位学生都要发言，发言主要阐述自己在实训中所承担的角色以及所完成的内容。每小组的展示及陈述，既要体现小组个人的作用，又要体现团体任务的完整性。

本任务成果实行过程性评价，分个人自评、小组自评、小组互评以及教师评价，分别占 10%、20%、30%、40%。

七、任务拓展

为了达到举一反三、巩固提高的目的，配合以上实训任务，给出 3 个拓展任务，任选其中一个作为课后训练任务。完成并成功提交的作品，将计入平时成绩。

拓展任务 1

在旅行社实训平台上，选择一个境外游览中可能出现的问题，如住店时出现火情、自由活动时游客走丢等，根据实训室准备的资料分组进行拓展训练，妥善处理这一问题。

拓展任务 2

在旅游网站上找一个游客在游览中的不文明行为的恶劣案例，如在千年文物上刻字、破坏生态等，自行准备材料分组进行拓展训练，妥善处理这一问题。

拓展任务 3

到合作的旅行社寻找一个有代表性的案例，如航班因天气原因不能正常飞往目的地或不能按时回国，导致行程延长或缩短，进而导致游客情绪不稳定出现了打砸机场的行为，请在旅行社导领部经理或领队的指导下，分组进行拓展训练，妥善解决这一问题。

项目四

做好返程服务

项目概述

　　出境旅游领队返程服务是全部旅行的最后阶段，需要领队继续保持清醒的头脑，带领团队安全返程并做好行程收尾工作。他国（地区）离境及中国入境的流程与中国（大陆）出境和他国（地区）入境的流程整体上类似，不同点是机场税、退税等环节。保证旅游团在返程过程中有条不紊，顺畅、安全归国是返程服务的核心环节。本项目的主要内容包括带团离他国（地区）境、带团入中国大陆境、做好游客归国后的工作。

学习目标

1. 知识目标

（1）掌握办理他国（地区）的离境手续的流程；

（2）掌握带团入中国大陆境的流程；

（3）掌握归国后的工作流程；

（4）了解不同国家（地区）的退税规定和操作方式；

（5）了解各个国家（地区）离境的海关相关规定以及我国入境的海关相关规定；

（6）熟悉返程途中意外事件的处理方法。

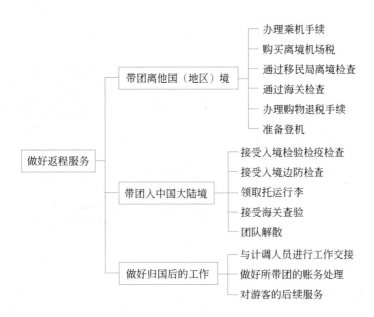

2. 技能目标

（1）能够独立带团办理离境手续，悉心体恤每位游客的需求；

（2）能够按部就班地带团入中国大陆境；

（3）能够在归国后做好交接工作，及时对本次行程进行总结；

（4）能够在行程结束后展开追踪调研。

3. 素质目标

（1）在课堂教学过程中，融入《旅行社出境旅游服务规范》《中华人民共和国旅游法》《中华人民共和国国境卫生检疫法》和离境地区及我国海关各项规定等，培育学生的爱国精神和职业道德；

（2）在实践教学环节，指导学生做好文明离境、安全入境、全面交接和及时回访工作；

（3）提高学生以人为本的服务精神，培养学生严谨的服务态度，锻炼学生善始善终的行事作风。

任务一　带团离他国（地区）境

一、任务描述

团队到达机场后应尽快办理离境相关手续，包括办理乘机手续、购买机场税、通过移民局检查、通过海关检查、退税等。为此，领队应熟练掌握离境流程，预判突发事件、留出充裕的离境时间，积极为团员解决问题，确保每一位团队成员按时登机。

二、任务要求

目的地国家（地区）离境的程序，与中国出境、目的地国家（地区）入境的程序有相

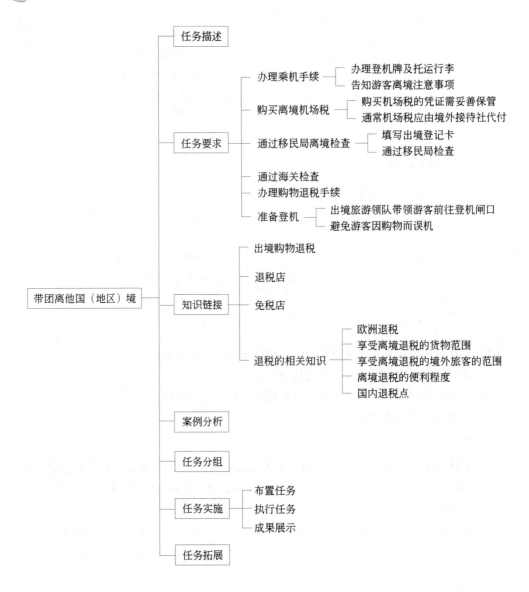

似之处，但也不完全相同。在旅游目的地国家游览结束后，团队搭乘离境飞机前，出境旅游领队要带领并协助客人办理各种离境手续，流程通常如图 4-1 所示。

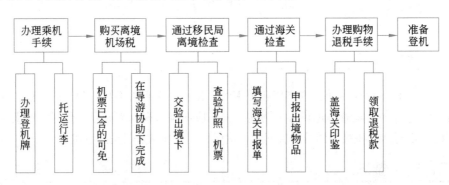

图4-1 出境旅游领队带领团队离他国（地区）境流程图

1. 办理乘机手续

旅游团境外结束整个旅游行程后，需要搭乘飞机（或其他交通工具）返回中国，出境旅游领队和境外导游应充分估算从城区到机场的时间。按照大多数国家（地区）国际机场的要求，离境游客通常都需要提前 2 小时抵达机场。但鉴于需要在机场办理退税手续或有时会遇到安检等候时间长等原因，出境旅游领队和境外导游应充分考虑提前到机场的预留时间。

微课：目的地国家离境领队服务

在境外各国（地区）机场航空公司办理乘机手续的程序与出境时在国内航空公司柜台办理手续基本一致，境外接待社的导游负责协助旅游团办理乘机手续，并将团队送至离境入口处。

1）办理登机牌及托运行李

通常情况下，由境外导游先去办理团体换票手续，然后将护照（通行证）、登机牌交还游客。目前有些国家（地区）航空公司可自助打印登机牌，出境旅游领队也要了解和掌握自助打票的操作方法，以便帮助游客打印登机牌。

微课：突发性事件的处理——航班临时取消

出境旅游领队协助游客将行李放在传送带上，逐一托运，提醒游客托运完成后拿好证件、机票和行李托运票。出境旅游领队要注意提前提醒游客，行李不可超重，超重行李需另外付行李超重费。

2）告知游客离境注意事项

在游客办理好退税和行李托运后，出境旅游领队应召集游客告知离境时的注意事项。

（1）向游客介绍所要办理的离境手续流程。

（2）告知登机牌上的信息，如航班号、登机闸口、登机时间等，要求游客在机场出境手续办完后自由活动时，控制好时间以免误机。

（3）做其他重要的提醒，如不要帮其他不认识的游客携带任何物品过境等。

2. 购买离境机场税

通常，在购买机票时已经支付境外机场收取的机场税。但也有一些国家（地区）国际机场的机场税是不包含在机票里的，需要游客在乘机之前购买。

1）购买机场税的凭证需妥善保管

按照中国国内组团旅行社与出境旅游游客签署的出境旅游合同的规定，境外机场税一般包含在正常的旅游收费中，应由旅行社支付。出境旅游领队出团前应当对此项费用如何支付了解清楚，如需要出境旅游领队支付，领队就需要在购买后将机场税凭据发给游客，以便应对机场检查。机场税如需交付旅行社报销，出境旅游领队应等游客完成检查后，及时收回并妥善保管。

2）通常机场税应由境外接待社代付

境外接待社对国内组团社的包价旅游报价当中，通常包含游客的出境机场税。因而，一般情况下，机场税是由境外接团社的导游代为支付。

3. 通过移民局离境检查

1）填写出境登记卡

一些国家（地区）的出境登记卡与入境登记卡是分开的两张表格，但也有许多国家（地区）的出境登记卡与入境登记卡印制在一张纸上，游客在入境时就已经填写完成。入境时，移民局官员会将入境卡部分撕下留存，然后把出境登记卡部分订在或夹在护照里还给游客。因而游客出境时，无须再重新填写出境登记卡。但如果游客不慎丢失夹在护照中的出境登记卡，此时就需要补填一张。

并非所有国家的出境都需要填写出境登记卡，比如瑞士、芬兰、挪威等国的出入境就不需要填写出入境登记卡。另外，持另纸团体签证的旅游团，在目的地国家（地区）离境时也不需要填写出境登记卡。

2）通过移民局检查

（1）在进入离境边检区域前，出境旅游领队须带领全体游客与境外导游道别，以示礼貌与感谢。

（2）依次办理离境手续。向移民局官员交上护照、签证、出境登记卡、登机牌后，站立等待查验。如查验无误，护照将被盖离境印章，或将签证盖上"已使用"（USED）章，然后移民局官员将留下出境登记卡，交还游客护照、签证、登机牌，离境手续完成。

从整体上看，各国家（地区）的出境边检手续的办理，通常都会比入境边检手续快。

4. 通过海关检查

出境旅游领队带团到不同国家（地区），必须要事先了解和掌握各国（地区）海关规定的出入境禁止携带的违禁物品，并事先把目的地国家（地区）的海关违禁物品和应注意的事项告知游客，这是出境旅游领队的责任和义务。

微课：办理海关离境手续

他国（地区）海关对离境携带物品的限制，主要有以下几种。

（1）游客入境时申报过的物品必须携带离境。如印度尼西亚海关就规定，外国游客自用的照相机、摄像机、卡带式录音机、望远镜、运动器材、笔记本电脑、手机或其他类似设备，入境时必须申报，离境时必须带回。

（2）他国（地区）的海关对携带现金离境有限额。如塞舌尔国际机场，入境时虽不设外汇申报点，但在出境时对外汇检查非常严格，一旦发现旅客所携带外汇超过其规定数量400美元，即予没收，土耳其海关规定携带相当于100美元的土耳其货币出境就必须申报。

（3）对动物、植物实体及骨骼的离境限制。如坦桑尼亚海关规定，出关者禁止携带象牙、犀牛角等物品。海关对此会查堵严密，如旅客违反将被处以重罚。海椰子是塞舌尔的特有物种，被视为国宝，携带海椰子在塞舌尔离境时，必须持有塞舌尔有关部门颁发的编号和许可证，否则将被重罚。

（4）其他类型的各种限制。还有一些国家特有的海关限制规定，如土耳其海关规定，携带贵重物品或电器离境要申报，古董、红茶、咖啡和香料禁止携带离境。

另外，在考虑其他国家（地区）离境的海关限制携带物品的时候，一定不能忘记中国海关入境物品限制。各国家（地区）与中国的海关边检在限制入境的物品上有许多不一致的地方。

境外多数国家的机场海关检查是以抽查的方式进行的。通常无申报物品的游客无须填写海关申报单，径直走过海关柜台即可。但如果携带了限制出境的物品而没有申报，则会受到惩罚。因而，如游客携带了限制出境物品，应主动向海关申报限制携带出境的物品。出境旅游领队应帮助游客填写海关申报单，并协助游客与海关人员进行交涉。

5. 办理购物退税手续

（1）在各国家（地区）的机场办理退税的规定和操作方式不一。通常当地导游都会在离境之前向游客告知和说明如何办理退税。出境旅游领队也应了解和掌握相关国家（地区）退税规定和操作流程，以便为游客提供帮助。

微课：办理购物退税手续及准备登机

（2）在境外办理退税，会有语言交流方面的问题，而且在短暂的时间里不能在当地完成退款，故出境旅游领队可以建议游客回到国内来办理退税手续。目前，在北京、上海、广州等大城市都设立了退税点。但办理退税，必须持经当地海关查验完毕后加盖印章的退税单，方可办理退款。

另外，各国家（地区）机场究竟是先办理乘机手续还是先办理海关退税，规定不尽相同，出境旅游领队应在出团之前了解清楚。

6. 准备登机

1）出境旅游领队带领游客前往登机闸口

办完所有的出境手续后，出境旅游领队带领游客到达登机闸口，等候登机。候机过程中，出境旅游领队应注意收听机场内的广播，向机场内的咨询台询问，或从电子显示屏上查询所搭乘的航班登机闸口是否有变。

2）避免游客因购物而误机

游客多数不会放弃候机过程中在免税店购物的机会，此时出境旅游领队应及时提醒游客控制好时间，注意登机闸口的楼层和号码，提前返回登机闸口，切勿耽误登机。

为避免出现游客误机的情况，出境旅游领队应尽早赶到登机闸口，清点人数，与未能及时赶到的游客取得联系。

三、知识链接

1. 出境购物退税

出境购物退税主要是指非本国居民在退税定点商店购买的随身携带出境的物品按规定退增值税和消费税的政策。通俗来说，就是还你一小部分税金，鼓励你多多消费。

并不是所有的商品都可以退税，一般情况下，在有 Tax Free、Tax Refund、VAT Refund 这样标识的商场或店铺购买的常规商品，比如服装、化妆品、电子产品、工艺品等能够携带出境的物品能够退税。

退税退的是增值税和消费税，仅适用于非本国居民（就是外国游客），而免税免的是进口关税，只要是出境的人不分国籍都可以享受这个福利。

2. 退税店

在可以退税的国家，大部分市中心的百货商店、购物中心、品牌店、购物村、工厂店等，甚至一些特色小店都可以退税，只需认准标志 Tax Free 或 VAT Refund 标识，如图 4-2 所示。

办理退税的步骤。

（1）退税物品购买。境外旅客在退税店购买退税物品后，应当向退税商店索取境外旅客购物离境退税申请单和销售发票。

（2）海关验核确认。境外旅客在离境口岸离境时，应当主动持退税物品、境外旅客购物离境退税申请单、退税物品销售发票向海关申报并接受海关监管。海关验核无误后，在境外旅客购物离境退税申请单上签章。

（3）代理机构退税。无论是本地购物本地离境还是本地购物异地离境，离境退税均由设在办理境外旅客离境手续的离境口岸隔离区内的退税代理机构统一办理。境外旅客凭护照等本人有效身份证件、海关验核签章的境外旅客购物离境退税申请单、退税物品销售发票向退税代理机构申请办理增值税退税。退税代理机构对相关信息审核无误后，为境外旅客办理增值税退税，并先行垫付退税资金。退税代理机构可在增值税退税款中扣减必要的退税手续费。

3. 免税店

一般而言，过安检之后的商店才是免税店，请认准 Duty Free 标识，如图 4-3 所示。需要注意的是，你买的免税品都会用透明且可盖章的密封塑料袋包装，注意别在到达目的地之前开封。

图4-2　美国某退税店

图4-3　美国某免税店

退税与免税有以下几点区别。

（1）离境退税的税种为增值税，是针对非免税店的消费退税。

（2）免税的税种为进口关税、增值税等进口环节税，是针对免税商店购物消费。

（3）退税与免税的受益人群不同，离境退税受益于离境外国人，免税针对任何游客，受益面更广。

4. 退税的相关知识

1）欧洲退税

在欧洲旅行购物可以享受购物退税的政策，游客在欧洲购物时所付购物款中已经包含了增值税，即 Value Added Tax（VAT），如游客每次购物达到一定的金额，而且所购物品不是在欧洲使用而是带回本国，那么可以享受退还增值税的政策。这是欧洲国家吸引外来游客购物消费的鼓励性政策。欧洲国家的主要零售商均提供此项服务，作为中国游客，有购物退税的权利，也就是说，在欧洲能以相对优惠的价格购买到世界名牌产品。

（1）哪些商品可以购物退税。应注意商店里是否有蓝白灰三色的退税购物（TAX FREE SHOPPING）专用标志。在欧洲，共有 22.5 万多家退税商店遍布机场和市内，每天平均有逾 2.2 万顾客享受到专业公司提供的退税服务。

（2）专业退税服务机构。环球蓝联（Global Blue），即原先的全球回报集团（GLOBAL REFUND），是一家专业办理退税业务的公司，在四大洲 36 个国家和地区建立了分公司和代表处，超过 3 万家的加盟零售商，已遍及欧洲、亚洲、美洲 32 个国家和地区，在 36 个国家设立了超过 700 个现金退税点（Cash Refund Office）。游客可通过现金、信用卡转账或邮寄银行支票三种方式获得退税。为方便中国游客享受到购物退税服务，该公司在我国北京、上海、广州和香港的机场和市内建立了 6 个现金退税点。

（3）填写退税支票。当客人在这些商店购物时，领队应该提醒客人向商店索取退税支票，正确填写相应表格可以确保客人及时获得退税。如果商店的全球退税支票（Global Tax Free Check）首联是蓝色或粉红色，大多数可以现金方式退税；如果是绿色的，则只能以邮寄银行支票或信用卡划账的形式退税。客人应在支票上用英文填写详细邮寄地址（含邮编），或填写其有效的国际信用卡卡号，并用环球蓝联公司提供的"邮资已付"的信封，寄回支票发出国的环球蓝联分公司，这样该公司就可以将增值税退回给您。

（4）退税率和最低购物金额。欧洲各国的退税率各不相同，可退税的最低购物金额（即客人在同一家商店一天之内的购物总额）也不一样。客人所得到的退税款额将是扣除手续费后的增值税金额，专业服务公司将收取一定的单据处理费用。

（5）退税时效。全球退税支票的时效是购物当月加上 1 个月到 3 个月（荷兰退税支票需 3 个月）之内离开欧洲时，由海关盖章后方可生效。离开欧洲最后一站的海关盖章是唯一可以使退税单有效的法律手续。对于中国游客而言，只要在欧洲海关检验商品盖章后，在旅游目的地国或回国都是可以退税的。简而言之，如果在欧洲购物准备退税，一定别忘了在离境时到该国海关检验盖章。

2）享受离境退税的货物范围

（1）绝大多数国家（地区）只对旅客所购货物给予退税，对其购买的服务不予退税。原因是，退税根据的是消费地或目的地原则，境外旅客购买货物是为带回国消费，根据消费地原则予以退税。而购买服务之后（如住宾馆或吃饭，购买的是住宿劳务与餐饮服务）直接消费，消费地在国外，不符合退税的条件。

（2）绝大多数国家（地区）采取反列举的方式确定退税货物的范围。反列举方式下，未被列举的货物即可退税。澳大利亚、新加坡、德国、马来西亚等国均采用反列举方式。

（3）个别国家对已在境内消费的货品仍然予以退税。大部分国家明确规定，境外旅客在本国购买并在境内部分或全部消费的物品不予退税。但澳大利亚比较特殊，该国允许境外游客购买的物品在境内被消费，但酒、巧克力、香水等除外。马来西亚规定，购买服装等货物后在其境内消费，如果完整保留发票，可以给予退税。

3）享受离境退税的境外旅客的范围

（1）绝大多数国家（地区）对非本国（地区）居民或公民予以退税。大多数国家根据入境旅客身份确定不同的退税条件。有很多国家考虑了非本国居民或公民的具体身份，比如是否是外籍工人、是否是留学生等，对其规定了不同的给予退税的条件。一些国家对享受退税的境外游客有年龄限制。有这项规定的国家，一般将年龄限制在十几岁以上。比如，新加坡规定旅客购买商品时年龄在 16 周岁以上，法国规定 15 岁以上。

（2）个别国家对本国符合条件的居民也给予退税。澳大利亚除了对境外旅游者给予退税，符合条件的出境的澳大利亚居民也可以，但从事空运及海运的工作人员除外。日本规定，日本护照的持有人在日本境外停留 2 年以上可以享受退税待遇。

4）离境退税的便利程度

大多数国家离境退税已实现全国联网，在离开这个国家之前申请退税即可，可以在一国游览多个地方。但随着境外旅客的增加，为了便捷，一些国家（地区）推出了多样化的离境退税方式。有些国家（地区）在地铁站设立离境退税地点；也有些国家（地区）实行市区特约退税；部分国家（地区）实行即刻退税制度，该制度是指旅客购物时不需缴纳增值税，或购买时先缴纳增值税，之后在购买货物的商店所设立的退税点实现当场退税。

5）国内退税点

客人离境时，既可以就近在各出境机场退税点退税，也可以回到我国北京、上海、广州、香港的指定退税点退税。在北京、上海和广州，现金退税的币种只能为美元，在香港特别行政区只能为港币，且只能按退税支票上的金额四舍五入后的整数金额退税。

四、案例分析

携带象牙制品入境，小心触犯刑律！

2017 年 12 月 21 日上午，北京市第四中级人民法院召开新闻发布会，发布《走私刑事案件审判白皮书》（以下简称《白皮书》）中披露的一个案例。

陈某将 5 件象牙制品分别藏在 3 个行李箱中，乘航班从境外飞抵北京，入境时被海关人员查获。检察机关指控其犯走私珍贵动物制品罪。庭审时，辩方提出其中 4 件象牙制品来源于一根象牙，并向法庭提供了被告人在国外曾受赠过一根完整的象牙，剩余 2 段象牙尚留在国外家中的证据。

法院认为，陈某的行为构成了走私珍贵动物制品罪。关于犯罪数额，根据辩方提供的证据，结合国家林业和草原局森林公安司法鉴定中心和国家林业和草原局野生动物检测中心的鉴定意见，可以认定涉案的 4 件象牙制品来源于一根象牙，价值人民币 25 万元；另 1 件象牙制品净重 0.110 千克，价值人民币 4583 元。法院判决，被告人陈某犯走私珍贵动物制品罪，判处有期徒刑 5 年，并处罚金人民币 5 万元。

关于走私珍贵动物、珍贵动物制品罪，不少人认为与己无关，因为个人一般不会带活体动物入境，也就是买点动物制品如象牙项链等自用，并不为获利，应该不会触犯法律。但北京市四中院刑庭法官瞿长玺称，从受理的走私珍贵动物制品案件情况看，尚无珍贵动物"活体"，均为珍贵、濒危动物制品，包括象牙、犀牛角、穿山甲片、玳瑁、棕熊胆等。但珍贵动物制品并非一定指 1 根象牙或犀牛角，哪怕是购买象牙或犀牛角制作的项链等物品用于自戴，一旦海关查获，价值不到 10 万元的物品没收，超过的则要入刑。

（资料来源：佚名. 携带象牙制品入境，小心触犯刑律 [EB/OL]. https://www.sohu.com/a/212046743_120078003（2017-12-22）[2022-07-25].）

北京某旅行社以商务考察的名义组织了一个 24 人的旅游团到非洲旅游。游客不仅感受到了非洲美丽的景色、古老的文化和奇异的民族风情，也为各式各样的旅游纪念品尤其是象牙制品所陶醉，游客大都对之有强烈的购买欲望。在购买前，客人纷纷向领队询问是否能顺利带回国。领队虽是位新手，首次带团赴非洲，但非常负责，她首先询问了当地导游，获知可以带出境，于是告诉客人可以放心购买。但没想到的是，团队在欧洲转机时却被拦了下来，原来许多欧洲国家为了保护大象，禁止象牙制品出入境，违者最高可处两年监禁。结果，游客们所携带的象牙制品全部被没收而且还被罚款，游客们怨声载道，领队自然成为大家埋怨和指责的对象。

简析：这些携带象牙或象牙制品入境者，多少都意识到自己的行为是不对的甚至是违法的，因此大都是偷偷带进来，甚至有的还会有意将装有象牙制品的行李包不过安检，有的还以为如被海关查获了顶多就是没收而已。大大出乎他们意料的是，携带象牙或象牙制品入境可能因此而判刑。旅行社及导游也应当主动提醒游客，哪些是可以带的、哪些是不能带的，以免游客由于认识上的不到位而触犯法律法规。

领队在境外带团过程中，应该将文明旅游行为指南以及各国的相关法律法规纳入讲解之中，避免游客因为无知触犯他国（地区）相关规定。

五、任务分组

角色分配与编组：本任务有出境旅游领队、机场工作人员、海关官员以及游客等角色，可增设 1 位实训助理。建议 4~5 名学生为一组完成"离境手续办理"的学习，每名学生可以轮流担任不同角色。

六、任务实施

1. 布置任务

出境领队小王带领 14 人的"欧洲 10 日游"旅行团从意大利离境，他们到达机场后开始为游客办理出境手续，为了顺利完成任务，教师指导学生模拟他国（地区）整套流程，如办理乘机手续、填出境卡（图 4-4、图 4-5）、办理海关手续以及协助办理退税等。

2. 执行任务

1）实训条件

模拟办理意大利离境手续，可通过旅游实训教室模拟，能够通过网络实现信息发布和成果展示。如果暂时不具备以上条件，也可以在能上网的多媒体教室进行。

学生 4~5 人一组，分别担任出境旅游领队、机场工作人员、海关官员以及游客等角色。

出境卡

ARRIVAL CARD   MCL-09-001

WRITE YOUR FULL NAME AS WRITTEN IN YOUR PASSPORT/TRAVEL DOCUMENT(IN BLOCK LETTERS)按照护照上的名字来填写

LAST NAME（姓）

GIVEN NAME（名）

MIDDLE NAME（中间名）

CITIZENSHIP（公民身份）/ NATIONALITY（国籍）

DATE OF BIRTH (MM-DD-YY)   SEX（性别）
出生日期（月/日/年）   ☐ MALE（男）   ☐ FEMALE（女）

OCCUPATION（职业）/ WORK（工作）

PASSPORT（护照号码）/ TRAVEL DOCUMENT NUMBER（旅行证件号码）

PLACE OF ISSUE（护照签发地点）

DATE OF ISSUE (MM-DD-YY)   VALID UNTIL (MM-DD-YY)
护照签发日期（月/日/年）   护照有效期至（月/日/年）

Signature of Passenger（乘客在方格里用拼音签名）

ADDRESS ABROAD（海外地址）No.Street（街道）

City / Town / Country（城市/城镇）

Province / State（省份）

ADDRESS IN THE ITALIAN（意大利地址）No. Street（街道）

City / Town（城市）

Province（省份）

Contact Number in the Italians（在意大利的联系方式）

ACR I-Card Number（for foreign residents only）（此处不用填写）

Arrival Date （MM-DD-YY）   Flight Number
到达日期（月/日/年）   （航班号）

图4-4　出境卡正面

反面

For Overseas Filipino Workers Only OFW eCard Number / Clearance Number（此处不用填写）

For Non-Philippine Passport Holder（非菲律宾护照持有人填写）

PURPOSE OF VISIT (check one only) 旅行主要目的（只选一项）

Holiday / Pleasure（旅行）   Health / Medical（就医）

Work / Employment（工作）   Convention / Conference（参会）

Business / Professional（商务）   Official Mission（公务）

Education / Training（教育）   Religion / Pilgrimage（朝圣）

Visit Friends / Relatives（探亲访友）   Permanent Resident / Returning Resident（移民）

Others（其他）

For official use only（只能意大利移民官员填写）

INSTRUCTIONS（注意说明）

1. This arrival card shall be complestly filled-out by every passenger inculding children.

   每位乘客（包括小孩）都要填写这张入境卡。

2. Fill this card in English with blue or black pen and in capital letters.

   请用蓝色或黑色笔，用大写字母来填写入境卡。

3. Keep this card in your passport to be presented at time of arrival.

   入境时，请将你的入境卡放在你的护照里。

图4-5　出境卡反面

如果时间允许，每组成员可轮流扮演不同角色，重复实训内容，巩固实训效果。

2）实训步骤

第一步，"出境旅游领队"带领游客办理乘机手续，购买机场税。

第二步，填写出境卡，通过移民局离境检查。

第三步，申报出境物品，通过海关检查。

第四步，办理购物退税，领取退税款。

第五步，准备登机。

提升训练

如果游客中有人购买了禁止出境的物品，领队获知此事后，游客拒绝丢弃物品并要求领队不要声张企图蒙混过关，领队该如何处理？

3. 成果展示

实训任务完成后，每个小组用 PPT 展示办理离境的完整流程以及实训过程（可插入实训助理录制的视频）。现场陈述时，小组中每位学生都要发言，发言主要阐述自己在实训中所承担的角色以及所完成的内容。每小组的展示及陈述，既要体现小组个人的作用，又要体现团体任务的完整性。

本任务成果实行过程性评价，分个人自评、小组自评、小组互评以及教师评价，分别占 10%、20%、30%、40%。

七、任务拓展

为了达到举一反三、巩固提高的目的，配合以上实训任务，给出 3 个拓展任务，任选其中一个作为课后训练任务。完成并成功提交的作品，将计入平时成绩。

拓展任务 1

在旅行社实训平台上找一条韩国游实训线路，根据准备好的护照、出境登记卡、海关申报单、机票等，分组进行"离他国（地区）境"拓展训练。

拓展任务 2

找一家旅游网站，选择一条港澳旅游线路，根据线路自行准备护照、出境登记卡、海关申报单、机票等，分组进行"离他国（地区）境"拓展训练。

实训中插入一个突发情况，一名游客携带六双同一款式的皮鞋进境，可能被认定为用于商业用途，出境旅游领队该如何处理？

拓展任务 3

找一家校企合作旅行社，选择一条澳新旅游线路，根据线路向合作企业索要护照、出境登记卡、海关申报单、机票等，分组进行"离他国（地区）境"拓展训练。

实训中插入一个突发情况，在出新西兰境过程中，出境旅游领队发现一位游客把捡到的贝壳放在商店买的贝壳制品中，企图通过这种方式过关，出境旅游领队该如何处理？

任务二 带团入中国大陆境

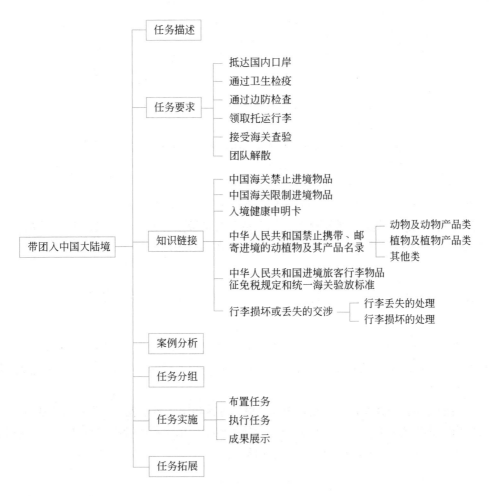

一、任务描述

领队带领游客进入中国境内，需要为游客办理相关手续。其工作流程包括填写健康申明卡、通过卫生检疫、通过边防检查、通过海关等。为此，领队应熟练掌握入境工作流程，提前检查游客填写的申请表，如有错误提前修改，预判突发情况，积极为团员解决问题，确保每一位团队成员顺利入境。

微课：入中国境服务

二、任务要求

团队在入境前，领队需要向游客讲解中国有关卫生检疫的法规、中国海关关于禁止和限制携带入境的相关规定以及健康申明卡填写说明。抵达国内口岸后，领队要带领并协助游客办理各种入境手续，流程大致如图 4-6 所示。

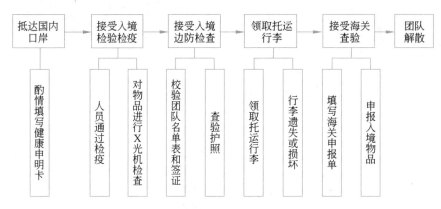

图 4-6　出境旅游领队带团入中国大陆境流程图

1. 抵达国内口岸

指导"有发热、持续咳嗽，以及呕吐、腹泻、皮疹、呼吸困难、不明原因皮下出血等症状的"或"已经诊断患有传染性疾病的"或"携带微生物、人体组织、生物制品、血液及其制品等的"游客，填写《入境健康申明卡》，主动申报。

2. 接受入境检验检疫

接受入境检验检疫包括人员通过检疫及海关人员对物品进行 X 光机检查。

3. 接受入境边防检查

游客在中国边检站柜台前排队，按顺序将护照交给入境检查员，接受边防检查站的入境检查。入境检查员核准后在护照上盖入境验讫章并交还游客，则入境边检手续完成，游客即可入境。

旅游团体可持团体签证，根据《中国公民出国旅游团队名单表》顺序走团队通道。《中国公民出国旅游团队名单表》中的入境边防检查专用联由边检收存，旅行社自留专用联和旅游行政部门审验专用联交还给出境旅游领队。

4. 领取托运行李

（1）领取托运行李：完成入境边防检查进入中国境内后，出境旅游领队及游客可按照行李认领处的电子指示牌标识，在行李转盘上找到自己托运的行李。

（2）行李遗失或损坏：当游客发现自己的行李遗失或损坏时，出境旅游领队应协助游客到机场的行李查询台咨询及申报。根据相关规定，行李丢失或延误最迟不得超过 21 日（从行李交付之日起算）联系当地的航空公司办事处；损坏申赔不得超过 7 天，否则视乘客自动放弃权利。

5. 接受海关查验

进境旅客携带有下列物品的，应在《中华人民共和国海关进境旅客行李物品申报单》相应栏目如实填报，并将有关物品交海关验核，下列物品需向海关申报：

（1）动、植物及其产品、微生物、生物制品、人体组织、血液制品；

（2）居民旅客在境外获取的总值超过人民币 5000 元（含 5000 元，下同）的自用物品；

（3）非居民旅客拟留在中国境内的总值超过 2000 元的物品；

（4）酒精饮料超过 1500 毫升（酒精含量 12 度以上），香烟超过 400 支，雪茄超过

100 支，烟丝超过 500 克；

（5）人民币现钞超过 20000 元，或外币现钞折合超过 5000 美元；

（6）分离运输行李，货物、货样、广告品；

（7）其他需要向海关申报的物品。

海关设置有"无申报通道"和"申报通道（或海关申报台）"。无申报物品的旅客可选择"无申报通道"，接受海关的检查，违反规定者，海关依《中华人民共和国海关法》和《中华人民共和国海关法行政处罚实施条例》的有关规定处理。有申报物品及不明规定的旅客应主动选择"申报通道"的申报处申报或到"申报台"申报，主动出示本人的有效身份证件，填写有关书面申报单证，并将行李物品交海关查验，其他任何形式或在其他任何时间、地点所作出的申明，海关均不视为有效申报。

6. 团队解散

游客通过海关查验、领取到托运行李后，团队就可以解散了。领队应该站在一个较醒目的位置与旅客道别。感谢游客对自己工作的支持，表达再次带领游客出境旅游的愿望。

三、知识链接

1. 中国海关禁止进境物品

（1）各种武器、仿真武器、弹药及爆炸物品；

（2）伪造的货币及伪造的有价证券；

（3）对中国政治、经济、文化、道德有害的印刷品、胶卷、照片、唱片、影片、录音带、录像带、激光视盘、计算机存储介质及其他物品；

（4）各种烈性毒药；

（5）鸦片、吗啡、海洛因、大麻以及其他能使人成瘾的麻醉品、精神药物；

（6）带有危险性病菌、害虫及其他有害生物的动物、植物及其产品；

（7）有碍人畜健康的、来自疫区的以及其他能传播疾病的食品、药品或其他物品。

2. 中国海关限制进境物品

（1）无线电收发信机、通信保密机；

（2）烟、酒；

（3）濒危的和珍贵的动物、植物（均含标本）及其种子和繁殖材料；

（4）国家货币；

（5）海关限制进境的其他物品。

3. 中华人民共和国禁止携带、邮寄进境的动植物及其产品名录

中华人民共和国禁止携带、邮寄进境的动植物及其产品名录如下。

1）动物及动物产品类

（1）活动物（犬、猫除外），包括所有的哺乳动物、鸟类、鱼类、两栖类、爬行类、昆虫类和其他无脊椎动物，动物遗传物质。

（2）（生或熟）肉类（含脏器类）及其制品；水生动物产品。

（3）动物源性奶及奶制品，包括生奶、鲜奶、酸奶，动物源性的奶油、黄油、奶酪等奶类产品。

（4）蛋及其制品，包括鲜蛋、皮蛋、咸蛋、蛋液、蛋壳、蛋黄酱等蛋源产品。

（5）燕窝（罐头装燕窝除外）。

（6）油脂类，皮张、毛类、蹄、骨、角类及其制品。

（7）动物源性饲料（含肉粉、骨粉、鱼粉、乳清粉、血粉等单一饲料）、动物源性中药材、动物源性肥料。

2）植物及植物产品类

（1）新鲜水果、蔬菜。

（2）烟叶（不含烟丝）。

（3）种子（苗）、苗木及其他具有繁殖能力的植物材料。

（4）有机栽培介质。

3）其他类

（1）菌种、毒种等动植物病原体，害虫及其他有害生物，细胞、器官组织、血液及其制品等生物材料。

（2）动物尸体、动物标本、动物源性废弃物。

（3）土壤。

（4）转基因生物材料。

（5）国家禁止进境的其他动植物、动植物产品和其他检疫物。

4. 中华人民共和国进境旅客行李物品征免税规定和统一海关验放标准

为进一步增强海关执法透明度，方便旅客进出境，明确进境旅客行李物品征免税规定，规范和统一海关验放标准，现就有关事项公告《海关总署公告》〔2010年第54号〕如下。

（1）进境居民旅客携带在境外获取的个人自用进境物品，总值在5000元人民币以内（含5000元）的；非居民旅客携带拟留在中国境内的个人自用进境物品，总值在2000元人民币以内（含2000元）的，海关予以免税放行。单一品种限自用、合理数量，但烟草制品、酒精制品以及国家规定应当征税的20种商品等另按有关规定办理。

（2）进境居民旅客携带超出5000元人民币的个人自用进境物品，经海关审核确属自用的；进境非居民旅客携带拟留在中国境内的个人自用进境物品，超出人民币2000元的，海关仅对超出部分的个人自用进境物品征税。对不可分割的单件物品，全额征税。

（3）有关短期内多次来往旅客行李物品征免税规定、验放标准等事项另行规定。

根据中国《海关总署公告2004年第7号》，20种不予免税的商品分别为：电视机、摄像机、录像机、放像机、音响设备、空调器、电冰箱(电冰柜)、洗衣机、照相机、复印机、程控电话交换机、微型计算机及外设、电话机、无线寻呼系统、传真机、电子计数器、打字机及文字处理机、家具、灯具和餐料。

5. 行李损坏或丢失的交涉

1）行李丢失的处理

如果遇到了行李丢失的问题，首先要区分责任方。如果行李丢失是乘客自己的原因造成的，那么航空公司有权不予赔付。以下三种情况属于旅客的责任：

（1）没有按时办理登机和行李托运手续（航空公司要求旅客在飞机起飞前45分钟办好登机和行李托运手续）；

（2）托运行李中有违禁物品；

（3）托运行李中有贵重物品，如现金、票据、重要文件等（航空公司明确规定贵重物品请旅客随身携带）。

若乘客发生了行李丢失或延误的情况，必须在 21 日内（从行李交付收件人之日起算）联系当地的航空公司办事处。

除以上三种情况造成行李丢失的，可以认定为是航空公司的责任。非旅客责任造成行李丢失的处理步骤如下。

第一，找准责任人。根据航空公司的"终站赔偿法则"，多次转机的旅客，一旦发生行李丢失的问题，由搭乘终站的航空公司负责理赔。乘客行李出现问题应立即到机场的行李查询台咨询及申报。该服务台一般设在海关大厅，靠近行李认领区。而行李损坏的乘客申报期不得超过 7 天，否则视为乘客自动放弃权利。如果使用信函、传真或电子邮件发送通知，则以邮戳或自动显示接收日期为最后期限的日期。

第二，领取延误行李登记编号。使用这个编号，你可以在航空公司的官网上查询到目前的行李状态以及在必要时修改行李递送信息和联系方式。

第三，找对等待的位置。如果行李已经确定在某地，并且在几个小时以内就能到达你所在的机场，可以选择在机场等待。如果暂时无法确定行李下落，或者确定了行李下落，但无法在当天送达，你可以留下一个运送地址和联系方式，然后先离开机场。但无论哪种情况，切记一定要确保你拿到了"延误行李登记编号"再离开机场。

第四，获取赔偿。根据所搭乘航空公司的不同流程规定，在报失一定时间后，如果还没有收到丢失的行李，那么需要做好行李丢失的准备，进入赔偿程序。

如果是需要等待较长的一段时间才能拿到行李，那么航空公司一般会支付一些购买换洗衣服、漱洗用品等急需用品的现金。或者让旅客在指定限额内自行购买一些生活急需用品，然后凭发票报销。这笔费用在行李找到后是无须退还的。

各航空公司的赔偿标准

1. 新西兰航空

如果发生了行李延误或者丢失的情况，请于你本应收到行李当天算起的 30 天内（全程国内航班）或者 21 天内（国际航班包括国内航段），以书面的形式告知新西兰航空公司行李服务部门。行李服务部门的联系方式，请在航空公司官方网页中查询。

新西兰航空公司会结合具体情况，进行相应的赔付。

2. 中国南方航空

1）行李不正常运输的处理

（1）行李运输发生延误、丢失或损坏，南航或南航地面代理人应会同旅客填写《行李运输事故记录》，尽快查明情况和原因，并将调查结果答复旅客和有关单位。如发生行李赔偿，可在始发地点，经停地点或目的地地点办理。

（2）因南航原因使旅客的托运行李未能与旅客同机到达、造成旅客旅途生活的不便，南航应按规定给予旅客适当的临时生活用品补偿费。

2）行李赔偿

（1）赔偿限额。

① 符合 1929 年《华沙公约》缔约国条件的，托运行李损失每千克赔偿 17 特别提款权；符合 1999 年《蒙特利尔公约》缔约国条件的，每名旅客托运行李和非托运行李赔偿限额为 1288 特别提款权。

② 在航班符合《华沙公约》的情况下，如果客票内未记录托运行李的重量，则用于计算赔偿额的行李重量不得高于该旅客相应舱位等级所享受的免费行李额。

（2）索赔和诉讼时限。

① 提出异议时限。

旅客在发现托运行李发生损失的情况下，须立即向南航提出异议，最迟不超过从收到行李之日起 7 个工作日；在行李延误的情况下，任何异议最迟不得超过从行李交付收件人保管之日起 21 个工作日以内提出。

任何异议必须以书面形式在上述规定的时限内提出，否则不能向南航提出索赔。

② 索赔诉讼应在飞机到达目的地之日起，或从飞机应该到达之日起，或从运输终止之日起二年以内提出。

3. 中国国际航空

对损坏行李提出赔偿的乘客至迟应当自收到托运行李之日起 7 天内向国航提交书面索赔申请。对延误行李提出赔偿的乘客至迟应当自托运行李交付乘客之日起 21 天内向国航提交书面索赔申请。诉讼必须在飞机抵达目的地（如抵达）后两年内结案，或在相关航班被撤销之前结案，否则诉讼将被撤销。

国际航班赔偿标准：

对于符合《华沙公约》标准的航班，行李赔偿限额为每公斤 17 特别提款权。如行李的实际损失低于此标准，将根据行李的实际损失进行赔偿。非托运行李的赔偿限额为 332 特别提款权。

对于符合《蒙特利尔公约》条件的航班，行李赔偿限额为每公斤 30 美元（或等值外币）。如果行李的实际损失低于此标准，将根据行李的实际损失进行赔偿。如果能提供适当证明，每名旅客托运和非托运行李的赔偿限额为 1131 特别提款权。如不能确定行李重量，公司将根据各级客舱每乘客免费行李上限规定的重量进行赔偿。

行李延误的一次性赔偿金额为：经济舱 300 元人民币（或等值外币），公务舱 400 元（或等值外币），头等舱 500 元（或等值外币）。行李赔偿应根据国航有关行李运输的规定进行确认。如果您的行李已经投保，我们可为您提供相关文件，以便您向投保公司索赔（1 特别提款权的价值约为 1.37 美元，其兑换率可上下浮动）。

4. 国泰航空

如果行李在国际运输中出现延误或受损，请务必提出书面投诉。

可以在官网下载行李索赔表。填写好表格之后，将此表返还至抵达大厅的工作人员，完成"行李异常"报告，并随附旅客机票、行李单、超规定行李票和购物收据等其他任何相关证明。

可以在自己的国家/地区直接致电行李服务团队，关注进展情况。如果为行李购买了私人保险，还应向保险公司提交索赔申请，敬请留意。

行李遗失、延误或损坏的责任有所限制，除非提前申报较高价值，并支付额外费用。某些类型的物品可能会申报超出的价值。对于一些国际航线（包括国际航线的国内部分），可能遵照《华沙公约》限制责任：托运行李每公斤17特别提款权，非托运行李每位旅客332特别提款权。如果《蒙特利尔公约》适用于所搭乘的航线，适用的责任限制为托运和非托运行李每位旅客1131特别提款权。

除了《华沙公约》和《蒙特利尔公约》定义的国际运输过程中托运或非托运行李之外，尽管《旅客和行李运输通用条款》对行李所含物品有所限制，我们不会以任何方式承担您的行李所含任何物品的遗失、损坏或延误的责任。此类物品包括但不限于易碎或易腐物品、钥匙、艺术品、相机、货币、珠宝、贵金属、银器、药品、药物、危险品、商用产品、非标准尺寸物品、可转让票据、证券或其他贵重物品、商业文件、样品、护照和其他身份证件。

5. 大韩航空

如果行李未到达最终目的地，您要做的第一件事就是向飞往最终目的地的相关航空公司代表或行李服务中心工作人员申报延误或丢失。

例如，如果您乘坐大韩航空公司的国际航班从仁川国际机场飞往洛杉矶，然后再乘坐达美航空公司的航班飞往纽约，则您应向达美航空公司代表或达美航空公司的行李服务中心查询。其他应采取的措施：提供您的行李认领牌、填写相关申报表。您必须列出行李中包含的物品、行李牌子/描述、您的联系方式和其他详细信息。和其他300家航空公司一样，大韩航空也采用了世界上最大的行李跟踪系统WORLDTRACER。

如果托运行李破损或包内物品丢失，则您必须在收到托运行李后7天内书面通知大韩航空公司。在您收到托运行李后21天内，必须以书面形式向大韩航空公司申请延误行李索赔。如果出现行李延迟，旅客的到达城市非自己的国家城市，且无熟人（家人或朋友）帮助，大韩航空将一次性支付50美元用于购买基本必需品。

（资料来源：佚名.各航空公司的赔偿标准 [EB/OL]. https://china.findlaw.cn/info/hangkongfa/hklkys/1280624.html（2016-11-24）[2022-07-25].）

2）行李损坏的处理

（1）立刻持登机牌、行李牌和乘机证件到机场行李查询处（Loss and Found Office）申报，协同工作人员填写行李运输事故记录单（PIR）；

（2）国内航线行李发生损失的赔偿标准是每公斤100元人民币。国际航线只要符合《蒙特利尔公约》缔约国的条件，不分托运行李或是非托运行李，最高不能超过每名旅客1000特别提款权；

（3）赔付金额还要看行李具体破损程度，需要经过鉴定，以及是否能够提供有效的价值证明，即购买行李箱的发票。

四、案例分析

男子欧洲游行李被运丢　航空公司打算"按斤赔"

一趟跟团欧洲游，行李却被落在国内没运出，游客怒向航空公司索赔，航空公司却说要赔就按行李的重量来算。最近，这起航空行李纠纷经温州鹿城工商部门调解，游客获得

了令他满意的赔偿。

2012年6月27日,温州的南先生随旅游团到欧洲三国13日游。当天,南先生搭乘国内一家航空公司航班,从温州出发,经上海浦东机场转机到达意大利米兰机场。

可是到达米兰机场后,南先生却没提到行李箱。行李箱内存放着衣服、旅游鞋、帽子、剃须刀等日常用品,他很着急。

南先生请随团导游帮忙沟通,这才知道,他的行李箱还在上海,没有随机到达。于是,导游帮助南先生在航空公司米兰航站做了行李报失登记,并留下了详细联系方式。

本以为很快就能拿到行李,可直到旅行结束,南先生都没等来那个行李箱。只穿着T恤、短裤、拖鞋的他,差点就这样去登阿尔卑斯山少女峰。还是导游为他买了长裤,并将自己的一件外套借给南先生暂用,他才勉强结束了行程。

7月8日,南先生结束了这次令他终生难忘的痛苦旅程。回国后,南先生还是没问到行李的消息,便向航空公司投诉。直到7月30日,他都没有得到对方回复,便拨打12315向温州工商部门求助。

投诉当天,南先生接到了航空公司打来的电话。对方称将按照航空公司最高标准限额赔偿600美元及300元人民币的生活补助费。

这让南先生难以接受,因为毕竟自己丢失的行李价值在6000元左右,而300元的生活补助费仅相当于欧洲景区4碗方便面的价格。

8月16日上午,温州鹿城工商分局南浦工商所约航空公司与南先生进行调解。南先生要求航空公司赔偿行李损失、生活补助、精神损失等,共计1万元。航空公司则表示,他们对行李丢失的赔偿标准每千克30美元(或等值货币),南先生的行李重量只有12千克,他们已经按照普通舱位最高标准23千克进行计算,愿意赔偿600美元。

工商调解人员认为,行李丢失在航空公司的运输环节,相关损失应由航空公司承担,且赔偿不应按重量来计算,而以实际损失为准。经调解,8月24日,航空公司一次性赔偿南先生600美元、300元人民币及价值3000元人民币的机票代用券。

(资料来源:佚名.男子欧洲旅游行李被运丢,航空公司打算"按斤赔"[EB/OL]. https://zjnews. zjol.com.cn/05zjnews/system/2012/09/03/018782462.shtml(2012-09-03)[2022-07-25].)

简析:中国国有航空公司的国内航线内部规定是按照20美元/千克来进行赔付,而国外航空公司很多都是依照《蒙特利尔公约》赔付。依照《蒙特利尔公约》,承运人应当就每一件托运行李向旅客出具行李识别标签,如因此给托运人造成的一切损失,承运人应当对托运人承担赔偿责任。该公约规定,在行李运输中造成毁灭、遗失、损坏或者延误的,摒弃了按照重量计算损失的,承运人的责任以每名旅客1000特别提款权为限(特别提款权即"SDR",不是可流通的货币,是由国际货币基金组织制定的,经过美元、欧元、日元、英镑加权平均后的货币单位,是一种虚拟货币,常被用于国际结算和赔偿的单位,1000特别提款权当前比价约为人民币9500元)。

五、任务分组

角色分配与编组:本任务有出境旅游领队、边防人员、海关人员以及游客等角色,可增设1位实训助理。建议4~5名学生为一组完成"带团入中国境"工作流程的学习,每名学生可以轮流担任不同角色。

六、任务实施

1. 布置任务

出境旅游领队小王带游客完成"欧洲十日游"的旅行后回国。他们到达国内机场后开始为游客办理相关手续，为了顺利完成任务，教师指导学生模拟入中国大陆境的整套流程，如在飞机上填写申报单、接受边防检查、领取行李、接受海关查验等。

📖 **任务知识 旅客入境中华人民共和国海关注意事项**

进境旅客行李物品申报单（背面），如图4-7所示。

图4-7 中华人民共和国海关进出境旅客行李物品申报单

一、重要提示

（1）没有携带应向海关申报物品的旅客，无须填写本申报单，可选择"无申报通道"（又称"绿色通道"，标识为"●"）通关。

（2）携带有应向海关申报物品的旅客，应当填写本申报单，向海关书面申报，并选择"申报通道"（又称"红色通道"，标识为"■"）通关。海关免予监管的人员以及随同成人旅行的16周岁以下旅客可不填写申报单。

（3）请妥善保管本申报单，以便在返程时继续使用。

（4）本申报单所称"居民旅客"系指其通常定居地在中国关境内的旅客，"非居民旅客"系指其通常定居地在中国关境外的旅客。

（5）不如实申报的旅客将承担相应法律责任。

二、中华人民共和国禁止进境物品

（1）各种武器、仿真武器、弹药及爆炸物品。

（2）伪造的货币及伪造的有价证券。

（3）对中国政治、经济、文化、道德有害的印刷品、胶卷、照片、唱片、影片、录音带、录像带、激光唱盘、激光视盘、计算机存储介质及其他物品。

（4）各种烈性毒药。

（5）鸦片、吗啡、海洛因、大麻以及其他能使人成瘾的麻醉品、精神药物。

（6）新鲜水果、茄科蔬菜、活动物（犬、猫除外）、动物产品、动植物病原体和害虫及其他有害生物、动物尸体、土壤、转基因生物材料、动植物疫情流行的国家和地区的有关动植物及其产品和其他应检物。

（7）有碍人畜健康的、来自疫区的以及其他能传播疾病的食品、药品或其他物品。

三、中华人民共和国禁止出境物品

（1）列入禁止进境范围的所有物品。

（2）内容涉及国家秘密的手稿、印刷品、胶卷、照片、唱片、影片、录音带、录像带、激光唱盘、激光视盘、计算机存储介质及其他物品。

（3）珍贵文物及其他禁止出境的文物。

（4）濒危的和珍贵的动植物（均含标本）及其种子和繁殖材料。

申报单的填写要求如下。

（1）如果您携带有海关规定需要申报的物品，请在申报单相应项目内选择"是"，并详细填写有关物品情况，选择"申报通道"（又称"红色通道"）办理相关手续。其中您申报的物品中有需要复带出境或入境的，请您填写两份申报单，海关会将其中一份申报单交还给您，凭以办理有关物品复带出、入境手续。

（2）如果您是搭乘经停国内航站的国际航班入境旅客，那么请在经停站根据您所携带的所有行李物品的实际情况填写，并办理手提行李通关手续，经停站海关将会把申报单交还给您，凭以到终点站办理托运行李通关手续。

（3）如果您是搭乘经停国内航站的国际航班出境旅客，那么请在始发站根据您所携带的所有行李物品的实际情况填写申报单，并办理托运行李通关手续。始发站海关会将申报单交还给您，凭以到经停站办理您手提行李通关手续。

（4）未满16周岁旅客的行李物品可由随行成人在同一张申报单上进行申报，如该旅客无成人同行，则须填写申报单向海关申报。假如您办理申报手续有困难，也可委托他人办理，您只要签字确认申报的内容即可。

（5）按照规定享有免验和海关免于监管的人员可以免填申报单。未离开海关监管区域的过境旅客，也可以不填写申报单。

（6）书面申报是每一位进出境旅客应尽的义务，拒绝申报或申报不实将会导致法律责任。申报单填写的正确与否，直接关系到您能否顺利地出入境，因此您在填写申报单前请务必阅读申报单背面的填表须知，如有不清楚的地方，应向现场关员或是当地的海关机构进行咨询，您将得到专业的答复。

2. 执行任务

1）实训条件

模拟办理入中国大陆境手续，可通过旅游实训教室模拟，能够通过网络实现信息发布和成果展示。如果暂时不具备以上条件，也可以在能上网的多媒体教室进行。

学生 4~5 人一组，分别担任出境旅游领队、边检人员、海关人员以及游客等角色。如果时间允许，每组成员可轮流扮演不同角色，重复实训内容，巩固实训效果。

2）实训步骤

第一步，帮助"游客"填写健康申明表。

第二步，带领"游客"完成入境边防检查、接受体温检测等。

第三步，协助"游客"领取行李、处理行李遗失问题。

第四步，带领"游客"接受海关查验，申报入境物品。

第五步，团队解散。

提升训练

海关在抽查过程中，发现一位游客在国外购买的两台苹果 iPad 未经申报。对此，出境旅游领队应该如何应对？

3. 成果展示

实训任务完成后，每个小组用 PPT 展示办理离境的完整流程以及实训过程（可插入实训助理录制的视频）。陈述时，小组中每位学生都要发言，发言主要阐述自己在实训中所承担的角色以及所完成的内容。每小组的展示及陈述，既要体现小组个人的作用，又要体现团体任务的完整性。

本任务成果实行过程性评价，分个人自评、小组自评、小组互评以及教师评价，分别占 10%、20%、30%、40%。

七、任务拓展

为了达到举一反三、巩固提高的目的，配合以上实训任务，给出 3 个拓展任务，任选其中一个作为课后训练任务。完成并成功提交的作品，将计入平时成绩。

拓展任务 1

在旅行社实训平台上找一条日本游或韩国游实训线路，根据准备好的中华人民共和国海关进境旅客行李物品申报单、护照、团队名单表等材料，分组进行"带团入中国大陆境"拓展训练。

拓展任务 2

找一家旅游网站，选择一条港澳旅游线路，根据线路自行准备中华人民共和国海关进境旅客行李物品申报单、护照、团队名单表等材料，分组进行"带团入中国大陆境"拓展训练。

实训中插入一突发情况，在入境之前，出境旅游领队发现一位游客有比较严重的发热症状，该如何处置？

拓展任务 3

找一家校企合作旅行社，选择一条澳新旅游线路，根据线路向合作企业索要中华人民共和国海关进境旅客行李物品申报单、护照、团队名单表等材料，分组进行"带团入中国大陆境"拓展训练。

实训中插入一突发情况，一名游客发现自己的行李遭到严重损坏，出境旅游领队应如何协助处理？

任务三　做好归国后的工作

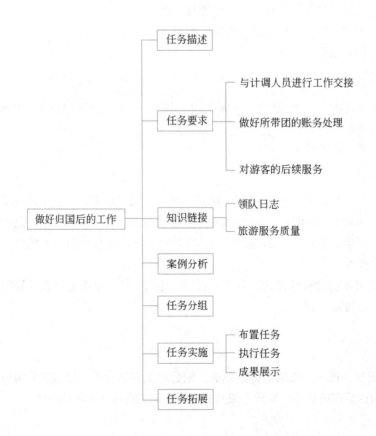

一、任务描述

领队带团归国后，带团工作并没有结束，领队应该尽快到旅行社完成工作交接。领队的一次完整的接团工作是从团队出发前与计调人员的工作交接开始，也一定要到团队归来后与计调人员的工作交接完成后结束，只有完成了交接工作才代表着一次完整的带团工作的结束。领队带团归来后的工作，包括与组团旅行社的工作汇报和财务交接等内容，也包括保持与游客的持续联系。每一次带团工作都要力求善始善终，使带团工作不至于变成简单的机械重复，而是不断有所收获，有所提高。

微课：领队后续服务

二、任务要求

出境旅游领队在带领团队完成行程、返回国门后，后续工作仍然是一项不可忽视的任务。领队需要做好与组团社计调人员的交接工作、所带团的账务处理、游客的后续服务等。

领队带团归来后的工作流程如图 4-8 所示。

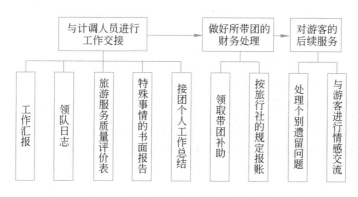

图 4-8　领队带团归来后的工作流程图

1. 与计调人员进行工作交接

出境旅游领队回到组团社应与出境计调人员进行工作汇报，可以分为口头工作汇报和书面报告两部分。进行口头工作汇报时，出境旅游领队需要对所带的团队进行简单的过程描述和基本评价，对发生的问题及解决过程分项进行概要汇报。如果出境旅游领队有对团队的行程安排、地面接待的改进意见及其他合理化建议，可以一并提出。书面报告是指出境旅游领队向出境计调人员交接的文字资料，除按组团社需求填写的领队日志、旅游服务质量评价表之外，也包括此团运行过程中产生的其他资料，如邀请函、《中国公民出国旅游团队名单表》的旅行社自留专用联和旅游行政部门审验专用联等。

1）将领队日志和旅游服务质量评价表提交给计调人员

（1）提交领队日志。出境旅游领队按照要求每日填写的领队日志记载了团队从出发到归来每天的主要情况。包括住宿酒店、用餐、游览、导游、当日交通工具的运用等，是团队运行的原始记录，领队将其交给计调人员后，应当归入该团的档案中。出境旅游领队交回来的领队日志应当保存完整，所有应逐日填写的内容均已按要求填写，没有中断。出境计调人员应对出境旅游领队交回的领队日志现场进行认真翻阅，如发现有缺失内容，应要求出境旅游领队进行填补。对出境旅游领队在领队日志中反映的问题，要及时进行处理，避免类似问题重复出现。对其中的重要问题，应向部门经理汇报。

（2）提交旅游服务质量评价表。出境旅游领队在出团说明会上发给游客的旅游服务质量评价表回收后，需交给计调人员。旅游服务质量评价表集中了游客对旅行社提供的境外旅游、食宿、导游等多项服务的评价意见，是来自游客的最直接的反映，对旅行社改进工作会有帮助。旅游服务质量评价表通常由旅行社的客户服务部门留存。

2）交付特殊事情的书面报告和接团工作总结

（1）交付特殊事情的书面报告。对团队在旅游期间发生的一些重要情况，如行程变更、行李丢失、游客特殊诉求等，出境旅游领队应当提供单独的书面报告，对事情的整个过程进行详细记录，并附上游客签字的单据等凭证，用来归档和日后查询。

（2）交付接团个人工作总结。出境旅游领队的接团个人工作总结应当包括对所带团队的认识、对目的地国家的讲解要点，以及对改进线路产品的建议等。这对提高出境旅游领队认知水平和业务能力十分重要，也可以使业务智慧得以很好的体现。导领部经理应对出境旅游领队的总结及时批阅，避免问题拖延。

2. 做好所带团的账务处理

1）领取出团补助

出境旅游领队要提交出团计划，按照旅行社的规定领取出团补助。

2）按照旅行社的规定按时进行报账

出境旅游领队依照旅行社财务规定，整理好相关收据和凭证，在规定的时间内到财务部门报账。出境旅游领队在带团期间的借款或特殊原因得到组团社批准，但由个人垫付的房费、餐费、交通费或其他费用，也需在报账时一并结清。

3. 对游客的后续服务

1）处理个别遗留问题

有些游客会对旅行社的安排不太满意并致电或致函表达诉求，对于其中与出境旅游领队密切相关的问题，出境旅游领队应协助客户服务部门给予答复。

2）与游客进行情感交流，争取忠诚客户

出境旅游领队可以通过电子邮件、微信群等方式与游客保持沟通，沟通内容如交换照片、提供旅游新知识和新线路信息、寄送生日或结婚纪念日贺卡等。另外也可以采取定期电话联系或聚餐的方式，为旅行社争取忠诚客户。

三、知识链接

1. 领队日志

领队日志是领队率团出境旅游的总结报告。它对组团社了解游客需求、发现接待问题、了解接待国旅游发展水平和境外接待社合作情况，从而总结经验、改进服务水平具有重要意义。领队日志（表4-1）包括的主要内容有以下六点。

表 4-1　出境旅游领队日志

团号			日期				
出境领队			团员人数				
出入口岸			房间数				
出发航班			返程航班				
地陪导游			地陪电话				
团队类型			团队标准				
车况			餐标				
地接社		联系人			电话		
团队特别要求							
用餐评价		餐厅名称	快捷	环境	态度	口味	其他
第一天	早						
	中						
	晚						
第二天	早						
	中						
	晚						
第×天	早						
	中						
	晚						
住宿评价		酒店名称	设施完善	内部环境	交通便利	服务快捷	服务态度	其他
第一晚							
第二晚							
第×晚							
地陪评价		地陪姓名			性别		年龄	
指标		语言驾驭	知识丰富	服务态度	与客互动	应变能力	其他
分值							
用车评价		车号		车龄		车队		司机	
指标		安全	快捷	舒适	服务	其他	
分值							
购物评价		地点	商店名称	购物环境	服务	品质	价位	其他
日期							
团队情况总结及建议							
市场情况（途中收集的其他旅行社情况，如报价、人数、酒店、用餐及行程安排等）							

（1）旅游过程概况：旅游团名称、出入境时间、游客人数、目的地国家（地区）和途经国家（地区）各站点、接待社名称及全陪、地陪导游人员姓名，以及领队所做的主要工作。

（2）游客概况：游客性别、年龄、职业、来自何地等，旅游中的表现，对旅游活动（包括组团社、接待社和其导游人员）的建议和意见。

（3）接待方情况：全陪、地陪导游人员的素质和服务水平，落实旅游合同情况，接待设施情况，接待中存在的主要问题。

（4）我方与接待方的合作情况。

（5）旅游过程中发生的主要事故与问题：产生的原因、处理经过、处理结果、游客反映、应吸取的教训等。

（6）总结与建议。

2. 旅游服务质量

旅游服务质量是旅游企业所提供服务的特性和特征的总和。旅游产品的过程性，决定了旅游服务质量是在旅游企业与游客之间的行为接触和情感交流中生成的。旅游服务质量包括结果质量和过程质量两个部分。

1）结果质量

结果质量是游客在消费结束之后的"所得"，具体地说，是指旅游企业提供的服务项目、服务时间、设施设备、环境气氛等满足游客需求的程度。结果质量与旅游企业的"硬件"有关，比如酒店客房的宽敞程度、旅游景点的设施特征、旅行车的豪华程度等都取决于旅游企业的技术能力。因此，结果质量又称为技术性质量，游客对技术性质量的评价相对比较客观。

2）过程质量

过程质量衡量游客对获得服务结果的过程的满意程度。旅游服务的生产和消费具有同步性，服务的生产过程就是游客的消费过程，服务人员的行为举止必然影响到游客对服务质量的感知。过程质量不仅与服务人员的仪表仪容、服务态度、服务程序、服务方法以及工作效率等因素有关，还受到游客心理特点、知识水平、行为偏好的影响。过程质量是旅游企业的"软件"，它说明旅游企业是如何提供服务的，因此，旅游过程质量又称功能性质量。与技术性质量不同，对功能性质量一般不能用客观标准来衡量，游客通常会采用主观的方式感知功能性服务质量。

如上所述，旅游服务质量不是仅仅产出质量，游客还将亲自参与服务质量的形成，他们对服务质量的全面感受是一个复杂的过程。简言之，游客通过比较预期服务质量与体验服务质量的差距，形成对旅游服务质量的感知。旅游服务质量的特点有以下三点。

（1）过程性：旅游服务质量的重点是过程质量，而不是结果质量。

（2）主观性：旅游服务质量是感知质量，而不是产出质量。

（3）整体性：旅游服务质量不是某个部门的职责，而是企业整体的责任。

表 4-2 为某旅行社的旅游服务质量评价表。

表 4-2　旅游服务质量评价表

亲爱的＿＿＿＿女士 / 先生：

为提高旅游产品质量，我们将非常感谢您对我们的服务提出宝贵意见。您的反馈，将是对我们工作的大力支持。谢谢！

填卡说明：

请您准确填写旅游团团号和抵达日期。

请您在所列项目中您同意的评价等级栏内打"√"标记。

请您将填好的卡片交还导游人员。

旅游团号：　　　　　　　　　　　　　　　　抵达日期：

项　目	评　价	很　满　意	满　意	一　般	不　满　意
餐饮	服务				
	餐饮质量				
	环境卫生				
住宿	宾馆服务				
	设施设备				
	环境卫生				
游览参观	环境秩序				
	环境卫生				
行车	司机服务				
	车况				
	卫生				
购物	商店服务				
	商店管理				
	商品质量				
导游	服务				
	讲解				

四、案例分析

异国勇救同胞，他乡传递温暖

新西兰当地时间 2012 年 7 月 5 日，一辆载有 34 名中国游客的旅游巴士在南岛小镇莫斯本附近因道路结冰翻车，共造成 15 名游客受伤，其中 4 人重伤。在这场悲剧事件中，一群正在事发现场的上海人，成了各界传颂的英雄。

1. 中断行程迅速投入救援

事发当天早上 7 点左右，上海国旅的领队胡蓉带领 17 位游客前往新西兰知名景点峡湾参观游览。当时天气异常寒冷，国旅的旅行团在途经 94 号公路时，室外温度降到了零度以下，地面出现了较为严重的冰冻现象。当时，这辆旅游大巴上共有20个人，除了胡蓉和17位游客外，还有地接导游威廉彭和当地司机托尼。

8点30分左右，正驾驶大巴小心翼翼地在冰面上前行的托尼在反光镜中注意到，后面50米处的一辆车的大光灯正奇怪地射向天空，托尼意识到，后面的大巴可能翻车了。

不少正在车上休息的游客们也注意到了这一情况。在胡蓉的提议下，游客们立刻决定调头去事故现场察看。当大巴缓缓停在那辆出事大巴前时，大家都惊呆了。只见大巴已经完全倾斜，油箱正在漏油，游客们则被困在车厢中。

待大巴停稳后，托尼和游客杭海一马当先冲向事故车辆，随后，包括杨利华、戴丽萍、张铿在内的多位国旅游客都下车前去帮忙救援。胡蓉在关照好老人孩子千万别下车以后，也拿起灭火机加入救援。

2. 各司其职帮助伤员脱险

胡蓉回忆说，当时事故车辆一片狼藉，游客们都被困在车厢里无法动弹，不少人喊着救命。托尼拿着榔头砸向事故车辆的前窗玻璃，杨利华则用力打开天窗。随后，张铿、杭海、杨利华等男性游客将伤员一个个抱出车厢。威廉随即拨打报警电话，请求救援。不过，由于事发路段是无人区，鲜有车辆经过，救援人员抵达这里也需耗费不少时间。看到出事游客们正冷得瑟瑟发抖，胡蓉等人二话不说，将自己的大巴让出来给他们取暖。

让大家印象深刻的是一位受了重伤的9岁男孩。只见他脸色苍白，可能受了不小的内伤，他妈妈哭着说："救救我的孩子。"杨利华见状，一把抱起那个小男孩回到车上，将他放在自己的座位上，并不住安慰他。而男孩的坚强也让在场的人感到动容。

3. 放弃游览协助翻译沟通

整整40分钟以后，消防车等救援队伍陆续赶到，一方面将受轻伤的游客们送到最近的莫斯本小镇接受检查，另一方面安排直升机将包括9岁男孩在内的数位重伤游客送去大城市进行治疗。

正常情况下，这个时候胡蓉等人应该可以继续自己的行程了，但他们看到受伤游客由于语言不通，无法和医生沟通时，再度选择了留下帮忙翻译。直到所有事情都完成后，他们才发现，自己已不可能赶上当天前往峡湾的那班船了。

由于游览峡湾属自费项目，胡蓉当即退还了游客所有费用，而游客们也表示，尽管峡湾是新西兰最美的地方，错过了有些可惜，但救人比什么都重要。

上海旅行团挺身救人的事情很快在新西兰当地传开了，当地媒体纷纷前来慰问采访，中国大使馆工作人员也通过电话表示了感谢。事故大巴上的游客们更是把这支旅行团当成了自己的救命恩人。

（资料来源：中国文明网.异国勇救同胞，他乡传递温暖 [EB/OL]. http://sh.wenming.cn/gjbs/201301/t20130123_1041465.htm（2012-08-06）[2022-07-25].）

简析：领队在出境团队中的作用大、责任重，是团队的核心人物。在他人危难之际，上海旅游团挺身而出，急公好义，不计得失，一是在游客身上体现了高尚的文明素养和道德情操；二是在领队身上体现出较高的职业素养和专业水准。大家齐心协力的救援行为，体现出了心灵之美、人性之美、团结之美。

五、任务分组

角色分配与编组：本任务有出境旅游领队、旅行社计调人员、游客等角色，可增设1位实训助理；建议4~5名学生为一组完成"归国后的工作"的学习，每名学生轮流担任不同角色。

六、任务实施

1. 布置任务

A旅行社出境旅游领队小王负责的"海洋绿洲号美国14日游"顺利结束，现需按服务程序处理回国后的工作，请参考下面的行程单处理工作，包括与计调人员的工作交接、账务处理、保持与游客的联系等。

📖 **任务知识** "海洋绿洲号美国14日游"行程单

第一天 04.25（星期三） 北京—芝加哥—纽约

航班：AA368芝加哥—纽约 12∶30—15∶50

中午在首都机场集合，乘坐美国航空的飞机前往纽约，抵达并享用晚餐后前往酒店休息

餐食：早餐（×）中餐（×）晚餐（√） 住宿：CrownePlaza-Somerset或者同级宾馆

第二天 04.26（星期四） 纽约

早餐后游览世界金融中心华尔街（这里集中了世界最大的银行大厦），纽约股票交易所（途经），美国股票交易所（途经），以及收藏1789年华盛顿就任美国第一任总统时史迹的纪念馆（途经）、联邦厅（途经）等。接着游览为维系世界和平作出卓越贡献的联合国总部大厦（不进会议室）（约30分钟），之后乘船观赏美国和纽约的象征——自由女神像。下午从中心商业区至曼哈顿中城区第五大道自由参观、购物，参观洛克菲勒中心（外观）、NBC电视台总部——GE大楼（外观）、城市地标——时代广场，百老汇各大剧院门前灯光璀璨。晚上前往帝国大厦登顶，俯瞰五彩的霓虹灯，耀眼的LED招牌盖过夜空中的星星。

餐食：早餐（√）中餐（√）晚餐（√） 住宿：CrownePlaza-Somerset或者同级宾馆

第三天 04.27（星期五） 纽约—费城—华盛顿

早餐后前往华盛顿，途中观早期国会、独立宫（外观）、独立广场（外观）、自由钟（进入参观，约30分钟）。费城是美国的古都和第五大都市，是起草与签署《独立宣言》的地方，第一次和第二次大陆会议，均是在此召开。而美国宪法草案也是在费城起草和签署的，这里是美国和美国民主的诞生地。傍晚抵达华盛顿，入住酒店休息。

餐食：早餐（√）中餐（√）晚餐（√） 住宿：Wingate by Wyndham Chantilly / Dulles Airport或者同级宾馆

第四天 04.28（星期六） 华盛顿—奥兰多

参考航班：AA2375 华盛顿—奥兰多　17：30—20：25

早餐后参观国会大厦（外观）、白宫（外观）、航天博物馆，林肯纪念碑、造币厂。下午乘机飞往奥兰多。晚餐为简单路餐，之后入住酒店休息。

餐食：早餐（√）中餐（√）晚餐（√）　住宿：Double Tree By Hilton 或者同级宾馆

第五天 04.29（星期日）　卡纳维拉尔角奥兰多到港时间 16：30

早餐后前往专用码头办理登船手续。登上皇家加勒比国际游轮公司精心打造的最豪华的海上巨无霸，上船后，参观豪华游轮的各项设施并参加游轮救生演习，随后开始加勒比海豪华游轮畅游之旅。

餐食：早餐（√）中餐（√）晚餐（√）　住宿：豪华邮轮

第六天 04.30（星期一）　海上巡游

今日在海上巡游。在餐厅吃过丰盛的早餐后，可以沐浴着阳光在甲板上漫步，还可以在商场里给自己买些旅游纪念品或挑选些礼物送给亲人朋友，或者可以待在游泳池里或 SPA 美容馆里。如果敢于冒险，还可以在夜幕降临的时候去攀岩，感受惊心动魄！可参考"每日活动表"选择喜爱的节目，今日皇家赌场、宾果游戏、免税商店街、日光浴、美容院、SPA 等地是热点。晚上可以在豪华的餐厅里悠然品尝香槟，然后在剧院欣赏优雅的艺术表演。

餐食：早餐（√）中餐（√）晚餐（√）　住宿：豪华邮轮

第七天 05.01（星期二）　拉巴第，海地到港时间 08：00　离港时间 16：30

今日上午豪华游轮抵达海地最美丽的岛屿拉巴第。这是专属所有搭乘皇家加勒比国际游轮公司旅客的度假天堂，更是一个纯净、无污染且充满异国情调的海岛。在此可浮潜或游泳，静静地享受拉巴第美丽的海滩景色并晒太阳。还可休闲地在拉巴第海湾上划船，在欣赏拉巴第的美丽海滩和奇异景色的同时，导游会讲解海地丰富而多彩的历史渊源。夕阳余晖，回到游轮上，洗个蒸汽浴或桑拿，再来个丰盛的海鲜大餐，坐拥海上落日美景（进行自费岸上观光或自由活动的过程中，可返回游轮用餐）。

餐食：早餐（√）中餐（√）晚餐（√）　住宿：豪华邮轮

第八天 05.02（星期三）　法尔茅斯，牙买加到港时间：10：00　离港时间：19：00

今天邮轮抵达牙买加北岸港口法尔茅斯。法尔茅斯位于马瑟布雷河河口，西距蒙特哥贝 27 公里。人口约 4000。这里原为附近甘蔗种植园的起运港。现为蔗糖、糖酒、咖啡、生姜、胡椒、香蕉、蜂蜜、染料木等产品的贸易中心。河口和沿海富产大鳕白鱼和鲑鱼等。城内有法院楼（1813 年重建）和邮政楼等古老建筑。

餐食：早餐（√）中餐（√）晚餐（√）　住宿：豪华邮轮

第九天 05.03（星期四）　海上巡游

今日在海上巡游。在餐厅吃过丰盛的早餐后，可以沐浴着阳光在甲板上漫步，还可以在商场里给自己买些旅游纪念品或挑选些礼物送给亲人朋友，或者可以待在游泳池里或SPA美容馆里。如果敢于冒险，还可以在夜幕降临的时候去攀岩，感受惊心动魄！可参考"每日活动表"选择喜爱的节目，今日皇家赌场、宾果游戏、免税商店街、日光浴、美容院、SPA等地是热点。晚上可以在豪华的餐厅里悠然品尝香槟，然后在剧院欣赏优雅的艺术表演。

餐食：早餐（√）中餐（√）晚餐（√）　住宿：豪华邮轮

第十天 05.04（星期五）　科兹美，墨西哥到港时间：07∶00　离港时间：18∶00

豪华游轮清晨行经普拉亚得卡门群岛，此地是加勒比海西部景色美丽、环境优雅的海岛群，岛上的自然风光及人文景观让人永难忘怀。早上到达墨属科兹美，中为丘陵地带，外为沙滩，是优雅安宁的世外桃源。但在人类的早期，这里却是玛雅人的圣地。世界最古老的文明之一玛雅文化遗迹完整地保存在科兹美岛，前往此玛雅人的圣地文化遗迹参观，让人置身于气氛诡异的古城废墟中，一饱怀旧思古之梦想。当地的银器、首饰和手工艺品都很出名，是不错的送礼选择。

餐食：早餐（√）中餐（√）晚餐（√）　住宿：豪华邮轮

第十一天 05.05（星期六）　海上巡游

今日在海上巡游。在餐厅吃过丰盛的早餐后，可以沐浴着阳光在甲板上漫步，还可以在商场里给自己买些旅游纪念品或挑选些礼物送给亲人朋友，或者可以待在游泳池里或SPA美容馆里。如果敢于冒险，还可以在夜幕降临的时候去攀岩，感受惊心动魄！可参考"每日活动表"选择喜爱的节目，今日皇家赌场、宾果游戏、免税商店街、日光浴、美容院、SPA等地是热点。晚上可以在豪华的餐厅里悠然品尝香槟，然后在剧院欣赏优雅的艺术表演。

餐食：早餐（√）中餐（√）晚餐（√）　住宿：豪华邮轮

第十二天 05.06（星期日）　卡纳维拉尔角（美国到港时间06∶15）—迈阿密（车程3小时）

邮轮早上抵达佛罗里达州的卡纳维拉尔角港，办理离船手续。之后前往佛罗里达大湿地国家公园乘坐风力船深入沼泽地观察野生鳄鱼、鸟类等动物后之后前往奥特莱斯自由购物。

餐食：早餐（√）中餐（√）晚餐（√）　住宿：Holiday Inn Express Hotel或者同级宾馆

第十三天 05.07（星期一）　迈阿密—达拉斯—北京

参考航班：AA263迈阿密—达拉斯 7∶15—14∶40

　　　　　　AA263达拉斯—北京 15∶50—14∶15+1

早上前往机场，乘机经达拉斯转机后，回到北京。

餐食：早餐（外带）中餐（×）晚餐（×）　住宿：飞机上

第十四天 05.08（星期二） 北京

晚上 14：15 抵达北京，结束愉快邮轮之旅！

温 馨 提 示

（1）行程所涉及国家与北京时差 13 小时。

（2）行程中所列航班及时间仅供参考，将根据实际情况做出适当的调整。

（3）行程中所标注的游轮启程、抵达时间仅供参考，请以当天游轮公司公布的最终时间为准。

（4）岸上精华游价格参照游轮公司价目表，具体岸上游览费用有可能会因为交通费用、行程安排以及外币汇率的影响而变化。

（5）用餐时间在飞机上或转机途中以机上供餐或客人自理为准，不再另补。

（6）行程中所注明的城市间距离、所标示的停留时间及游览顺序仅供参考，视当地交通状况做出适当调整，但不会减少行程内容。

（7）根据当地相关规定，导游和司机每天工作时间不得超过 10 小时（包括休息时间）。

（8）产品所涉及国家及地区均有"小费"文化，现将各项小费通常标准告知您：司机、导游、领队小费 100 美元 / 人（机场交领队）。

（9）请不要将贵重物品及自用应急药品放在托运行李中，以免丢失，旅游过程中，也请妥善保存。

（10）如遇不可预见之航空公司、天气及地接等政策调整所致的费用增加，我司有权另行收取实际多发生之费用，请予以理解。

（11）根据目的国使馆之要求，客人在参团期间，不能离团。

（12）如客人系港澳台或持外籍护照人士，请于出发前确认是否有再次进入中国之有效证件。

（13）此行程为参考行程，我司将根据人数、航班、签证及目的国之变化，保留调整之权利。

（14）邮轮公司提供的岸上观光项目只有英语，导游讲解服务；鉴于服务质量和专业水平的问题，领队无法提供讲解的翻译服务。

2. 执行任务

1）实训条件

模拟办理归国后交接手续，可通过旅游实训教室模拟，能够通过网络实现信息发布和成果展示。如果暂时不具备以上条件，也可以在能上网的多媒体教室进行。

学生 4~5 人一组，分别担任出境旅游领队、旅行社工作人员（计调人员、财务人员）以及游客等角色。如果时间允许，每组成员可轮流扮演不同角色，重复实训内容，巩固实训效果。

2）实训步骤

第一步,"领队"填写领队日志、整理旅游服务质量评价表,完成特殊情况书面报告、个人工作总结,收集好相关资料凭证。

第二步,"领队"将领队日志、旅游服务质量评价表、特殊情况书面报告、个人工作总结以及相关资料凭证移交计调人员。

第三步,"领队"整理带团费用与财务报账,领取带团酬劳、报清其他支出。

第四步,"领队"通过各种方式与游客保持联系。

提升训练

出境旅游领队在与出境计调人员交接完毕后,与导领部经理汇报工作过程,正好碰上一位游客过来投诉:在境外游览时,出境旅游领队和境外地陪不允许他去探望亲友。请出境旅游领队与导领部经理一起处理这一问题。

3. 成果展示

实训任务完成后,每个小组用 PPT 展示归国后的工作流程以及实训过程(可插入实训助理录制的视频)。陈述时,小组中每位学生都要发言,发言主要阐述自己在实训中所承担的角色以及所完成的内容。每小组的展示及陈述,既要体现小组个人的作用,又要体现团体任务的完整性。

本任务成果实行过程性评价,分个人自评、小组自评、小组互评以及教师评价,分别占 10%、20%、30%、40%。

七、任务拓展

学生完成以上实训任务,本课程教学任务基本完成。为了达到举一反三、巩固提高的目的,结合以上所学项目与任务,给出 3 个综合性拓展任务,任选其中一个作为课后训练任务。完成并成功提交的作品,将计入平时成绩。

拓展任务 1

每组学生利用旅行社实训平台和模拟机场实训室,挑选一条东南亚旅游线路,借助老师给定的护照、团队名单、出入境登记卡、机票、海关申报单、健康申明卡、旅游行程表、领队日志、旅游服务质量评价表等材料,模拟训练出境旅游领队从出境服务准备、出境领队服务、境外全陪服务到入境领队服务的全过程。

拓展任务 2

每组学生利用旅行社实训平台和模拟机场实训室,挑选一条日韩旅游线路,自行准备好护照、团队名单、出入境登记卡、机票、海关申报单、健康申明卡、旅游行程、领队日志、旅游服务质量评价表等材料,模拟训练出境旅游领队从出境服务准备、出境领队服务、境外全陪服务到入境领队服务的全过程。

拓展任务 3

每组学生选择一家校企合作旅行社，到旅行社去，与导领部经理或出境旅游领队一起，挑选一条欧洲或美洲旅游线路，利用旅行社的工作场地和出境所需真实材料，模拟训练出境旅游领队从出境服务准备、出境领队服务、境外全陪服务到入境领队服务的全过程。

附　录

一、出境旅游常用词汇与术语（英汉对照）

（一）出入境词汇与术语

family name，surname 姓

first name，given name 名

sex，gender 性别

male 男；female 女

nationality，country of citizenship 国籍

passport number 护照号

country of origin 原住地

destination country 前往国

city where you boarded 出发城市

city where visa was issued 签证签发地

date of issue 签发日期

date of birth，birth date 出生日期

year 年；month 月；day 日

accompanying number 同行人数

signature 签名

official use only 官方填写

occupation 职业

passport 护照；visa 签证

embarkation 登机，启程

disembarkation 登岸

business visa 商务签证

tourist visa 旅游签证

（二）乘机词汇与术语

terminal 航站，终点站

arrival lobby 入境大厅

departure lobby 出境大厅

gate number 登机门号码

boarding card, boarding pass 登机牌

airport tax 机场税

check-in counter 登机手续办理处

customs service area 海关申报处

currency declaration 货币申报

duty-free items 免税商品

large 大号；medium 中号；small 小号

souvenir 纪念品

baggage, luggage 行李

checked baggage 托运行李

baggage claim area 行李领取处

carry-on baggage 随身行李

baggage tag 行李牌

luggage cart 行李推车

tax-free refund 退税处

lavatory, washroom, toilet 盥洗室（厕所）

men's, Gent's, Gentlemen's 男士

women's, Lady's 女士

occupied 使用中

vacant 空闲

steward（stewardess）男（女）空服员

in flight Sales 机内免税贩卖

（三）钱币兑换词汇与术语

Currency Exchange Shop 外币兑换店

exchange rate 汇率

traveler's check 旅行支票

commission 手续费

We buy（Bid）银行买入价

We sell（Ask）银行卖出价

（四）入住饭店词汇与术语

check-in 入住登记手续

room service 客房送餐服务

check out（time）退房（时间）

front desk, reception 前台

lobby 酒店大堂

coffee shop 咖啡馆

waiter 服务员，侍者

wake-up call, morning call 电话叫醒服务

（五）日常用语

How do you do，I'm glad to meet you.（It's nice meeting you.）你好，很高兴认识你。

May I have your name, please? 请问你叫什么名字？

May I try it on? 我可以试穿一下吗？

How much? 多少钱？

Please show me the menu. 请把菜单给我。

Cheers! Bottoms up! 干杯!

I'm lost. Could you do me a favor to find my hotel? 我迷路了，您能告诉我怎么回酒店吗？

Could you take a picture for me? 你能帮我拍照吗？

Thank you very much. 非常感谢。

You're welcome. 不客气。

I just couldn't help it. 我就是忍不住。

Let's keep in touch. 让我们保持联系。

How can I get in touch with you? 我怎样能跟你联络上？

I'll do my best. 我将会尽我最大努力。

Wait a moment please. 请稍等一下。

After you. 你先请。

We'd better be off. 我们该走了。

I'm really dead. 我真要累死了。

Is that so? 真是那样吗？

I don't know for sure. 我不确切知道。

That's something. 太好了，太棒了。

Brilliant idea! 这主意真棒!

Do you really mean it? 此话当真？

You are a great help. 你帮了大忙。

I'm broke. 我身无分文。

I never liked it anyway. 我一直不太喜欢这东西。

Don't play games with me! 别跟我耍花招!

That depends. 看情况再说。

二、《中国公民出国旅游管理办法》

（2002 年 5 月 27 日中华人民共和国国务院令第 354 号公布　根据 2017 年 3 月 1 日《国务院关于修改和废止部分行政法规的决定》修订）

第一条　为了规范旅行社组织中国公民出国旅游活动，保障出国旅游者和出国旅游经营者的合法权益，制定本办法。

第二条　出国旅游的目的地国家，由国务院旅游行政部门会同国务院有关部门提出，报国务院批准后，由国务院旅游行政部门公布。

任何单位和个人不得组织中国公民到国务院旅游行政部门公布的出国旅游的目的地国家以外的国家旅游；组织中国公民到国务院旅游行政部门公布的出国旅游的目的地国家以外的国家进行涉及体育活动、文化活动等临时性专项旅游的，须经国务院旅游行政部门批准。

第三条　旅行社经营出国旅游业务，应当具备下列条件：

（一）取得国际旅行社资格满 1 年；

（二）经营入境旅游业务有突出业绩；

（三）经营期间无重大违法行为和重大服务质量问题。

第四条　申请经营出国旅游业务的旅行社，应当向省、自治区、直辖市旅游行政部门提出申请。省、自治区、直辖市旅游行政部门应当自受理申请之日起 30 个工作日内，依据本办法第三条规定的条件对申请审查完毕，经审查同意的，报国务院旅游行政部门批准；经审查不同意的，应当书面通知申请人并说明理由。

国务院旅游行政部门批准旅行社经营出国旅游业务，应当符合旅游业发展规划及合理布局的要求。

未经国务院旅游行政部门批准取得出国旅游业务经营资格的，任何单位和个人不得擅自经营或者以商务、考察、培训等方式变相经营出国旅游业务。

第五条　国务院旅游行政部门应当将取得出国旅游业务经营资格的旅行社（以下简称组团社）名单予以公布，并通报国务院有关部门。

第六条　国务院旅游行政部门根据上年度全国入境旅游的业绩、出国旅游目的地的增加情况和出国旅游的发展趋势，在每年的 2 月底以前确定本年度组织出国旅游的人数安排总量，并下达省、自治区、直辖市旅游行政部门。

省、自治区、直辖市旅游行政部门根据本行政区域内各组团社上年度经营入境旅游的业绩、经营能力、服务质量，按照公平、公正、公开的原则，在每年的 3 月底以前核定各组团社本年度组织出国旅游的人数安排。

国务院旅游行政部门应当对省、自治区、直辖市旅游行政部门核定组团社年度出国旅游人数安排及组团社组织公民出国旅游的情况进行监督。

第七条　国务院旅游行政部门统一印制《中国公民出国旅游团队名单表》（以下简称《名单表》），在下达本年度出国旅游人数安排时编号发放给省、自治区、直辖市旅游行政部门，由省、自治区、直辖市旅游行政部门核发给组团社。

组团社应当按照核定的出国旅游人数安排组织出国旅游团队，填写《名单表》。旅游者及领队首次出境或者再次出境，均应当填写在《名单表》中，经审核后的《名单表》不得增添人员。

第八条 《名单表》一式四联，分为：出境边防检查专用联、入境边防检查专用联、旅游行政部门审验专用联、旅行社自留专用联。

组团社应当按照有关规定，在旅游团队出境、入境时及旅游团队入境后，将《名单表》分别交有关部门查验、留存。

出国旅游兑换外汇，由旅游者个人按照国家有关规定办理。

第九条 旅游者持有有效普通护照的，可以直接到组团社办理出国旅游手续；没有有效普通护照的，应当依照《中华人民共和国公民出境入境管理法》的有关规定办理护照后再办理出国旅游手续。

组团社应当为旅游者办理前往国签证等出境手续。

第十条 组团社应当为旅游团队安排专职领队。

领队在带团时，应当遵守本办法及国务院旅游行政部门的有关规定。

第十一条 旅游团队应当从国家开放口岸整团出入境。

旅游团队出入境时，应当接受边防检查站对护照、签证、《名单表》的查验。经国务院有关部门批准，旅游团队可以到旅游目的地国家按照该国有关规定办理签证或者免签证。

旅游团队出境前已确定分团入境的，组团社应当事先向出入境边防检查总站或者省级公安边防部门备案。

旅游团队出境后因不可抗力或者其他特殊原因确需分团入境的，领队应当及时通知组团社，组团社应当立即向有关出入境边防检查总站或者省级公安边防部门备案。

第十二条 组团社应当维护旅游者的合法权益。

组团社向旅游者提供的出国旅游服务信息必须真实可靠，不得作虚假宣传，报价不得低于成本。

第十三条 组团社经营出国旅游业务，应当与旅游者订立书面旅游合同。

旅游合同应当包括旅游起止时间、行程路线、价格、食宿、交通以及违约责任等内容。旅游合同由组团社和旅游者各持一份。

第十四条 组团社应当按照旅游合同约定的条件，为旅游者提供服务。

组团社应当保证所提供的服务符合保障旅游者人身、财产安全的要求；对可能危及旅游者人身安全的情况，应当向旅游者作出真实说明和明确警示，并采取有效措施，防止危害的发生。

第十五条 组团社组织旅游者出国旅游，应当选择在目的地国家依法设立并具有良好信誉的旅行社(以下简称境外接待社)，并与之订立书面合同后，方可委托其承担接待工作。

第十六条 组团社及其旅游团队领队应当要求境外接待社按照约定的团队活动计划安排旅游活动，并要求其不得组织旅游者参与涉及色情、赌博、毒品内容的活动或者危险性活动，不得擅自改变行程、减少旅游项目，不得强迫或者变相强迫旅游者参加额外付费项目。

境外接待社违反组团社及其旅游团队领队根据前款规定提出的要求时，组团社及其旅游团队领队应当予以制止。

第十七条 旅游团队领队应当向旅游者介绍旅游目的地国家的相关规定、风俗习惯以及其他有关注意事项，并尊重旅游者的人格尊严、宗教信仰、民族风俗和生活习惯。

第十八条　旅游团队领队在带领旅游者旅行、游览过程中，应当就可能危及旅游者人身安全的情况，向旅游者作出真实说明和明确警示，并按照组团社的要求采取有效措施，防止危害的发生。

第十九条　旅游团队在境外遇到特殊困难和安全问题时，领队应当及时向组团社和中国驻所在国家使领馆报告；组团社应当及时向旅游行政部门和公安机关报告。

第二十条　旅游团队领队不得与境外接待社、导游及为旅游者提供商品或者服务的其他经营者串通欺骗、胁迫旅游者消费，不得向境外接待社、导游及其他为旅游者提供商品或者服务的经营者索要回扣、提成或者收受其财物。

第二十一条　旅游者应当遵守旅游目的地国家的法律，尊重当地的风俗习惯，并服从旅游团队领队的统一管理。

第二十二条　严禁旅游者在境外滞留不归。

旅游者在境外滞留不归的，旅游团队领队应当及时向组团社和中国驻所在国家使领馆报告，组团社应当及时向公安机关和旅游行政部门报告。有关部门处理有关事项时，组团社有义务予以协助。

第二十三条　旅游者对组团社或者旅游团队领队违反本办法规定的行为，有权向旅游行政部门投诉。

第二十四条　因组团社或者其委托的境外接待社违约，使旅游者合法权益受到损害的，组团社应当依法对旅游者承担赔偿责任。

第二十五条　组团社有下列情形之一的，旅游行政部门可以暂停其经营出国旅游业务；情节严重的，取消其出国旅游业务经营资格：

（一）入境旅游业绩下降的；

（二）因自身原因，在1年内未能正常开展出国旅游业务的；

（三）因出国旅游服务质量问题被投诉并经查实的；

（四）有逃汇、非法套汇行为的；

（五）以旅游名义弄虚作假，骗取护照、签证等出入境证件或者送他人出境的；

（六）国务院旅游行政部门认定的影响中国公民出国旅游秩序的其他行为。

第二十六条　任何单位和个人违反本办法第四条的规定，未经批准擅自经营或者以商务、考察、培训等方式变相经营出国旅游业务的，由旅游行政部门责令停止非法经营，没收违法所得，并处违法所得2倍以上5倍以下的罚款。

第二十七条　组团社违反本办法第十条的规定，不为旅游团队安排专职领队的，由旅游行政部门责令改正，并处5000元以上2万元以下的罚款，可以暂停其出国旅游业务经营资格；多次不安排专职领队的，并取消其出国旅游业务经营资格。

第二十八条　组团社违反本办法第十二条的规定，向旅游者提供虚假服务信息或者低于成本报价的，由工商行政管理部门依照《中华人民共和国消费者权益保护法》《中华人民共和国反不正当竞争法》的有关规定给予处罚。

第二十九条　组团社或者旅游团队领队违反本办法第十四条第二款、第十八条的规定，对可能危及人身安全的情况未向旅游者作出真实说明和明确警示，或者未采取防止危害发生的措施的，由旅游行政部门责令改正，给予警告；情节严重的，对组团社暂停其出国旅游业务经营资格，并处5000元以上2万元以下的罚款，对旅游团队领队可以暂扣直至吊销其导游证;造成人身伤亡事故的,依法追究刑事责任,并承担赔偿责任。

第三十条 组团社或者旅游团队领队违反本办法第十六条的规定,未要求境外接待社不得组织旅游者参与涉及色情、赌博、毒品内容的活动或者危险性活动,未要求其不得擅自改变行程、减少旅游项目、强迫或者变相强迫旅游者参加额外付费项目,或者在境外接待社违反前述要求时未制止的,由旅游行政部门对组团社处组织该旅游团队所收取费用2倍以上5倍以下的罚款,并暂停其出国旅游业务经营资格,对旅游团队领队暂扣其导游证;造成恶劣影响的,对组团社取消其出国旅游业务经营资格,对旅游团队领队吊销其导游证。

第三十一条 旅游团队领队违反本办法第二十条的规定,与境外接待社、导游及为旅游者提供商品或者服务的其他经营者串通欺骗、胁迫旅游者消费或者向境外接待社、导游和其他为旅游者提供商品或者服务的经营者索要回扣、提成或者收受其财物的,由旅游行政部门责令改正,没收索要的回扣、提成或者收受的财物,并处索要的回扣、提成或者收受的财物价值2倍以上5倍以下的罚款;情节严重的,并吊销其导游证。

第三十二条 违反本办法第二十二条的规定,旅游者在境外滞留不归,旅游团队领队不及时向组团社和中国驻所在国家使领馆报告,或者组团社不及时向有关部门报告的,由旅游行政部门给予警告,对旅游团队领队可以暂扣其导游证,对组团社可以暂停其出国旅游业务经营资格。

旅游者因滞留不归被遣返回国的,由公安机关吊销其护照。

第三十三条 本办法自2002年7月1日起施行。国务院1997年3月17日批准,国家旅游局、公安部1997年7月1日发布的《中国公民自费出国旅游管理暂行办法》同时废止。

三、《旅行社出境旅游服务规范》

(国家标准委于2015年2月9日发布,自2015年8月4日起施行)

1　范围

本标准规定了旅行社组织出境旅游活动所应具备的产品和服务质量的要求。

本标准适用于中华人民共和国境内旅行社提供的出境旅游业务。

2　规范性引用文件

下列文件对于本文件的应用是必不可少的。凡是注日期的引用文件,仅注日期的版本适用于本文件。凡是不注日期的引用文件,其最新版本(包括所有的修改单)适用于本文件。

GB/T 15971—2010　导游服务规范

GB/T 16766　旅游业基础术语

GB/T 26359　旅游客车设施与服务规范

LB/T 008—2011　旅行社服务通则

LB/T 009—2011　旅行社入境旅游服务规范

3　术语和定义

GB/T 15971—2010、GB/T 16766 和 LB/T 008—2011 界定的以及下列术语和定义适用于本文件。

3.1　组团社　outbound travel service

依法取得出境旅游经营资格的旅行社。

3.2　出境旅游　outbound tour

组团社组织的以团队旅游的方式，前往中国公布的旅游目的地国家／地区的旅行游览活动。

3.3　出境旅游领队　outbound tour escort

依法取得从业资格，受组团社委派，全权代表组团社带领旅游团出境旅游，监督境外接待旅行社和导游人员等执行旅游计划，并为旅游者提供出入境等相关服务的工作人员。

3.4　出境旅游产品　outbound tour product

组团社为出境旅游者提供的旅游线路及其相应服务。

3.5　旅游证件　tour certification

因私护照和／或来往港澳／台湾地区的通行证。

3.6　出境旅游合同　outbound tour contract

组团社与旅游者（团）双方共同签署并遵守、约定双方权利和义务的合同。

3.7　奖励旅游　incentive travel

组织为其业绩优秀的员工提供所需经费，并委托专业旅游机构（组团社）精心组织，以弘扬企业文化、传达组织对其员工的感谢与关怀为创意，以增强员工的荣誉感和企业凝聚力、刺激业绩增长形成良性循环为主要目的的旅游活动。

3.8　同业合作　travel agencies' community cooperation

组团社之间互为代理对方的出境旅游产品，或者组团社委托其零售商代理销售其出境旅游产品并代为招徕出境旅游者的业务合作活动。

4　出境旅游产品

4.1　产品要求

组团社应编制并向旅游者提供《旅游线路产品说明书》（以下简称《说明书》）。《说明书》应符合 LB/T 008—2011 的要求。

4.2　设计要求

出境旅游产品设计除应满足 LB/T 008—2011 的要求外，还应：

a）符合国家法律法规、部门规章、国家或行业标准的要求；

b）突出线路的主题与特色，适时开发并推出新产品；

c）优化旅游资源的配置与组合，控制旅游者消费成本；

d）充分考虑旅游资源的时令性限制；

e）确保旅游目的地及其游览／观光区域的可进入性；

f）具有安全保障，正常情况下能确保全面履约，发生意外情况时有应急对策；

g）产品多样化，能满足不同消费档次、不同品位的市场需求，符合旅游者的愿望。

5　服务提供通用要求

5.1　总要求

5.1.1　组团社应在受控条件下提供出境旅游服务，以确保服务过程准确无误。为此，组团社应：

a）下工序接受上工序工作移交时进行检验复核，以确认无误；

b）确保其工作人员符合规定的资格要求和具备实现出境旅游服务所必需的能力，以证实自身的服务过程的质量保障能力和履约能力；

c）确立有效的服务监督方法并组织实施；

d）为有关工序提供作业指导书；

e）提供适当的培训或其他措施，以使员工符合规定的资格要求并具备必需的能力；

f）认真查验登记并妥善保管旅游者提供的相关旅游证件及资料，需要移交时保留移送交接记录。

5.1.2 组团社应安排旅游团队从国家开放口岸整团出入境，并按照出境旅游合同的约定，为旅游者提供服务。

在旅游过程中，组团社及其领队人员应：

A）对可能危及旅游者人身、财产安全的因素：

a）向旅游者作出真实的说明和明确的警示；

b）采取防止危害发生的必要措施。

B）尊重旅游者的人格尊严、宗教信仰、民族风格和生活习惯。

5.2 营销服务

5.2.1 门市部营业环境与销售人员

门市部营业环境与销售人员应符合 LB/T 008—2011 第 6 章的要求。

5.2.2 接受旅游者报名

接受旅游者报名时，营业销售人员除应符合 LB/T 008—2011 第 6 章的要求外，还应：

a）向旅游者提供有效的旅游产品资料，并为其选择旅游产品提供咨询；

b）告知旅游者填写出境旅游有关申请表格的须知和出境旅游兑换外汇有关须知；

c）认真审验旅游者提交的旅游证件及相关资料物品，以使符合外国驻华使领馆的要求，对不适用或不符合要求的及时向旅游者退换；

d）向旅游者/客户说明所报价格的限制条件，如报价的有效时段或人数限制等；

e）对旅游者提出的参团要求进行评价与审查，以确保所接纳的旅游者要求均在组团社服务提供能力范围之内；

f）与旅游者签订出境旅游合同及相关的补充协议，并提供《旅游线路产品说明书》作为旅游合同的附件；

g）接受旅游者代订团队旅游行程所需机票和代办团队旅游行程所需签证/注的委托；

h）计价收费手续完备，收取旅游费用后开具发票，账款清楚；

i）提醒旅游者有关注意事项，并向旅游者推荐旅游意外保险；

j）妥善保管旅游者在报名时提交的各种资料物品，交接时手续清楚；

k）将经评审的旅游者要求和所作的承诺及时准确地传递到有关工序。

5.3 团队计调运作

5.3.1 旅游证件

组团社应确保旅游者提交的旅游证件在送签和移送过程中在受控状态下交接和使用。

5.3.2 境外接团社的选择与管理

5.3.2.1 组团社应对境外接团旅行社进行评审，在满足下列条件的旅行社中优先选用，并与其签订书面接团协议，以确保组团社所销售的旅游产品质量的稳定性：

a）依法设立；

b）在目的地国家 / 地区旅游部门指定或推荐的名单内；

c）具有优良的信誉和业绩；

d）有能够满足团队接待需要的业务操作能力；

e）有能够满足团队接待需要的设施和设备；

f）有能够满足团队接待需要且符合当地政府资质要求的导游人员队伍，并不断对其进行培养和继续教育，以使其不断提高其履行出境旅游合同约定的意识和服务技能，持续改进服务质量；

g）订立了符合出境旅游合同要求的导游人员行为规范，并能在导游人员队伍中得到有效实施。

5.3.2.2　组团社应定期对境外接待社进行再评审，并建立境外接团社信誉档案。评审间隔不应超过 1 年。

5.3.2.3　相关的记录应予保存。

5.3.3　旅游签证 / 注

组团社应按照旅游者的委托和旅游目的地国驻华使领馆 / 我公安等部门的要求为旅游者代办团队旅游签证 / 注。对旅游者提交的自办签证 / 注，接收时应认真查验，以使符合外国驻华使领馆的要求。

代办签证 / 注过程中产生的相关交接记录应予保存。

5.3.4　团队计划的落实

组团社应根据其承诺 / 约定、旅游线路以及经评审的旅游者要求 / 委托，与有关交通运输、移民机关、接团社等有关部门 / 单位落实团队计划的各项安排 / 代办事项，确保准确无误。

组团社在落实团队计划过程中发现任何不适用的旅游者物品资料，应及时通知旅游者更换 / 更正。

与境外接待社落实团队接待计划确认信息的书面记录应予保存。

公商务旅游团队，组团社应与出团单位的联系人保持有效沟通，并对出团单位审定的方案进行评审并保存记录，以确保所需服务在组团社的提供能力范围内。超出能力范围的，应与出团单位协商解决。

团队计划落实妥当后，计调人员应做好如下工作并保存相应的移送交接记录：

A）将如下信息如实告知领队人员，并提供相应的书面资料：

a）团队计划落实情况，如团队行程；

b）团队名单；

c）旅游者的特殊要求。

B）向领队移交：

a）团队的旅游证件；

b）团队机票；

c）团队出入国境时需使用的有关表格；

d）公安边检查验用的团队名单表（需要时）；

e）另纸签证（需要时）；

f）团队的其他相关资料。

5.3.5　行前说明会

出团前，组团社应召开出团行前说明会。在会上，组团社应向旅游者：

a）重申出境旅游的有关注意事项以及外汇兑换事项与手续等；

b）发放并重点解读根据《旅游产品计划说明书》细化的《行程须知》；

c）发放团队标识和《游客旅游服务评价表》；

注：参照 LB/T 009—2011 附录 C 给出的参考样式。

d）翔实说明各种由于不可抗力/不可控制因素导致组团社不能（完全）履行约定的情况，以取得旅游者的谅解。

《行程须知》除细化并如实补充告知《说明书》中交通工具的营运编号（如飞机航班号等）和集合出发的时间地点以及住宿的饭店名称外，还应列明：

a）前往的旅游目的地国家或地区的相关法律法规知识和有关重要规定、风俗习惯以及安全避险措施；

b）境外收取小费的惯例及支付标准；

c）组团社和接团社的联系人和联络方式；

d）遇到紧急情况的应急联络方式（包括我驻外使领馆的应急联络方式）。

5.3.6　国内段接送旅游汽车

国内段接送旅游汽车应符合 GB/T 26359 的要求。

5.4　领队接待服务

5.4.1　总要求

出境旅游团队应配备符合法定资质的领队。

5.4.2　领队素质要求

领队人员应：

A）符合 GB/T 15971—2010 要求的基本素质。

B）切实履行领队职责、严格遵守外事纪律。

C）已考取领队证并具备：

a）英语或目的地国家/地区语言表达能力；

b）导游工作经验和实操能力；

c）应急处理能力。

5.4.3　领队职责

领队应：

a）维护旅游者的合法权益；

b）与接待社共同实施旅游行程计划，协助处理旅游行程中的突发事件、纠纷及其他问题；

c）为旅游者提供旅游行程的相关服务；

d）代表组团社监督接待社和当地导游的服务质量；

e）自觉维护国家利益和民族尊严，并提醒旅游者抵制任何有损国家利益和民族尊严的言行；

f）向旅游者说明旅游目的地的法律法规、风土人情及风俗习惯等。

5.4.4 领队服务规范

5.4.4.1 通则

领队服务应符合 GB/T 15971—2010 的相关要求。

领队应认真履行领队职责（见 5.4.3），按旅游合同的约定完成旅游行程计划。

5.4.4.2 出团准备

领队接收计调人员移交的出境旅游团队资料时应认真核对查验。

注： 出境旅游团队资料通常包括团队名单表、出入境登记卡、海关申报单、旅游证件、旅游签证 / 签注、交通票据、接待计划书、联络通讯录等。

领队应提前到达团队集合地点，召集、率领团队按时出发，并在适当的时候代表组团社致欢迎词。

5.4.4.3 出入境服务

领队应告知并向旅游者发放通关时应向口岸的边检 / 移民机关出示 / 提交的旅游证件和通关资料（如：出入境登记卡、海关申报单等），引导团队依次通关。

向口岸的边检 / 移民机关提交必要的团队资料（如团队名单、团体签证、出入境登记卡等），并办理必要的手续。

领队应积极为旅游团队办妥乘机和行李托运的有关手续，并依时引导团队登机。

飞行途中，领队应协助机组 / 空乘人员向旅游者提供必要的帮助和服务。

5.4.4.4 旅行游览服务

领队应按组团社与旅游者所签的旅游合同约定的内容和标准为旅游者提供符合 GB/T 15971—2010 要求的旅游行程接待服务，并督促接待社及其导游员按约定履行旅游合同。

入住饭店时，领队应向当地导游员提供团队住宿分房方案，并协助导游员办好入店手续。在旅游途中，领队应：

a）积极协助当地导游为旅游者提供必要的帮助和服务；

b）劝谕引导旅游者遵守当地的法律法规，尊重当地风俗习惯；

c）随时注意团队安全。

旅游行程结束时，应通过向旅游者发放并回收《游客旅游服务评价表》征询旅游者对旅游行程服务的意见，并代表组团社致欢送词。

5.4.4.5 特殊 / 突发情况的处理

组团社应建立健全应急预案和应急处理机制，建立保持畅通的沟通渠道。

旅游者在旅游过程中遇到特殊困难、旅游者在境外滞留不归或出现特殊 / 突发情况，如事故伤亡、行程受阻、财物丢失或被抢被盗、重大传染性疾病、自然灾害等，领队应积极协助有关机构或直接作出有效的处理，并向我驻当地使领馆报告，获得帮助，以维护旅游者的合法权益。

注： GB/T 15971—2010 附录 A 提供了应急处理的原则。

6 服务提供特别要求

6.1 奖励旅游

组团社应为组织者度身定做奖励旅游专项产品。奖励旅游产品应与组织者奖励旅游的创意和目的相匹配。组团社应参照本标准 5.3.4 条款的要求提供相关服务。

6.2 同业合作

6.2.1 导则

组团社之间或者组团社与其零售商之间，可依法建立批发与零售代理关系。

6.2.2 组团社

组织出团的组团社应：

a）向负责收客的旅行社提供符合本标准第4章要求的旅游产品；

b）向负责收客的旅行社招徕的旅游者提供符合本标准要求的出境旅游服务。

6.2.3 负责收客的旅行社

收客时，负责收客的旅行社应：

a）向旅游者披露组团社，并使用组团社指定的旅游合同；

b）向旅游者提供符合本标准要求的销售服务；

c）销售旅游线路产品时使用该产品组团社的《说明书》；

d）非经组团社同意，不向旅游者作出超出《说明书》范围的承诺。

6.2.4 转团

旅游团队因组团社原因不能按约成行，需将旅游者转到另外的组团社出团的，原签约的组团社应与旅游者签订转团合同，并与承担出团任务的组团社签订合作协议。

6.2.5 沟通

组团社、负责收客的旅行社与旅游者应保持有效的沟通，相关资料得到及时传递，客源交接的相关手续与信息清楚并保留相应的记录。

6.2.6 信誉档案

组团社与负责收客的旅行社应互建对方的信誉档案。

旅游者投诉时，属负责收客的旅行社自身责任所致的，负责收客的旅行社应及时作出处理；属组团社责任所致的，应及时会同组团社作出处理。

7 服务质量的监督与改进

7.1 总要求

7.1.1 组团社应按照本标准的要求并参照 GB/T 19001 的要求建立出境旅游服务质量管理体系。

7.1.2 组团社应建立健全出境旅游服务质量检查机构和监督机制，依据本标准对出境旅游服务进行监督检查。

7.2 服务质量的监督

组团社应通过《游客旅游服务评价表》《领队日志》、电话回访、对自身出境旅游产品的定期评价、每年度对地接社及其地陪的服务供方评价及其他方式认真听取各方面的意见；对收集到的旅游者反馈信息进行统计分析，了解旅游者对出境旅游服务的满意度。

7.3 服务质量的改进

7.3.1 组团社应根据旅游者的满意度对存在的质量问题进行分析，确定出现质量问题的原因。

7.3.2 组团社应针对出现质量问题的原因采取有效措施，防止类似问题再次发生，达到出境旅游服务质量的持续改进。

7.4 投诉处理

7.4.1 组团社对旅游者的投诉应认真受理、登记记录，依法作出处理。

7.4.2 组团社应设专职人员负责处理旅游者投诉。对于重大旅游投诉，组团社主要管理人员应亲自出面处理。

7.4.3 组团社应建立健全投诉档案管理制度。

四、《旅行社行前说明服务规范》（LB/T 040—2015）

1 范围

本标准规定了旅行社为旅游者提供行前说明服务所涵盖的相关要求。

本标准适用于中华人民共和国境内旅行社提供的、签订包价旅游合同且包含行程游览服务的旅游产品。

2 规范性引用文件

下列文件对于本文件的应用是必不可少的。凡是注日期的引用文件，仅注日期的版本适用于本文件。 凡是不注日期的引用文件，其最新版本（包括所有的修改单）适用于本文件。

GB/T 19001　质量管理体系要求

GB/T 16766　旅游业基础术语

GB/T 31385　旅行社服务通则

GB/T 31386　旅行社出境旅游服务规范

3 术语和定义

GB/T 16766 界定的以及下列术语和定义适用于本文件。

3.1 包价旅游合同　package tour contract

指旅行社预先安排行程，提供或者通过履行辅助人提供交通、住宿、餐饮、游览、导游或者领队等两项以上旅游服务，旅游者以总价支付旅游费用的合同。

注：引用《中华人民共和国旅游法》，第十章，第一百一十一条，第三款。

3.2 行前说明服务　pre-tour explication service

旅行社与旅游者签订包价旅游合同、约定的旅游活动成行前，就约定的服务内容，向旅游者告知重要信息、有助顺利完成旅游的活动，是旅行社提供的包价旅游产品中不可缺少的服务环节之一。

3.3 行前说明服务提供方　pre-tour explication service supplier

与旅游者签订包价旅游合同的旅行社，包括：招徕、组织、接待旅游者并提供全程旅游服务的旅行社；销售批发商的包价旅游产品且自行与旅游者签订包价旅游合同的旅游代理商、旅游零售商。

4 基本要求

4.1 主动服务

行前说明服务区别于售前服务中的产品说明服务、旅游行程中对旅游者的提示和告知活动，旅行社应主动为旅游者提供该项服务。

提供全程旅游服务的旅行社应主动为其代理商、零售商提供行前说明服务方面的有效支持。

4.2 注重实效

旅行社应根据经营状况、产品特征、旅游者群体差异等因素，选取方便旅游者参与、服务质量易于控制的行前说明服务形式。

4.3 资源保障

旅行社应为行前说明服务提供必要的资源保障，包括：

a）建立符合旅行社实际情况的行前说明服务管理制度，明确服务流程及服务标准；

b）设置专门岗位，对行前说明服务所要达到的目标负责；

c）对行前服务人员进行培训，确保其具有为旅游者提供相关服务的专业知识及技能；

d）为行前说明服务提供场地、设备、设施等方面的支持。

5 服务形式

5.1 一般服务形式

为保证行前说明服务的质量及效果，旅行社应优先采取以下服务形式：

a）出行前且非出发当天，旅行社、旅游者双方见面的行前说明服务形式；

b）出行前且非出发当天，不见面形式的行前说明服务：旅行社利用互联网等技术或服务手段，向旅游者送达行前说明内容的电子版本、音、视频资料并取得旅游者接收确认，且有专门渠道、专门人员解答旅游者疑问；

c）上述两种形式的结合。

5.2 应急措施、补救手段

当旅游者因故未能接受行前服务时，旅行社可采取以下服务形式作为应急措施或补救手段：

a）行程开始当天，在机场、车站、码头等公共区域临时举行；

b）前往旅游目的地的交通工具上临时举行；

c）在旅游过程中，通过播放音频、视频资料或由履行辅助人宣讲等进行。

6 服务内容

6.1 交付资料、物品

6.1.1 基本资料、物品

旅行社在行前说明服务环节向旅游者交付的资料、物品应符合 GB/T 31385、GB/T 31386 中的相关要求。

6.1.2 与旅游安全、文明旅游相关的资料

对与旅游安全、文明旅游相关的重要事项，应当向旅游者交付书面文件等形式的资料。重要信息在资料中应以加大字号、醒目色标注等处理方式以引起旅游者重视。如可能严重危及旅游者人身、财产安全的旅游风险提示、多发旅游风险的提示、安全避险措施等重要安全提示内容。

6.1.3 旅行社认为应当交付的其他内容

旅行社认为应当交付的其他内容取决于旅行社自身管理需求和产品特点。

6.2 告知内容

6.2.1 出发信息

旅行社应向旅游者重点解读旅游行程，特别注意说明双方在签订包价旅游合同时尚未明确的要素，包括：交通工具的营运编号（如飞机航班号等）、集合出发的时间地点、必要

的履行辅助人信息、团队标志（如导游旗、游客标志物）等。

6.2.2 重要联络信息

旅行社应告知旅游者，并提醒其在旅游过程中全程携带的重要联络信息。

a）旅行社操作部门、销售部门相关工作人员、团队领队或全陪姓名及联络方式等信息。

b）地接社及其工作人员（如地陪导游员）联络方式等信息。

c）为游客提供保险产品的保险公司联络信息。

d）遇到紧急情况时的应急联络方式。出境旅游产品还应向旅游者告知我国驻外使、领馆应急联络方式。

e）应该或能够在行程中为旅游者提供安全保障的其他机构或人员信息。

6.2.3 行前准备事项

告知旅游者国内、外运输管理相关法律、法规、行李托运须知、出入境物品管理相关法律、法规等对旅游者乘坐交通工具、托运行李、出、入国境有影响的事项，提示旅游者提前做好相应准备。

6.2.4 旅游目的地相关信息

提示旅游者旅游目的地（国家或地区）历史、地理、气候、人文风俗等信息及相关注意事项。

6.2.5 文明旅游提示

对旅游者进行的文明旅游提示应包括：

a）旅游者应当注意的旅游目的地相关法律、法规和风俗习惯、宗教禁忌等；

b）易因不了解而引起误会、冒犯、争端或遭受非议的其他事项；

c）除上述提示外，出境旅游团队还应提示国家出入境管理相关法律、法规，以及依照中国法律不宜参加的活动。

6.2.6 旅游者不适合参加旅游活动的情形

除一般旅行安全注意事项外，旅行社应根据产品行程设计内容，有针对性地提示行程中存在一定风险的旅游项目，再次询问旅游者健康状况，提示旅游者不适合参加旅游活动的情形。

6.2.7 重大安全警示

旅行社应根据旅游目的地、行程安排的差异性，就以下事项对旅游者进行说明：

a）行程中旅游者可能接触到的、操作不当有可能造成旅游者人身伤害的相关设施、设备的正确使用方法；

b）必要的安全防范和应急措施；

c）行程中未向旅游者开放的经营、服务场所和设施、设备；

d）为保障安全，部分旅游者不适宜参加的活动。

6.2.8 突发事件应急处理预案

旅行社应：

a）告知旅游者，旅行社对突发事件的处理流程；

b）告知旅游者，有危及人身或财产安全的意外发生时，旅游者应联络的人员的顺序；

c）如旅游者为旅游活动投保了保险，应告知旅游者保障内容及出险时可采取的措施；

d）突发事件发生时，有利于旅游者保护自身安全的其他信息。

6.2.9 争议和投诉受理渠道

告知旅游者，当有争议发生时旅游者可通过何种渠道与方式维护自身利益，包括：

a）旅行社受理投诉的渠道及流程；

b）政府相关部门受理投诉的渠道及流程。

7 服务流程

7.1 告知并获得旅游者确认

旅行社应在合同签署时告知旅游者行前说明服务提供的方式、时间等信息，并申明服务的重要性，促使旅游者参与。

7.2 获取旅游者参与记录

行前说明服务过程中，旅行社应获取旅游者参与活动的签字证明或其他形式的到场记录。

7.3 宣讲及交付相关资料

交付资料、物品和宣讲告知内容见本标准的 6.1、6.2。

对所有交付给旅游者的书面告知内容，旅行社宜向旅游者收取接收确认，以保证信息能有效传达。

7.4 答疑

就旅游者提出的与产品或服务有关的问题，旅行社服务人员予以解答。

采取非见面服务形式的，可由旅行社在团队出发前按约定方式对旅游者提出的疑问予以解答。

7.5 存档

旅行社应指派专人对行前说明服务过程中的重要资料、记录进行整理、存档。存档要求应符合《中华人民共和国旅游法》对旅游者资料保存的相关规定。

8 服务改进

旅行社应按照 GB/T 19001 的要求，建立符合质量管理体系要求的服务监督和持续改进机制，从旅游者意见调查、旅游者投诉与建议信息中识别出与行前说明服务有关的信息，对服务流程、服务内容进行定期评审，使服务得到不断改进。

当以下情况发生时，旅行社还应立即组织对行前说明服务流程、标准进行针对性评审，以确保服务的有效性：

a）国家相关法律、法规、行业管理规定颁布或发生变化时；

b）旅游目的地国家或地区局势发生重大变化时；

c）旅游经济形式发生重大变化时；

d）行业管理部门或其他政府机构有要求时；

e）旅行社经营组织结构和质量管理体系发生重大变化时；

f）行前说明服务质量引起投诉或造成旅游者人身、财产损失等情况发生时。

五、《导游领队引导文明旅游规范》（LB/T 039—2015）

1 范围

本标准规定了旅行社组织、接待旅游（团）者过程中，导游员、出境旅游领队引导旅游者文明旅游的基本要求、具体内容和相应规范。

本标准适用于旅行社组织、接待的旅游（团）者，包括中国公民境内旅游、出境旅游，以及境外国家或地区到中国境内旅游的旅游（团）者。

2　规范性引用文件

下列文件对于本文件的应用是必不可少的。凡是注日期的引用文件，仅注日期的版本适用于本文件。凡是不注日期的引用文件，其最新版本（包括所有的修改单）适用于本文件。

GB/T 15971—2010　导游服务规范

LB/T 005—2011　旅行社出境旅游服务规范

LB/T 008　旅行社服务通则

3　术语和定义

LB/T 008 界定的以及下列术语和定义适用于本文件。

3.1　导游员　tour guide

符合上岗资格的法定要求，接受旅行社委派，直接为旅游团（者）提供向导、讲解及旅游服务的人员。导游员包括全程陪同导游员和地方陪同导游员。

[GB/T 15971—2010 中的 3.3]

3.2　出境旅游领队　outbound tour escort

依法取得从业资格，受组团社委派，全权代表组团社带领旅游团出境旅游，监督境外接待旅行社和导游人员等执行旅游计划，并为旅游者提供出入境等相关服务的工作人员。

[LB/T 005—2011 中的 3.3]

3.3　旅行社　travel service

从事招徕、组织、接待旅游者等活动，为旅游者提供相关旅游服务，开展国内旅游业务、入境旅游业务或者出境旅游业务的企业法人。

4　总体要求

4.1　引导的基本要求

4.1.1　一岗双责

4.1.1.1　导游领队人员应兼具为旅游者提供服务，与引导旅游者文明旅游两项职责。

4.1.1.2　导游领队人员在引导旅游者文明旅游过程中应体现服务态度、坚持服务原则，在服务旅游者过程中应包含引导旅游者文明旅游的内容。

4.1.2　掌握知识

4.1.2.1　导游领队人员应具备从事导游领队工作的基本专业知识和业务技能。

4.1.2.2　导游领队人员应掌握我国旅游法律、法规、政策以及有关规范性文件中关于文明旅游的规定和要求。

4.1.2.3　导游领队人员应掌握基本的文明礼仪知识和规范。

4.1.2.4　导游领队人员应熟悉旅游目的地的法律规范、宗教信仰、风俗禁忌、礼仪知识、社会公德等基本情况。

4.1.2.5　导游领队人员应掌握必要的紧急情况处理技能。

4.1.3　率先垂范

4.1.3.1　导游领队人员在工作期间应以身作则，遵纪守法，恪守职责，体现良好的职业素养和职业道德，为旅游者树立榜样。

4.1.3.2　导游领队人员在工作期间应注重仪容仪表、衣着得体，展现导游领队职业群体的良好形象。

4.1.3.3　导游领队人员在工作期间应言行规范，举止文明，为旅游者作出良好示范。

4.1.4　合理引导

4.1.4.1　导游领队人员对旅游者文明旅游的引导应诚恳、得体。

4.1.4.2　导游领队人员应有维护文明旅游的主动性和自觉性，关注旅游者的言行举止，在适当时机对旅游者进行相应提醒、警示、劝告。

4.1.4.3　导游领队人员应积极主动营造轻松和谐的旅游氛围，引导旅游者友善共处、互帮互助，引导旅游者相互督促、友善提醒。

4.1.5　正确沟通

4.1.5.1　在引导时，导游领队人员应注意与旅游者充分沟通，秉持真诚友善原则，增强与旅游者之间的互信，增强引导效果。

4.1.5.2　对旅游者的正确批评和合理意见，导游领队人员应认真听取，虚心接受。

4.1.6　分类引导

4.1.6.1　针对不同旅游者的引导

a）在带团工作前，导游领队人员应熟悉团队成员、旅游产品、旅游目的地的基本情况，为恰当引导旅游者做好准备。

b）对未成年人较多的团队，应侧重对家长的引导，并需特别关注未成年人特点，避免损坏公物、喧哗吵闹等不文明现象发生。

c）对无出境记录旅游者，应特别提醒旅游目的地风俗禁忌和礼仪习惯，以及出入海关、边防（移民局）的注意事项，提前告知和提醒。

d）旅游者生活环境与旅游目的地环境差异较大时，导游领队应提醒旅游者注意相关习惯、理念差异，避免言行举止不合时宜而导致的不文明现象。

4.1.6.2　针对不文明行为的处理

a）对于旅游者因无心之过而与旅游目的地风俗禁忌、礼仪规范不协调的行为，应及时提醒和劝阻，必要时协助旅游者赔礼道歉。

b）对于从事违法或违反社会公德活动的旅游者，或从事严重影响其他旅游者权益的活动，不听劝阻、不能制止的，根据旅行社的指示，导游领队可代表旅行社与其解除旅游合同。

c）对于从事违法活动的旅游者，不听劝阻、无法制止，后果严重的，导游领队人员应主动向相关执法、管理机关报告，寻求帮助，依法处理。

4.2　引导的主要内容

4.2.1　法律法规

导游领队人员应将我国和旅游目的地国家和地区文明旅游的有关法律规范和相关要求向旅游者进行提示和说明，避免旅游者出现触犯法律的不文明行为。引导旅游者爱护公物、文物，遵守交通规则，尊重他人权益。

4.2.2　风俗禁忌

导游领队人员应主动提醒旅游者尊重当地风俗习惯、宗教禁忌。在有支付小费习惯的国家和地区，应引导旅游者以礼貌的方式主动向服务人员支付小费。

4.2.3 绿色环保

导游领队人员应向旅游者倡导绿色出游、节能环保，宜将具体环保常识和方法向旅游者进行说明。引导旅游者爱护旅游目的地自然环境，保持旅游场所的环境卫生。

4.2.4 礼仪规范

导游领队人员应提醒旅游者注意基本的礼仪规范：仪容整洁，遵序守时，言行得体。提醒旅游者不在公共场合大声喧哗、违规抽烟，提醒旅游者依序排队、不拥挤争抢。

4.2.5 诚信善意

导游领队人员应引导旅游者在旅游过程中保持良好心态，尊重他人、遵守规则、恪守契约、包容礼让，展现良好形象。通过旅游提升文明素养。

5 具体规范

5.1 出行前

5.1.1 导游领队应在出行前将旅游文明需要注意的事项以适当方式告知旅游者。

5.1.2 导游领队参加行前说明会的，宜在行前说明会上，向旅游者讲解《中国公民国内旅游文明行为公约》或《中国公民出境旅游文明行为指南》，提示基本的文明旅游规范，并将旅游目的地的法律法规、宗教信仰、风俗禁忌、礼仪规范等内容系统、详细地告知旅游者，使旅游者在出行前具备相应知识，为文明旅游做好准备。

5.1.3 不便于召集行前说明会或导游领队不参加行前说明会的，导游领队宜向旅游者发送电子邮件、传真或通过电话沟通等方式，将文明旅游的相关注意事项和规范要求进行说明和告知。

5.1.4 在旅游出发地机场、车站等集合地点，导游领队应将文明旅游事项向旅游者进行重申。

5.1.5 如旅游产品具有特殊安排，如乘坐的廉价航班上不提供餐饮、入住酒店不提供一次性洗漱用品时，导游领队应向旅游者事先告知和提醒。

5.2 登机(车、船)与出入口岸

5.2.1 导游领队应提醒旅游者提前办理检票、安检、托运行李等手续，不携带违禁物品。

5.2.2 导游领队应组织旅游者依序候机(车、船)，并优先安排老人、未成年人、孕妇、残障人士。

5.2.3 导游领队应提醒旅游者不抢座、不占位，主动将上下交通工具方便的座位让给老人、孕妇、残障人士和带婴幼儿的旅游者。

5.2.4 导游领队应引导旅游者主动配合机场、车站、港口以及安检、边防(移民局)、海关的检查和指挥。与相关工作人员友好沟通，避免产生冲突。携带需要申报的物品，应主动申报。

5.3 乘坐公共交通工具

5.3.1 导游领队宜利用乘坐交通工具的时间，将文明旅游的规范要求向旅游者进行说明和提醒。

5.3.2 导游领队应提醒旅游者遵守和配合乘务人员指示，保障交通工具安全有序运行：如乘机时应按照要求使用移动电话等电子设备。

5.3.3 导游领队应提醒旅游者乘坐交通工具的安全规范和基本礼仪，遵守秩序，尊重他人：如乘机(车、船)时不长时间占用通道或卫生间，不强行更换座位，不强行开启安全

舱门。避免不文雅的举止，不无限制索要免费餐饮等。

5.3.4 导游领队应提醒旅游者保持交通工具内的环境卫生，不乱扔乱放废弃物。

5.4 住宿

5.4.1 导游领队应提醒旅游者尊重服务人员，服务人员问好时要友善回应。

5.4.2 导游领队应指引旅游者爱护和正确使用住宿场所设施设备，注意维护客房和公用空间的整洁卫生，提醒旅游者不在酒店禁烟区域抽烟。

5.4.3 导游领队应引导旅游者减少一次性物品的使用，减少环境污染，节水节电。

5.4.4 导游领队应提醒旅游者在客房区域举止文明，如在走廊等公共区域衣着得体，出入房间应轻关房门，不吵闹喧哗，宜调小电视音量，以免打扰其他客人休息。

5.4.5 导游领队应提醒旅游者在客房内消费的，应在离店前主动声明并付费。

5.5 餐饮

5.5.1 导游领队应提醒旅游者注意用餐礼仪，有序就餐，避免高声喧哗干扰他人。

5.5.2 导游领队应引导旅游者就餐时适量点用，避免浪费。

5.5.3 导游领队应提醒旅游者自助餐区域的食物、饮料不能带离就餐区。

5.5.4 集体就餐时，导游领队应提醒旅游者正确使用公共餐具。

5.5.5 旅游者如需在就餐时抽烟，导游领队应指示旅游者到指定抽烟区域就座，如就餐区禁烟的，应遵守相关规则。

5.5.6 就餐环境对服装有特殊要求的，导游领队应事先告知旅游者，以便旅游者准备。

5.5.7 在公共交通工具或博物馆、展览馆、音乐厅等场所，应遵守相关规则，勿违规饮食。

5.6 游览

5.6.1 导游领队宜将文明旅游的内容融合在讲解词中，进行提醒和告知。

5.6.2 导游领队应提醒旅游者遵守游览场所规则，依序文明游览。

5.6.3 在自然环境中游览时，导游领队应提示旅游者爱护环境、不攀折花草、不惊吓伤害动物，不进入未开放区域。

5.6.4 观赏人文景观时，导游领队应提示旅游者爱护公物、保护文物，不攀登骑跨或胡写乱画。

5.6.5 在参观博物馆、教堂等室内场所时，导游领队应提示旅游者保持安静，根据场馆要求规范使用摄影摄像设备，不随意触摸展品。

5.6.6 游览区域对旅游者着装有要求的（如教堂、寺庙、博物馆、皇宫等），导游领队应提前一天向旅游者说明，提醒准备。

5.6.7 导游领队应提醒旅游者摄影摄像时先后有序，不妨碍他人。如需拍摄他人肖像或与他人合影，应征得同意。

5.7 娱乐

5.7.1 导游领队应组织旅游者安全、有序、文明、理性参与娱乐活动。

5.7.2 导游领队应提示旅游者观赏演艺、比赛类活动时遵守秩序：如按时入场、有序出入。中途入场或离席以及鼓掌喝彩应合乎时宜。根据要求使用摄像摄影设备，慎用闪光灯。

5.7.3 导游领队应提示旅游者观看体育比赛时，尊重参赛选手和裁判，遵守赛场秩序。

5.7.4 旅游者参加涉水娱乐活动的，导游领队应事先提示旅游者听从工作人员指挥，注意安全，爱护环境。

5.7.5 导游领队应提示旅游者在参加和其他旅游者、工作人员互动活动时，文明参与、大方得体，并在活动结束后对工作人员表示感谢，礼貌话别。

5.8 购物

5.8.1 导游领队应提醒旅游者理性、诚信消费，适度议价善意待人，遵守契约。

5.8.2 导游领队应提醒旅游者遵守购物场所规范，保持购物场所秩序，不哄抢喧哗，试吃试用商品应征得同意，不随意占用购物场所非公共区域的休息座椅。

5.8.3 导游领队应提醒旅游者尊重购物场所购物数量限制。

5.8.4 在购物活动前，导游领队应提醒旅游者购物活动结束时间和购物结束后的集合地点，避免旅游者因迟到、拖延而引发的不文明现象。

5.9 如厕

5.9.1 在旅游过程中，导游领队应提示旅游者正确使用卫生设施；在如厕习惯特别的国家或地区，或卫生设施操作复杂的，导游领队应向旅游者进行相应说明。

5.9.2 导游领队应提示旅游者维护卫生设施清洁、适度取用公共卫生用品，并遵照相关提示和说明不在卫生间抽烟或随意丢弃废弃物、不随意占用残障人士专用设施。

5.9.3 在乘坐长途汽车前，导游领队应提示旅游者行车时间，提醒旅游者提前上卫生间。在长途行车过程中，导游领队应与司机协调，在中途安排停车如厕。

5.9.4 游览过程中，导游领队应适时提示卫生间位置，尤其应注意引导家长带领未成年人使用卫生间，不随地大小便。

5.9.5 在旅游者众多的情况下，导游领队应引导旅游者依序排队使用卫生间，并礼让急需的老人、未成年人和残障人士。

5.9.6 在野外无卫生间等设施设备的情况下，导游领队应引导旅游者在适当的位置如厕，避免污染水源或影响生态环境。并提示旅游者填埋、清理废弃物。

6 特殊 / 突发情况处理

6.1 旅游过程中遭遇特殊 / 突发情况，如财物被抢被盗、重大传染性疾病、自然灾害、交通工具延误等情形，导游领队应沉着应对，冷静处理。

6.2 需要旅游者配合相关部门处理的，导游领队应及时向旅游者说明，进行安抚劝慰，导游领队还应积极协助有关部门进行处理。在突发紧急情况下，导游领队应立即采取应急措施，避免损失扩大，事态升级。

6.3 导游领队应在旅游者和相关机构及人员发生纠纷时，及时处理、正确疏导，引导旅游者理性维权、化解矛盾。

6.4 遇旅游者采取拒绝上下机（车、船）、滞留等方式非理性维权的，导游领队应与旅游者进行沟通、晓以利害。必要时应向驻外使领馆或当地警方等机构报告，寻求帮助。

7 总结反馈

7.1 旅游行程全部结束后，导游领队向旅行社递交的带团报告或团队日志中，应有总结和反馈文明旅游引导工作的内容，以便积累经验并在导游领队人员中进行培训、分享。

7.2 旅游行程结束后，导游领队宜与旅游者继续保持友好交流、并妥善处理遗留问题。

7.3 对旅游过程中严重违背社会公德、违反法律规范，影响恶劣，后果严重的旅游者，导游领队人员应将相关情况向旅行社进行汇报，并通过旅行社将该旅游者的不文明行为向旅游管理部门报告，经旅游管理部门核实后，纳入旅游者不文明旅游记录。

7.4 旅行社、导游行业组织等机构应做好导游领队引导文明旅游的宣传培训和教育工作。

六、《出境旅游领队服务规范》（LB/T 084—2022）

1 范围

本文件规定了出境旅游领队的职责、服务要求和服务质量改进要求。

本文件适用于中华人民共和国境内的出境旅游组团社提供的领队全程陪同服务。

2 规范性引用文件

下列文件中的内容通过文中的规范性引用而构成本文件必不可少的条款。其中，注日期的引用文件，仅该日期对应的版本适用于本文件；不注日期的引用文件，其最新版本（包括所有的修改单）适用于本文件。

GB/T 15971 导游服务规范

GB/T 16766 旅游业基础术语

GB/T 31386—2015 旅行社出境旅游服务规范

LB/T 028—2013 旅行社安全规范

LB/T 039—2015 导游领队引导文明旅游规范

LB/T 040—2015 旅行社行前说明服务规范

3 术语和定义

GB/T 16766 和 GB/T 31386—2015 界定的以及下列术语和定义适用于本文件。

3.1 出境旅游领队 outbound tour escort

符合法定执业条件、接受组团社委派，全权代表组团社带领旅游团队出境旅游，监督境外接待旅行社和地陪导游等执行旅游计划，并为旅游者提供出入境等全程陪同服务的旅行社工作人员。

注1： 出境旅游领队简称"领队"。

注2： 境外接待旅行社简称"地接社"。

［来源：GB/T 31386—2015，3.3，有修改］

3.2 团队操作 group operation

旅行社根据预先设定或与旅游者确认的服务内容及标准，采集服务所需的各项资源，协调旅行社相关业务部门、旅游行程的履行辅助人，进行整体服务设计。

3.3 团队旅游者信息表 group tourist information form

团队操作人员制作并交与领队的工作文档。

注： 团队旅游者信息表通常载有旅游者姓名、旅游证件信息、联系方式、特殊需求、分房信息、团队接待注意事项等信息。

4 领队职责

领队应履行 GB/T 31386—2015 中 5.4.3 规定，以及下列职责：

a）恪守职业道德，遵守外事纪律；

b）为旅游者提供全程陪同服务；

c）按 LB/T 039—2015 的要求，在旅游行程的各个环节向旅游者宣讲文明旅游注意事项，引导文明旅游；

d）代表组团社监督地接社和地陪导游履行旅游合同，按照组团社的行程计划兑现接待服务承诺，监督其执行接待标准和保证服务质量，维护组团社和旅游者合法权益；

e）与地接社和地陪导游共同实施旅游接待计划，协助处理旅游行程中的突发事件、纠纷及其他问题；

f）按 LB/T 028—2013 中 5.4.3 的要求，在旅游过程中随时向旅游者发出安全提示；

g）维护国家利益和民族尊严，并提醒旅游者抵制任何有损国家利益和民族尊严的言行；

h）向旅游者说明旅游目的地法律法规、风土人情及风俗习惯等；

i）关心旅游团中的老年人、儿童、残障人士等特殊旅游者，需要时提供必要的照顾；

j）协调处理旅游者之间的纠纷及行程中旅游者提出的投诉；

k）做好各段行程之间衔接工作。

5 服务要求

5.1 导则

领队应按 GB/T 15971 和 GB/T 31386—2015 中 5.4.4 的要求，做好行前准备工作，提供行前服务、在途服务、返程服务。

5.2 通用要求

5.2.1 出境旅游证件的保管

在行程中，领队应适时提醒旅游者妥善保管自己的出境旅游证件，需收集旅游者出境旅游证件集中使用时应妥善保管，用毕及时归还。

5.2.2 旅游者个人信息与肖像权的保护

领队应尊重旅游者个人隐私及旅游者相关权益，不泄露旅游者个人信息；应有意识地保护旅游者的肖像权，未经旅游者同意，不应以任何形式公开发布含有旅游者肖像的图片。

5.2.3 检查交通工具的安全设施

团队旅游乘坐的交通工具（如旅游客车、游览包船等），领队应检查其安全锤、安全带、逃生门、救生衣、应急灯等安全设施状况，发现安全隐患应及时要求接待社采取有效措施，必要时向团队操作人员反馈并提出需要其支持、协调的具体事项。

5.2.4 突发情况的处理

领队应在旅游过程中随时向旅游者进行安全提示，注意保护旅游者人身及财产安全。遇到特殊 / 突发事件，领队应按 GB/T 15971 和本文件附录 A 的要求处理。

5.3 出团准备

5.3.1 与团队操作人员交接

5.3.1.1 领队应仔细阅读旅游行程单，确认旅游接待计划可执行，如有疑问应及时向团队操作人员反馈。出发前已经确认行程发生变更的，应与团队操作人员确认处理预案，取得相应处置授权。

5.3.1.2　领队应详细了解全体旅游者的基础信息、特殊预订要求、需要特别处置事项，并与团队操作人员确认特殊事项的可执行性。

5.3.2　接收并查验团队资料

5.3.2.1　团队资料主要包括：

a）旅游行程单，必要时为地接社、地陪导游及其他履行辅助人准备外文版旅游行程单；

b）团队旅游者信息表和分房名单表；

c）旅游者及领队的出入境证件（如有）；

d）旅游者及领队的旅游签证 / 签注（如有）；

e）地接社、地陪导游及其他履行辅助人的联系信息；

f）遇特殊事件时需要旅游者签署的各类制式文书；

g）团队机 / 车 / 船票等交通票据；

h）保险资料（如有）；

i）景点门票、餐券（如有）；

j）《中国公民出境旅游团队名单表》(如有)；

k）旅游目的地公共卫生情况，按需配备防护用品。

5.3.2.2　领队接收团队操作人员移交的出境旅游团队证件资料时，应仔细查验并确认以下内容：

a）中、外文版旅游行程单内容一致；

b）出入境证件信息（姓名、性别等）与团队旅游者名单表一致；

c）出入境证件和签证 / 签注有效；

d）交通票据所载信息正确。

5.3.2.3　领队应复印全体旅游者的旅游证件、签证 / 签注的首页或保留其电子版本，以备需要时使用。

5.3.3　工作预案

领队应根据旅游者的基本情况、特殊要求、行程特点等因素预判行程中可能出现的问题，考虑解决方案并与团队操作人员充分讨论，达成一致。双方确认的内容应保留书面记录。

5.4　行前服务

5.4.1　行前说明会

5.4.1.1　领队应主持或参加行前说明会，并按照 GB/T 31386—2015 中 5.3.5、LB/T 039—2015 中 5.1.2 和 LB/T 040—2015 的相关要求，提供以下服务：

a）给付旅游者相关旅游资料；

b）向旅游者讲解旅游行程单内容；

c）宣讲文明旅游注意事项；

d）提示告知安全注意事项，确认旅游者在国内的紧急联系人、联系方式等；

e）介绍旅游目的地与出发地的时差、当地气候、风俗禁忌、汇率及兑汇途径等相关情况；

f）说明旅游证件的重要性和证件遗失的后果，提醒旅游者妥善保管旅游证件。

5.4.1.2　领队确因特殊情况不能主持或参加行前说明会的，应报告旅行社，委派他人代为主持或参加。

5.4.1.3　因特殊原因未能安排行前说明会的，或参团旅游者未能参加说明会的，领队应在团队出发集合地点组织行前说明会。

5.4.2　行前提示

5.4.2.1　领队应不迟于出团前1日与参团旅游者／联系人联系，再次提醒以下事项并请旅游者回复确认：

a）团队集合时间与地点；

b）出入境、出入海关的注意事项；

c）团队所乘公共交通工具（如飞机、邮轮等）的行李要求和托运要求；

d）出团时携带的证件资料；

e）根据旅游目的地的气候等因素，旅游者需要备齐的物品；

f）领队的联系方式；

g）就旅游目的地与出发地的时差、当地气候、风俗禁忌、汇率及兑汇途径、需要备齐的物品等作出提醒；

h）提醒旅游者根据自身身体状况，准备和携带必要和备用的药品；

i）需要时，就推荐旅游者购买相关旅游保险做补充提示。

5.4.3　行前答疑

领队应确保与旅游者的联系方式畅通，随时应答旅游者的咨询。

5.5　在途服务

5.5.1　集合团队

集合团队时，领队应：

a）按照出团通知书载明的集合时间及地点，至少提前15分钟到达，并在合适位置展示组团社的团队标识，等待并召集旅游者；

b）根据团队名单核对旅游者到达情况，并及时电话联系迟到的旅游者，敦促其尽快到达并告知其后续安排；

c）进行自我介绍，代表旅行社致欢迎词；

d）讲解出境手续、公共交通承运人关于行李携带与托运的注意事项，协助旅游者办理行李托运手续，并回答旅游者的问题；

e）向旅游者派发护照等旅游证件、乘坐公共交通工具的凭证、旅行社行李牌等物件，并提醒旅游者妥善保管自己的旅游证件与乘坐凭证；

f）向旅游者提示公共交通工具乘坐地点、检票时间、出发时间，并强调迟到后果的严重性。

5.5.2　办理乘坐公共交通工具的手续

领队应提前留出充足的时间到达集合地点，协助旅游者办理登机牌（或邮轮登船卡）等公共交通工具登乘凭证。

5.5.3　出入境服务

5.5.3.1　领队应提示旅游者关于我国移民、海关、检验检疫部门的规定，目的地移民局、海关等机构的相关通关要求和注意事项。

5.5.3.2 领队应向旅游者派发或代为填写出入境登记卡、海关申报单等通关表单资料，告知旅游者按要求填写，在旅游者需要时提供协助。

5.5.3.3 根据团签、个签、落地签、免签等签证类型办理通关手续时，领队应引导/带领团队依次通关，需要时，领队应提供协助。

5.5.3.4 需要时，领队应向移民局提供团队名单、团队另纸签证（如有）等资料。

5.5.3.5 旅游者无法或被禁止出入境的，领队应及时报告团队操作人员。

5.5.4 乘搭交通工具时的服务

5.5.4.1 候乘公共交通工具时，领队应核对交通票证信息，向旅游者强调登乘的具体位置和时间，提示旅游者妥善保管交通票证。强调需要销签的团队，应妥善保存好登机牌。

5.5.4.2 引导旅游者登乘公共交通工具，并礼貌清点人数。

5.5.4.3 在公共交通工具上，领队应：

a）提示旅游者对号入座、按规定摆放手提行李、系好安全带（如需要）等，并按照LB/T 028的要求向旅游者明确安全乘车要求；

b）确认旅游者已预订的特殊服务得到落实；

c）告知旅游者领队本人的座位号，给予旅游者必要的协助。

5.5.4.4 抵达后出关前，领队应：

a）集合旅游者、礼貌清点人数，提示旅游者检查随身物品；

b）带领旅游者领取托运行李，提示旅游者查验、清点，协助处理行李相关问题；

c）提示旅游者遵守目的地国家或地区的移民局和海关规定，接受移民局的检查和海关对行李物品的检查。

5.5.4.5 如需中转，领队应带领旅游者前往换乘位置，向旅游者强调出发时间和搭乘位置，提示旅游者妥善保管交通票证。

5.5.5 住宿服务

5.5.5.1 住店时领队应向地陪导游提供分房方案名单，协助地陪导游办理入住的相关手续。

5.5.5.2 告知旅游者领队所住房间号，提醒旅游者保存并随身携带领队及地陪导游联系方式。

5.5.5.3 敦促地陪导游告知旅游者：

a）饭店基本设施、免费提供的服务内容和需要另付费的项目及收费标准；

b）饭店周边环境和交通情况；

c）房间商品/物品的收费情况；

d）饭店有关住宿规定（如禁止吸烟区域、禁止开窗通风等）；

e）住宿及外出的安全注意事项；

f）饭店的逃生设施与逃生路线；

g）次日行程安排、天气情况及着装建议；

h）早餐的时间、地点及用餐凭证。

5.5.5.4 协助地陪导游处理旅游者反馈的问题。

5.5.5.5 与地陪导游一起检查房间设备、设施，需要时指导旅游者使用。

5.5.5.6　离店前 1 晚，领队应敦促地陪导游：

a）告知旅游者次日办理退房手续的相关程序与注意事项；

b）告知旅游者离店集合时间与地点、需要旅游者配合的相关事项；

c）落实叫早、早餐、行李等离店安排。

5.5.5.7　离店时，领队应：

a）提示旅游者带齐所有行李物品，检查有无遗留物品；

b）提示旅游者结清自费项目或商品费用；

c）敦促并协助地陪导游为旅游者办理离店的相关手续。

5.5.6　用餐服务

5.5.6.1　团队用餐时，领队应：

a）监督地接社与地陪导游按照旅游合同的约定兑现用餐安排和用餐标准；

b）告知或要求地陪导游告知旅游者用餐后集合的时间、地点；

c）与地陪导游一道引导旅游者按照餐位就座用餐；在用餐过程中进行巡视，了解旅游者的用餐情况及对餐食的意见；

d）检查旅游者的特殊预订要求（如清真餐、素食）是否得到落实。

5.5.6.2　在行程中如餐食需旅游者自理的，领队应提前要求地陪导游向旅游者介绍可用餐的地点及相关信息。

5.5.6.3　与地陪导游协商处理好旅游者在用餐过程中反映的问题，做好相关协调工作。

5.5.7　游览服务

5.5.7.1　团队游览及行进时，领队应：

a）监督地陪导游执行行程游览计划，保证合同约定的游览时间；

b）全程提示文明旅游注意事项，提示旅游者遵守游览须知；

c）留意观察周边环境，评估安全隐患，全程提示安全注意事项，劝阻旅游者不安全的行为；

d）始终与旅游者在一起活动，随时清点人数，以防旅游者走失。

5.5.7.2　领队应敦促地陪导游：

a）带领旅游者游览，做好景点讲解；

b）景点景区对参观游览有特别要求或安全注意事项时，对旅游者宣讲、提示；

c）建议旅游者根据自身状况决定是否参加具有较高风险的游览项目，充分告知风险；

d）旅游者参加较高风险的游览项目时，重点宣讲安全事项，要求旅游者严格遵守项目的操作指引和安全提示。

5.5.7.3　团队自由活动前，领队应着重提示安全注意事项，并告知旅游者集合时间及地点。

5.5.7.4　团队集合时，领队应先行到达集合地点，礼貌清点人数，主动联系并寻找迟到的旅游者。

5.5.8　另行付费旅游项目

5.5.8.1　领队不应擅自安排另行付费旅游项目。

5.5.8.2　如旅游者要求安排另行付费旅游项目，领队应在行程计划中"自由活动"时段内组织实施且不影响其他旅游者行程安排。

5.5.8.3 在另行付费旅游项目实施前，领队应要求旅游者签署旅行社规定制式的书面协议。

5.5.8.4 领队应及时制止地陪导游擅自安排另行付费旅游项目。

5.5.9 购物安排

领队应严格按照旅游合同约定的购物活动安排购物服务，不应擅自增、减购物安排或强迫旅游者购物。购物时，领队应：

a）监督地接社和地陪导游严格执行在旅游合同或其附件中对购物安排的约定，不擅自延长购物时间、不擅自增加购物场所，对地接社或地陪导游的违约行为及时制止；

b）不干预旅游者自主购物行为，不强行要求旅游者购物；

c）提示旅游者遵守购物须知，并保留购物凭据；

d）需要时，提示旅游者随身携带旅游证件；

e）需要时，向旅游者介绍退税相关规定，协助旅游者办理退税手续；

f）旅游者坚持要求安排行程计划之外的购物活动且影响到原计划的执行时，要求旅游者签订旅行社规定制式的行程变更确认单。如有旅游者不同意变更则不安排。

5.5.10 送团服务

5.5.10.1 团队离境前，领队应：

a）事先与地陪导游落实离境送团的相关准备工作；

b）敦促地陪导游按照 5.5.2 的要求办好旅游者登乘公共交通工具的相关手续。

5.5.10.2 团队离境时，领队应：

a）按照 5.5.3 的要求做好旅游者出入境的相关服务；

b）告知旅游者商品退税的有关规定，需要时协助旅游者办理退税手续；

c）提示旅游者填写顾客反馈意见，并告知旅游者旅行社进行顾客意见调查可能的方式和时间；

d）按照 5.5.2 的要求做好登乘公共交通工具前的准备工作；

e）按时引导旅游者依次登乘公共交通工具；

f）需要销签的团队，告知旅游者在回国入境后交回旅游证件和登机牌；

g）需要时，引导旅游者领取已购买的免税品。

5.5.10.3 返程交通中，领队应按照 5.5.4 的要求，做好交通相关的辅助服务。

5.5.10.4 团队启程和返程时，领队应：

a）引导旅游者领取托运行李，提示旅游者查验行李并清点数量；

b）提示旅游者遵守中国边检、海关、检验检疫等部门的规定，引导旅游者接受检查；

c）旅游者无法或被禁止入境的，及时报告团队操作人员；

d）需要销签的团队，告知旅游者交回旅游证件、登机牌等必要凭证；

e）向旅游者致欢送词、话别；

f）需要时，回收旅游者意见调查表。

5.5.10.5 领队应将旅游者带至行程约定的地点方能解散团队。

5.6 回团总结

5.6.1 交接资料

与团队操作人员交接团队资料（如待销签旅游证件、旅游者意见调查表）。

5.6.2 团队报告

领队应按旅行社要求的形式，总结报告：

a）旅游行程、接待标准落实情况；

b）评价地接社、履行辅助人的服务质量；

c）行程设计和服务质量的改进建议；

d）旅游者的反馈信息，包括旅游需求、对产品的意见和建议等；

e）旅游者在回国后需要协助的事项；

f）需要时，协助旅行社处理投诉相关事宜。

6 服务质量改进

领队应：

a）根据旅游者和团队操作人员的反馈，主动改进服务技能、服务技巧；

b）积累工作经验；

c）分析发生服务质量问题的根本原因，采取纠正措施和预防措施；

d）根据后续服务的反馈验证所采取措施的有效性，达到服务质量的持续改进。

附录 A
（规范性）
特殊／突发事件处理要求

A.1 航班延误或取消

遇航班延误或取消，领队应：

a）向航空公司证实延误的原因，落实预计起飞的时间；

b）报告旅行社团队操作人员；

c）向航空公司索取延误或取消证明，提示旅游者保管好保险理赔所需证据；

d）安抚旅游者，需要时协助安排旅游者的食宿；

e）为旅游者向航空公司争取合法合理的赔偿。

A.2 托运行李延误与丢失

A.2.1 托运行李出现延误，领队应：

a）协助旅游者取得承运人出具的相关证明及联系方式；

b）协助旅游者对延误的行李进行追踪。

A.2.2 托运行李丢失，领队应：

a）详细询问行李的丢失细节；

b）协助旅游者与航空公司交涉，并提供所需的联系方式；

c）协助旅游者购买临时必需品；

d）行李无法找回，协助向运输公司／保险公司（如需）索赔。

A.3 旅游者旅游证件遗失

旅游者旅游证件遗失，领队应：

a）安抚当事人，并询问证件的遗失细节；

b）协助旅游者报警并取得遗失报案证明；

c）协助补办旅行证明和有效签证／签注；

d）提示旅游者保留好保险理赔所需要的单据；

e）提示当事人有关出入境通关注意事项。

A.4　旅游者财物遗失

旅游者遗失财物，领队应：

a）提示旅游者回忆遗失细节并协助查找；

b）最终未能找到的，协助旅游者向警方报案并取得报案证明；

c）提示旅游者尽快办妥相关的挂失手续；

d）属于须复带进境、复带出境或已投保险的贵重物品，协助开具相关遗失证明，以备进出海关时查 验或向保险公司索赔。

A.5　误机（车／船）

出现整团误机（车／船）事故时，领队应：

a）向旅行社及有关部门报告；

b）与承运方联系，争取搭乘最近班次的交通工具或包乘相关交通工具启程；

c）稳定旅游团（者）的情绪，安排好在当地滞留期间的食宿、游览等事宜；

d）通知下一站，对日程作相应的调整；

e）向旅游者赔礼道歉。

A.6　旅游者走失

旅游者走失，领队应：

a）了解情况，迅速寻找，并通过相关移动应用软件进行活动区域定位；

b）向旅行社及有关部门报告求助，与饭店联系，以便当事人自行回到饭店时告知领队；

c）通过广播等方式寻找，并在告知地点等候；

d）必要时，要求地陪导游报警求助；

e）提示其他旅游者引以为戒；

f）做好其他善后工作。

A.7　旅游安全事故

A.7.1　出现交通事故时，领队应：

a）立即组织抢救；

b）保护现场，立即报案，并协助当地交警部门进行现场处置；

c）迅速上报旅行社；

d）做好全团旅游者的安抚工作。

A.7.2　出现被盗／抢等治安事故时，领队应：

a）采取措施保护旅游者的人身、财产安全；

b）立即向当地警察局报警，并取得报案证明；

c）安抚旅游者情绪，并协助旅游者向警方查询案件信息及进展；

d）协助有关方面做好善后工作。

A.8　火灾事故

火灾发生时，领队应：

a）立即报警，并上报旅行社；

b）组织旅游者迅速通过安全出口疏散撤离；

c）必要时，引导大家就地自救，不搭乘电梯或随意跳楼；

d）协助有关方面处理善后事宜，组织抢救受伤者；

e）安抚旅游者的情绪，解决因火灾面临的困难，设法使旅游活动继续进行。

A.9 食物中毒

旅游者发生食物中毒时，领队应：

a）设法催吐或让其多喝水以加速排泄，以缓解毒性；

b）立即将患者送医院抢救，请医生开具诊断证明；

c）迅速上报旅行社。

A.10 旅游者伤病

A.10.1 旅游者意外受伤或患病 / 疑似患病时，领队应在其他旅游者见证下劝导患者在病发地及时就医，以免延误救治；需要时，陪同患者前往医院。

A.10.2 领队应及时前往医院探视，并按 GB/T 15971 的要求做好相关工作。

A.11 传染性疫病

A.11.1 发现旅游者患有传染性疫病，领队应立即将患者送医院隔离救治，组织同团其他人员进行检疫，并向旅行社和相关防疫部门报告。

A.11.2 如游览地突发传染性疫病，领队应迅速带领团队离开疫区，并向旅行社和相关防疫部门报告，按旅行社和防疫部门的指示办理。

A.11.3 团队行程计划前往疫区的，领队应立即与旅行社联系并与旅游者紧急磋商，果断更改行程，视情况改往他处或者提前结束行程回国。

A.11.4 需提前结束行程回国的，领队应提请旅行社办妥旅行团机票等事宜。

A.12 自然灾害或动（骚）乱

A.12.1 遇到台（飓）风、地震、海啸、暴雪等自然灾害或政治动（骚）乱，团队已身在灾区的，领队应保持镇定并立即带领团队撤离灾区 / 动乱地区，沿途照顾好伤病员，尽最大努力减少团队伤亡。

A.12.2 团队行程计划前往灾区 / 动乱地区的，领队应立即与旅行社联系并与旅游者紧急磋商，果断更改行程，视情况改往他处或者提前结束行程回国。

A.12.3 需提前结束行程回国的，领队应提请旅行社办妥旅行团机票等事宜。

A.13 旅游车故障

旅游车发生故障，领队应：

a）敦促司机安全停放车辆并尽快修复；

b）请旅游者安心等待，活跃现场气氛以转移旅游者的注意力；

c）如需要，联络地接社另行派车，或联系当地游览车接替；

d）如需要，与地陪导游分乘车队的头车和尾车，以确保旅游者安全到达；

e）向旅行社上报实际状况及处理情形。

A.14 旅游者死亡

出现旅游者死亡的，领队应按 GB/T 15971 处理。

七、学生任务分配表

学生任务分配表

班级		组号		指导教师	
分组情况			任务分工		
组长					
组员					
注意事项					

八、项目打分表

表 1　个人自评打分表

班级		姓名		日期	年　月　日
评价指标	评 价 内 容			分数	分数评定
信息检索	能有效利用网络、图书资源等查找有用的相关信息等；能用自己的语言有条理地解释、表述所学知识；能将查到的信息有效地传递到工作中			10 分	
感知工作	能熟悉工作岗位，认同工作价值；在工作中能获得满足感			10 分	
参与态度	积极主动参与工作；与教师、同学之间相互尊重、理解、平等；与教师、同学之间能够保持多向、丰富、适宜的信息交流			10 分	
	探究式学习、自主学习不流于形式，处理好合作学习和独立思考的关系，做到有效学习；能提出有意义的问题或能发表个人见解；能够倾听别人的意见、协作共享			10 分	
学习方法	能按规范正确开展工作计划；获得了进一步学习的能力			10 分	
工作过程	遵守规程；平时上课出勤良好；善于多角度分析问题，能主动发现、提出有价值的问题			15 分	
思维态度	能发现问题、提出问题、分析问题、解决问题、创新问题			10 分	
自评反馈	按时按质完成工作任务；较好地掌握专业知识点；具有较强的信息分析能力和理解能力；具有较为全面严谨的思维能力并能条理清楚明晰地表达成文			25 分	
个人自评分数					
有益的经验和做法					
总结反馈建议					

表 2　小组自评打分表

班级		组名		日期	年　月　日
评价指标	评　价　内　容			分数	分数评定
信息检索	能有效利用网络、图书资源等查找有用的相关信息等；能用自己的语言有条理地解释、表述所学知识；能将查到的信息有效地传递到工作中			10分	
感知工作	能熟悉工作岗位，认同工作价值；在工作中能获得满足感			10分	
参与态度	积极主动参与工作；与教师、同学之间相互尊重、理解、平等；与教师、同学之间能够保持多向、丰富、适宜的信息交流			10分	
	探究式学习、自主学习不流于形式，处理好合作学习和独立思考的关系，做到有效学习；能提出有意义的问题或能发表个人见解；能按要求正确操作；能够倾听别人的意见、协作共享			10分	
学习方法	学习方法得体，有工作计划；操作技能符合规范要求；获得了进一步学习的能力			10分	
工作过程	遵守管理规程，操作过程符合现场管理要求；平时上课出勤情况良好；善于多角度分析问题，能主动发现、提出有价值的问题			15分	
思维态度	是否能发现问题、提出问题、分析问题、解决问题、创新问题			10分	
自评反馈	按时按质完成工作任务；较好地掌握专业知识点；具有较强的信息分析能力和理解能力；具有较为全面严谨的思维能力并能条理清楚明晰地表达成文			25分	
小组自评分数					
有益的经验和做法					
总结反馈建议					

表 3　小组间互评打分表

班级		被评组名		日期	年　月　日
评价指标	评　价　内　容			分数	分　数　评　定
信息检索	该组能有效利用网络、图书资源等查找有用的相关信息等			5分	
	该组能用自己的语言有条理地去解释、表述所学知识			5分	
	该组能将查到的信息有效地传递到工作中			5分	
感知工作	该组能熟悉工作岗位，认同工作价值			5分	
	该组成员在工作中能获得满足感			5分	

评价指标	评价内容	分数	分数评定
参与态度	该组与教师、同学之间相互尊重、理解、平等	5分	
	该组与教师、同学之间能够保持多向、丰富、适宜的信息交流	5分	
	该组能处理好合作学习和独立思考的关系，做到有效学习	5分	
	该组能提出有意义的问题或能发表个人见解；能按要求正确操作；能够倾听别人意见、协作共享	5分	
	该组能积极参与，不断学习；综合运用信息技术的能力得到提高	5分	
学习方法	该组的工作计划、操作技能符合现场管理要求	5分	
	该组获得了进一步发展的能力	5分	
工作过程	该组遵守实训管理规程，操作过程符合现场管理要求	5分	
	该组平时上课的出勤情况和每天完成工作任务情况良好	5分	
	该组成员善于多角度分析问题，能主动发现、提出有价值的问题	15分	
思维态度	该组能发现问题、提出问题、分析问题、解决问题、创新问题	5分	
自评反馈	该组能严肃认真地对待自评，并能独立完成自测试题	10分	
互评分数			
简要评述			

表4 教师评价打分表

班 级		组名		姓名	
出勤情况					
评价内容		评价要点		分值	分数评定
1. 任务描述、接受任务		口述内容有层次 表达思路清晰		20分	
2. 任务分析、分组情况		知识完整 分工明确		20分	
3. 制订计划		计划内容准确 计划框架合理		10分	
4. 计划实施		任务完成度高 使用礼貌用语 操作符合规范		40分	
5. 任务总结		自我总结到位		10分	
合 计					

参考文献

[1] 胡萍. 出境领队实务 [M]. 长春：东北师范大学出版社，2014.

[2] 陆建鸣. 出境旅游领队操作实务 [M]. 北京：旅游教育出版社，2016.

[3] 王健民. 出境旅游领队实务 [M]. 4 版. 北京：旅游教育出版社，2014.

[4] 徐辉. 出境旅游领队实务 [M]. 北京：中国财政经济出版社，2016.

[5] 王雨佳. 出境旅游领队法律法规 [M]. 北京：旅游教育出版社，2016.

[6] 袁志敏，仇向明. 领队英语 [M]. 5 版. 北京：旅游教育出版社，2016.

[7] 夏林根. 出境旅游目的地概况 [M]. 北京：旅游教育出版社，2016.

[8] 饶华清. 中国出境旅游目的地概况 [M]. 北京：中国人民大学出版社，2014.

[9] 骆高远. 海上图志·中外民俗 [M]. 上海：上海交通大学出版社，2014.

[10] 赵序，樊光华. 中外民俗 [M]. 桂林：广西师范大学出版社，2015.

[11] 刘亚轩. 旅游中外民俗 [M]. 北京：中国旅游出版社，2017.

[12] 周彩屏. 导游技能训练 [M]. 2 版. 北京：高等教育出版社，2015.

[13] 北京市旅游局. 出境旅游领队实务 [M]. 北京：旅游教育出版社，2002.

[14] 曾招喜，曹青，黄鸿. 饭店职业英语 [M]. 北京：中国旅游出版社，2012.

[15] 梁文生. 导游实务 [M]. 济南：山东科学技术出版社，2014.

[16] 王连义. 海外风情趣谈 [M]. 北京：中国旅游出版社，2002.

[17] 王雨佳. 出境旅游领队法律法规 [M]. 北京：旅游教育出版社，2016.

[18] 翟丽，丁佳胤. 出境旅游领队实务 [M]. 武汉：华中科技大学出版社，2021.

[19] 曾招喜，全国花. 出境旅游领队实务 [M]. 北京：中国人民大学出版社，2019.